"移动互联网+电商营销"
实战宝典系列

一本书**玩转**

电商、微商软文营销

海天电商金融研究中心　编著

清华大学出版社
北　京

内 容 简 介

软文的标题、开头、结尾怎么写？正文内容怎么布局？

营销的痛点、形式、方法有哪些？发布平台和工具怎么用？

微商软文又如何借力微信、QQ 营销，成功做好个人微商和企业微商？

本书将从两条线进行讲解：一条是软文技巧线，解说电商、微商软文营销的基础知识、写作手法、营销技巧、发布平台等；另一条是行业实战线，通过传统电商、个人微商、企业微商等作为切入点，讲解软文写作和营销方法。

本书结构清晰，案例丰富，实战性强，适合以下三类读者：一是想展开软文营销的个人、个体微商、网店店主等直接对象；二是企业策划、营销从业人员等；三是正在从事传统营销、网络营销，包括微营销的人士，还可以用于专业进修软文营销用书。

图书在版编目(CIP)数据

一本书玩转电商、微商软文营销/海天电商金融研究中心编著. —北京：清华大学出版社，2017
(“移动互联网+电商营销”实战宝典系列)
ISBN 978-7-302-46104-3

Ⅰ. ①一… Ⅱ. ①海… Ⅲ. ①电子商务—文书—写作 Ⅳ. ①F713.36

中国版本图书馆 CIP 数据核字(2017)第 006084 号

责任编辑： 杨作梅
装帧设计： 杨玉兰
责任校对： 吴春华
责任印制： 王静怡

出版发行： 清华大学出版社
网　址： http://www.tup.com.cn，http://www.wqbook.com
地　址： 北京清华大学学研大厦 A 座　**邮　编：** 100084
社总机： 010-62770175　**邮　购：** 010-62786544
投稿与读者服务： 010-62776969，c-service@tup.tsinghua.edu.cn
质 量 反 馈： 010-62772015，zhiliang@tup.tsinghua.edu.cn
印 装 者： 北京鑫海金澳胶印有限公司
经　销： 全国新华书店
开　本： 170mm×240mm　**印　张：** 17　**字　数：** 340 千字
版　次： 2017 年 3 月第 1 版　**印　次：** 2017 年 3 月第 1 次印刷
印　数： 1～3000
定　价： 49.80 元

产品编号：066698-01

前言

写作驱动

对于各类营销，无论是曾经的传统营销，还是现在盛行的网络营销，抑或是新兴起的微营销，虽然它们的方法、方式或手段不一样，但它们的核心却是一样的，那就是产品的内容，这是根本！而产品的内容靠什么包装？那就是软文！如果内容为人的身体，而软文就如同是人身上的衣服、帽子、手表，软文呈现的将是您整体的形象、气质！然后才是怎么推广的问题。

不管营销方式和手段如何发展，不管是传统营销，还是网络营销，抑或是微营销，都离不开软文营销，软文营销是各类营销的基础、基石，犹如万丈高楼的平地！

本书以电商、微商为出发点，以电商、微商软文营销作为核心，从最简单的软文撰写知识开始讲起，尽量以最简单、易懂的方式进行描述，并搭配图解，力图达到整个知识结构清晰的目的。

本书通过“软文技巧+行业应用”的模式，从两条线(如下图所示)帮助读者快速成为电商、微商行业的软文营销高手！

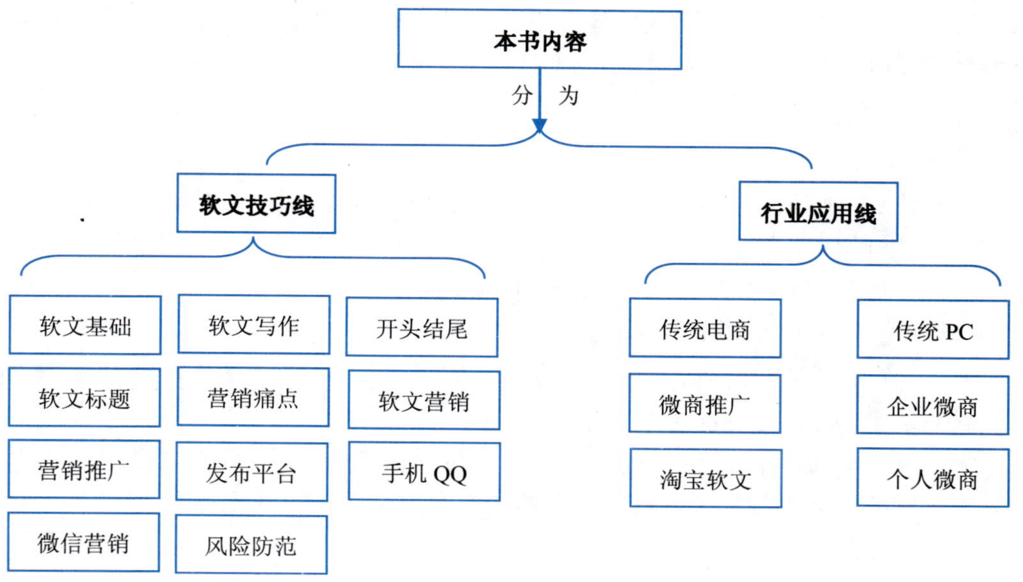

前言

■ 本书特色

本书主要特色：理论知识与平台运用相结合。

(1) 内容丰富，通俗易懂，针对性强。本书体系完整，以电商微商为核心，以软文营销为根本出发点进行了 17 章专题内容的详解，包括软文基础、软文写作、营销痛点、软文营销、营销推广发布平台、手机 QQ、微信营销、风险防范等内容，帮助读者基本掌握电商微商软文营销技巧。

(2) 突出实用，注重技巧，涉及面广。本书在软文营销的各个方面全面解析了电商、微商在互联网时代的软文营销操作技巧、注意事项、风险防范等内容。一步一步指导读者轻松、快速做好电商、微商软文营销。

■ 图解提示

本书是一本侧重电商、微商营销的实战宝典，采取部分图解的方式进行分析。图解能够方便读者对重点的把握，让读者通过逻辑推理快速了解核心知识，节约大量的阅读时间。读者在阅读过程中需要注意图解的逻辑关系，根据图解的连接词充分理解图解想要表达的重点，以获得更好的阅读体验。

■ 适合人群

本书结构清晰、内容翔实、语言简洁、图解特色鲜明，适合以下读者学习使用。

- 针对软文营销行业的从业者，或者有意进入电商、微商行业的创业者。本书提供了关于电商、微商软文营销技巧的基本认识，提供实用性内容，能够更好地指导新媒体营销。
- 电商、微商的创业者及潜力无限的自媒体。本书提供的关于电商、微商的营销策略与技巧等也同样适用于自媒体营销。
- 从事电商、微商运营的个人。本书提供的关于电商、微商软文营销的案例与解析，完整构建了电商、微商的软文营销路线，帮助读者在成功道路上步步为营。

作者分工

本书由海天电商金融研究中心编著，参与编写的人员还有戴赫、刘胜璋、刘向东、刘松异、刘伟、卢博、周旭阳、袁淑敏、谭中阳、杨端阳、李四华、王力建、柏承能、刘桂花、柏松、谭贤、谭俊杰、徐茜、刘嫔、苏高、柏慧等，在此一并表示感谢。由于作者知识水平有限，书中难免有错误和疏漏之处，恳请广大读者批评、指正，联系微信号：157075539。

编　者

目录

目录

目录

目录

第1章 软文基础：软文营销快速入门

随着互联网的日益发展，现在网络营销的方式也越来越多，不过最基本最广泛的方式还是软文营销。软文营销能够快速、低成本地提高企业和产品的形象，提升企业和产品的知名度和公信力，因此软文成为很多企业最喜欢而且有效的营销手段。

1.1　软文定义和形式

有古诗说“润物细无声”，相对于硬广(硬性广告)来说，软文的精妙之处就在于它将宣传内容隐藏于精美的文章内容中，让用户被精彩的文章内容所吸引，忽略了广告，却又在阅读时了解到策划人所宣传的信息。

软文应该是双向的，能够让客户得到策划人想要内容的同时，也了解了策划人所要宣传的内容。下面就带领大家一起走进软文世界，体会软文的魅力。

1.1.1　软文定义

如今是读图时代、互联网时代、大数据时代、碎片阅读时代，随着时代的进步和变迁，软文的定义似乎越来越不明晰了。很多企业开始思考“什么叫作软文？”“长篇文案广告就是软文？”“借着新闻点的由头，撰写产品的文字就是软文？”“还是莫名其妙、天马行空的只要是关乎产品，关乎品牌，关乎销售的文字就是软文？”

但这些相关问题久久不能获得满意的答案。古诗云：“随风潜入夜，润物细无声。”相对于硬广(硬性广告)来说，软文的精妙之处就在于一个“软”字，绵里藏针，藏而不露，能将宣传内容和文章内容完美结合在一起。

软文的定义有两种，一种是狭义的，另一种是广义的。

1. 狭义的软文

早期来说，软文就是指企业在以报纸杂志等以纸媒为主的宣传载体上，付费刊登的纯文字性广告，这就是狭义的软文定义。早期的软文，又被称为付费文字广告，如图 1-1 所示。

市民买得爽 商家卖得欢

猪肉牛肉每天被“抢”光

图 1-1　报纸上的狭义软文

2. 广义的软文

广义的软文，范围要大一些，企业通过有计划的策划，以提高企业品牌形象和知名度或促进企业销售为目的，在报纸、杂志或网络等宣传载体上所刊登的具有宣传性、阐释性的文章，都可以被称为软文。其中包含了特定的新闻报道、深度文章、付费短文广告、案例分析等，如图 1-2 所示。

图 1-2　广义软文

专家提醒

需要注意的是，在文案的范围里，一篇完整的新闻性文章，也就是新闻稿，与软文是有明显区别的。要学会区分新闻稿和软文的性质，需要看文章是否有新闻事件，如果有公司获奖信息、公司活动这些内容，这就是新闻稿了，而如果文章写的是公司产品评测、公司发展计划，这些就算是软文。

1.1.2　软文形式

纵观广告市场，软文虽然千变万化，但是万变不离其宗，其主要有以下几种形式，如图 1-3 所示。

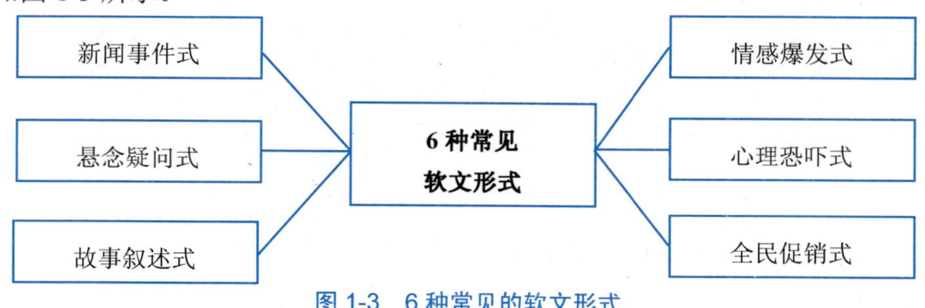

图 1-3　6 种常见的软文形式

1. 新闻事件式

新闻事件式软文，就是以新闻事件为背景，模仿新闻稿件的写作方式撰写文章，让读者感受到事件的权威性。但是，在撰写新闻式软文时，企业需要结合自身条件，多与策划沟通，天马行空，闭门造车是会造成负面影响的。

不可否认的是，新闻式软文具有很大的权威性，可以让读者对文章中提到的广告内容信服。例如，合肥北城某汽车 3S 店，以三八妇女节夫妻互送玛莎拉蒂做噱头，在新闻媒介上，发布新闻式软文，引来了广大人民群众的注目，如图 1-4 所示。

首页 - 社会

夫妻互送玛莎拉蒂才叫真任性 三八妇女节送的礼物弱爆了吗

摘 要：近年来，"土豪"一词在网络上迅速蹿红，多用来形容那些出手阔绰的人。你知道什么才叫作土豪吗？昨天三八妇女节，在安徽合肥，一对年轻小夫妻就证实了什么叫作真正的土豪，夫妻间互送玛莎拉蒂真的很阔绰。过程大致是这样的："三八"节前，一年轻男子花费百万元购置一辆红色玛莎拉蒂，当礼物送给妻子。妻子特别感动，当场也做出惊人之举，又花百万为丈夫购置同款黑色玛莎拉蒂。

图 1-4　合肥北城某汽车 3S 店的新闻式软文

2. 悬念疑问式

悬念疑问式软文，利用的是人们普遍具有的猎奇心理，抛出来一个问题，引起大家的猜测和关注。然后在合适的时机给出答案，它属于自问自答式。

例如，"人类可以长生不老？""什么使她重获新生？"等，通过设问引起话题和关注是这种方式的优势，如图 1-5 所示。

是什么让楼盘热销？——"稀缺"还是"增值的潜力"？

阅读(795) 评论(0)

由五芳斋集团和中国化工两大实业公司全力打造的皇都花苑，在5月28日的嘉兴端午假日楼市博览会上赚足了市民的眼球。

皇都花苑地处嘉兴南湖新区，北临欧尚超市，南枕绵延 3 公里的凌公塘生态公园，小区总建筑面积约10万平方米。新古典主义建筑风格，整体规划以小高层建筑为主，另有少里高层住宅及沿街商铺。项目携45米栋距，户户指纹锁，半地下阳光车库，360米骑河步道，观光电梯，底层架空。建筑的双面显秀，丘陵造景，中央园林，以及人车分流的十大品质亮点成就热销。

图 1-5　悬念式软文

此悬念软文给出"现代园墅为何如此热销？"的问题，一时间引起人们的不断猜想"为什么热销？""现代园墅有什么好？"然后下文就公布了问题的答案，这种自问自答的方式可以在很大程度上引起读者的兴趣。

专家提醒

写作悬念式软文设问时需要掌握分寸，提出的问题需要富有吸引力，且能体现需要传递的信息。答案要符合常理，要能自圆其说，而不能漏洞百出，自相矛盾。

3. 故事叙述式

故事叙述式软文，通过讲述完整故事来带出产品，利用产品的“光环效应”和神秘性给消费者造成强烈的心理暗示，从而促进销售。例如，“1.2 亿元买不走的秘方”“神奇的植物胰岛素”(如图 1-6 所示)“印第安人的秘密”等。

植物胰岛素（刺儿茶）功效糖尿病人的福音

小编 码头镇生活圈

刺儿茶：

刺儿茶是生长于湖南永州舜皇山的蔷薇科珍稀植物，可入茶入药，叶生七叉，茶株带刺，故名为"刺儿茶"，此名相传为"三皇五帝"之一的舜帝所命。刺儿茶天然含有丰富的多糖，属甜茶品种，入口甘甜，口味较一般茶叶更为独特。

皇装刺儿茶

适宜人群：男性延缓衰老人群

产品用途：适合中等收入男性日常延缓衰老保健饮用

产品介绍：舜皇装/刺儿茶属于大舜皇山植物羊胎素系列产品，所用茶叶是春季第二次采摘的刺儿茶嫩叶，茶叶 生长在自然环境、气候、雨水、日照的舜皇之巅，该款产品为大舜皇山植物羊胎素系列中低档产品，专门为中等收入男性延缓衰老日常饮用精心打造的一款经典茗茶。

普及版刺儿茶

适宜人群：糖尿病防治人群

顾客年龄：不限

稀有物质：富含茶多糖保健功能，主要通过饮用茶多糖后综合血糖达到稳定血糖防治糖尿病的效果。

产品用途：适合大众消费人群日常防治糖尿病保健饮用

产品简介：PVC普及版/刺儿茶属于大舜皇山植物胰岛素系列降血糖专利产品，所用茶叶是春季第二次采摘的刺 儿茶鲜叶，并经过严格选取的刺儿茶鲜叶精加工而成的；初秋时节秋高气爽、昼夜温差大非常利于舜皇山上刺儿茶的茶多糖成分及其他营养成分积累，因此综合血糖效果更加明显；该款产品为大舜皇山植物胰岛素系列大众普及版产品，专门为大众消费人群日常防治糖尿病保健饮用精心特制。

植物胰岛素刺儿茶

适宜人群：糖尿病防治人群

顾客年龄：不限 稀有物质：富含茶多糖

产品用途：适合中高收入人群日常防治糖尿病保健饮用

产品介绍：植物胰岛素/刺儿茶属于大舜皇山植物胰岛素系列降血糖专利产品，所用茶叶是春季第一次采摘的刺儿茶嫩叶，并经过严格选取的刺儿茶嫩叶精加工而成的。

图 1-6　故事叙述式软文

这类软文的目的并不是讲故事，关键在于通过听故事这一人类古老的接受知识的方式，传递故事背后的产品线索。因此，一篇成功的故事类软文，对于故事的知识性、趣味性、合理性都有很高的要求。

4. 情感爆发式

如今，情感诉求广告得到了蓬勃发展。尤其在软文中，有更大的情感针对性，通往人的心灵，以情动人，走进消费者内心世界是情感的最大特色。因此，在软文营销上，“情感营销”一直非常靠谱。

情感营销做得最到位的，莫过于“凉茶大战”之后的加多宝官方网站的微博运行人员了。“王老吉”品牌争夺战败给广药集团的加多宝，迅速在微博发出了四则“对不起”文案，搭配孩童哭泣的画面，一举引发了诸多共鸣，形成了病毒式传播，迅速提升了加多宝在消费者心目中的知名度，其中的两则道歉文案，如图 1-7 所示。

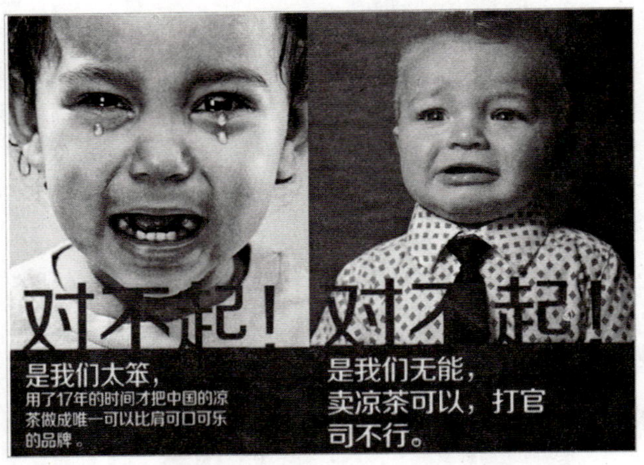

图 1-7　情感式软文

如图 1-8 所示，是几个用于情感攻势的软文标题。

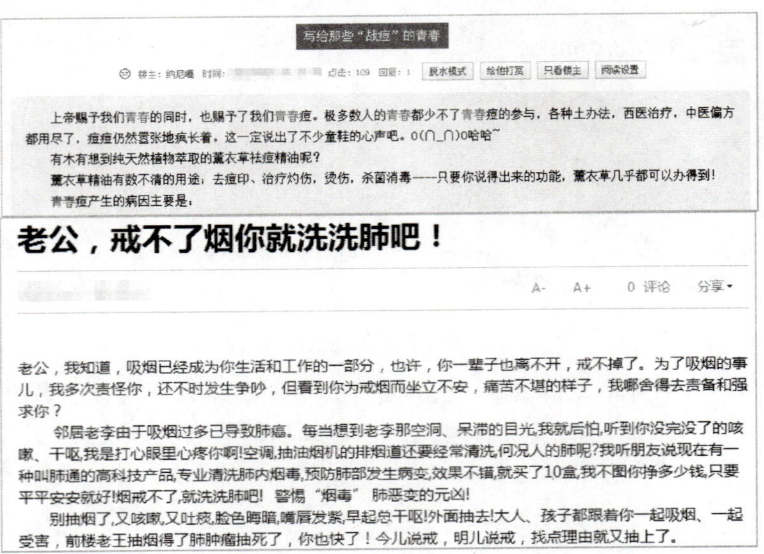

写给那些“战痘”的青春

楼主：纳尼藏　时间：　点击：109　回复：1　脱水模式　给他打赏　只看楼主　阅读设置

上帝赐予我们青春的同时，也赐予了我们青春痘。极多数人的青春都少不了青春痘的参与，各种土办法，西医治疗，中医偏方都用尽了，痘痘仍然嚣张地疯长着。这一定说出了不少童鞋的心声吧。o(∩_∩)o哈哈~

有木有想到纯天然植物萃取的薰衣草祛痘精油呢？

薰衣草精油有数不清的用途：去痘印、治疗灼伤，烫伤，杀菌消毒——只要你说得出来的功能，薰衣草几乎都可以办得到！

青春痘产生的病因主要是：

老公，戒不了烟你就洗洗肺吧！

A-　A+　0 评论　分享▾

老公，我知道，吸烟已经成为你生活和工作的一部分，也许，你一辈子也离不开，戒不掉了。为了吸烟的事儿，我多次责怪你，还不时发生争吵，但看到你为戒烟而坐立不安，痛苦不堪的样子，我哪舍得去责备和强求你？

邻居老李由于吸烟过多已导致肺癌。每当想到老李那空洞、呆滞的目光,我就后怕,听到你没完没了的咳嗽、干呕,我是打心眼里心疼你啊!空调,抽油烟机的排烟道还要经常清洗,何况人的肺呢?我听朋友说现在有一种叫肺通的高科技产品,专业清洗肺内烟毒,预防肺部发生病变,效果不错,就买了10盒,我不图你挣多少钱,只要平平安安就好!烟戒不了,就洗洗肺吧！警惕“烟毒”肺恶变的元凶!

别抽烟了,又咳嗽,又吐痰,脸色晦暗,嘴唇发紫,早起总干呕!外面抽去!大人、孩子都跟着你一起吸烟、一起受害，前楼老王抽烟得了肺肿瘤抽死了，你也快了！今儿说戒，明儿说戒，找点理由就又抽上了。

图 1-8　情感式软文标题

5. 心理恐吓式

与情感爆发式软文截然相反的是心理恐吓式软文，不同于诉说美好情感的软文，以情动人，恐吓式软文是直击读者软肋的。以灾难性后果警醒消费者，如图 1-9 所示，就是采用了心理恐吓式的软文标题。

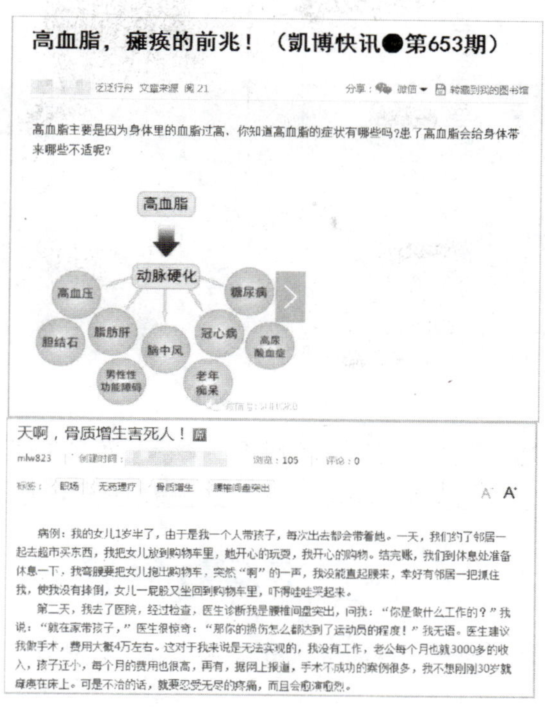

高血脂，瘫痪的前兆！（凯博快讯●第653期）

泛泛行舟 文章来源 阅 21　　分享：微信 转藏到我的图书馆

高血脂主要是因为身体里的血脂过高，你知道高血脂的症状有哪些吗?患了高血脂会给身体带来哪些不适呢?

天啊，骨质增生害死人！

mlw823 | 创建时间： 浏览：105 | 评论：0

标签： 职场 无药理疗 骨质增生 腰椎间盘突出

病例：我的女儿1岁半了，由于是我一个人带孩子，每次出去都会带着她。一天，我们约了邻居一起去超市买东西，我把女儿放到购物车里，她开心的玩耍，我开心的购物。结完账，我们到休息处准备休息一下，我弯腰要把女儿抱出购物车，突然“啊”的一声，我没能直起腰来，幸好有邻居一把抓住我，使我没有摔倒，女儿一屁股又坐回到购物车里，吓得哇哇哭起来。

第二天，我去了医院，经过检查，医生诊断我是腰椎间盘突出，问我：“你是做什么工作的？”我说：“就在家带孩子，”医生很惊奇：“那你的损伤怎么都达到了运动员的程度！”我无语。医生建议我做手术，费用大概4万左右。这对于我来说是无法实现的，我没有工作，老公每个月也就3000多的收入，孩子还小，每个月的费用也很高，再有，据网上报道，手术不成功的案例很多，我不想刚刚30岁就瘫痪在床上。可是不治的话，就要忍受无尽的疼痛，而且会愈演愈烈。

图 1-9　心理恐吓式软文标题

事实上，在给人留下深刻印象这一点上，恐吓所形成的效果要强于赞美和爱，但是这种方式往往容易遭人诟病，所以需要把握分寸，不能过火。这种软文形式大多应用于健康养生广告中，最常见的便是戒烟广告中，如图 1-10 所示。

图 1-10　心理恐吓式

6. 全民促销式

促销式软文常常跟进在上述几种软文见效时，如图 1-11 所示就是使用了促销式软文的案例。

图 1-11 促销式软文

这类软文利用的是“攀比心理”和“影响力效应”等多种因素，通过直接配合进行促销，或者使用“买托”造成产品的供不应求状态，刺激消费者产生购买欲。

1.2 初步了解软文营销

随着互联网的发展，网络营销的方式也越来越多，不过最基本最广泛的方式还是软文营销。软文营销既节约经济成本，又节省时间成本，是很多企业最喜欢而且有效的营销手段。

软文营销，是指有着特定的概念诉求，通过摆事实讲道理的方式，引导消费者走进企业设定的“思维圈”，搭配精准的心理攻势，从而达到企业宣传或刺激消费的目的。

从本质上来说，软文是企业软性渗透的商业策略与广告形式的有机结合，以宣传企业品牌、销售产品为基本目的，借助文字表达与舆论传播，促使消费者产生对于某种概念、观点和分析思路的认同感。

1.2.1 软文营销的发展

20 世纪 90 年代中后期开始，软文创造市场奇迹的功效与它低廉的成本，使得各行各业的营销手段都开始重视软文营销，软文一举成为备受青睐的营销利器。尤其是医药保健品行业，将软文营销推向了巅峰。在医药保健品领域创造的脑白金神话，使得这个行业的营销人员，对于软文的效果，有了明确的认知。

随着社会的进步，消费者鉴别能力越来越强，因此也开始产生了对于软文的抵抗力，软文的功能逐渐退化。甚至许多企业在网站投入大量资金，投放整版的软文广告，却收效甚微。于是有人断言，软文营销的时代已经结束。但是，有心人在经过仔细调查以后，发现软文在某些行业，依然创造着销售奇迹。软文的硬性效果就是销

售，而诸如好记星、肠清茶、木竭胶囊等产品，更是利用软文进行营销的佼佼者。

从 17 年前软文推广成就“脑白金”，企业对于软文的重视与对“脑白金”模式的积极模仿，开启了 1999—2000 年的第一个软文黄金时期。2002 年，某保健茶品进行的整版情感营销模式开启了软文的另一个黄金时期，专业的软文写手与团队如雨后春笋，层出不穷。

软文短暂的辉煌期到 2003 年开始终止，之后进入平稳发展期，软文发布平台的收费开始上涨，几乎与硬广齐平的收费，使得软文被迫开始创新。而到了大数据时代，随着科技的发展，网络和娱乐文化逐渐兴盛，网络软文的时代来临，使软文营销正式进入网络时代。

1.2.2 软文营销概述

软文之所以受欢迎，主要原因就是越来越多的硬性广告充斥于人们的生活之中，使人们对电视、网络硬广告关注度下降，虽然广告宣传费用增大，却收效甚微。而另一个原因，则是软文的收费要低于硬广告，因此，在资金不是很雄厚或者对于宣传推广的计划金不足的情况下，企业商家更愿意选择投入产出比较科学合理的软文。

不过软文营销之所以会成为众多营销手段中重要的一环，也必然有着自己的独特优势。

1.2.3 软文营销四要素

当前网络营销的主流模式就是软文营销，尽管在进行软文营销时，企业同样需要投入一些推广费用等资金，但是，相比较于其他营销方式而言，软文营销具有极高的性价比。

当然，掌握软文营销的要素，会让软文营销获得事半功倍的效果，如图 1-12 所示。

图 1-12　软文营销四要素

1. 热点

软文想要吸引读者的眼球，就需要让读者看到有兴趣的东西，当然，不可能知道所有人的兴趣，所以，就要拿出热点。时事热点，就算不是所有人在关注，也绝对是大部分人的关注点。

自从《花千骨》开播以来，各大网站、报纸就开始刊登有关的新闻报道，搜索引擎的搜索量也一直占据榜首。很多商家也借此风潮将《花千骨》与广告结合，一篇篇的娱乐式软文就此横空出世。所以谁先抓住时事热点，谁就可以成功吸引用户眼球，如图 1-13 所示。

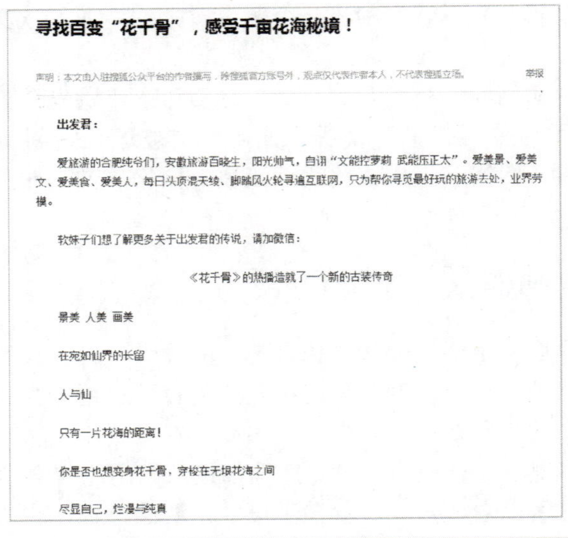

寻找百变“花千骨”，感受千亩花海秘境！

声明：本文由入驻搜狐公众平台的作者撰写，除搜狐官方账号外，观点仅代表作者本人，不代表搜狐立场。　举报

出发君：

爱旅游的合肥纯爷们，安徽旅游百晓生，阳光帅气，自诩“文能控萝莉 武能压正太”。爱美景、爱美文、爱美食、爱美人，每日头顶混天绫、脚踏风火轮寻遍互联网，只为帮你寻觅最好玩的旅游去处，业界劳模。

软妹子们想了解更多关于出发君的传说，请加微信：

《花千骨》的热播造就了一个新的古装传奇

景美 人美 画美

在宛如仙界的长留

人与仙

只有一片花海的距离！

你是否也想变身花千骨，穿梭在无垠花海之间

尽显自己，烂漫与纯真

寻找百变花千骨，感受千亩花海秘境

河南西九华山风景区联合合肥论坛旅游频道，合肥论坛美女军团满城热寻最美花千骨仙子评选，无论你有花千骨的美丽纯真，还是杀阡陌的冷艳妩媚抑或是糖宝的活泼可爱，我们都真诚地邀你一起把盏问天月，笑傲江湖人！由河南西九华山举办的首届花千谷花海节盛大开幕，花千谷已派出身着最美古装花千骨的仙子们全城飞舞，她们将化身青鸾，满怀真诚，邀您前往花千谷共度美好时光！

图 1-13　《花千骨》衍生软文

2. 标题

标题是一篇文章的基础，对于软文而言，具有吸引力的标题的作用更加不言而喻。软文的标题若缺乏吸引力，即使内容再丰富精彩，也只是徒劳。

软文的标题，体现了整篇软文的核心内容，犹如企业的 LOGO，标题的好坏，直

接影响软文营销的成败。因此在撰写软文时，首先就要拟定一个富有神秘感、诱惑性强并且令人震撼的文章标题，如图 1-14 所示。

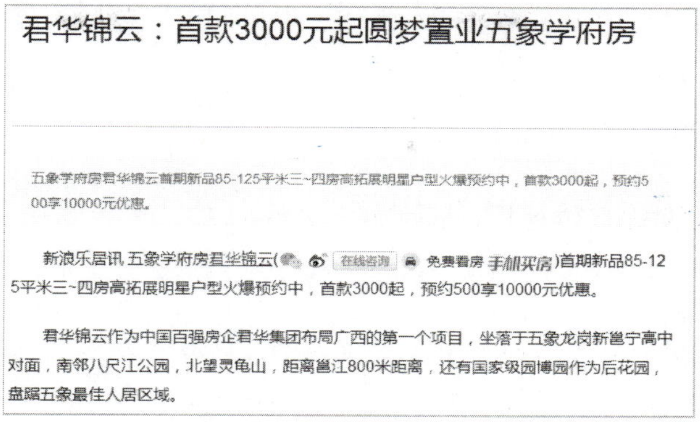

君华锦云：首款3000元起圆梦置业五象学府房

五象学府房君华锦云首期新品85-125平米三~四房高拓展明星户型火爆预约中，首款3000起，预约500享10000元优惠。

新浪乐居讯 五象学府房君华锦云(在线咨询 免费看房 手机买房)首期新品85-125平米三~四房高拓展明星户型火爆预约中，首款3000起，预约500享10000元优惠。

君华锦云作为中国百强房企君华集团布局广西的第一个项目，坐落于五象龙岗新邕宁高中对面，南邻八尺江公园，北望灵龟山，距离邕江800米距离，还有国家级园博园作为后花园，盘踞五象最佳人居区域。

图 1-14　富有诱惑力的软文标题

3. 排版

软文的排版要特别注意，巧用小标题与加黑加粗，会让软文的重点一目了然。严谨而有条不紊的排版是高质量软文所必须具备的。不妨换位思考，若你看到一篇排版凌乱的文章，你能够思路清晰地阅读完全文吗？即便阅读了全文，这样一篇毫无逻辑顺序的软文，也完全无法给人一种权威性。

因此，为了达到软文营销的目的，软文排版不可忽视，最基本需要做到上下连贯，最好在每一段内容之间标注小标题，一目了然，突出软文的重点。为了提高文章的分量，增加权威性，在语言措辞方面可以加入“某专家称”“某教授认为”等话语。

专家提醒

在引用“某专家称”“某教授认为”等话语时，一定要确认引用的话语与本文相关，且必须是真实存在的，否则容易引起侵权纠纷，也会在消费者心中留下对于品牌的负面印象。

4. 广告

软文的最高境界就在于够“软”，广告内容需要自然植入，绝不可让读者产生反感情绪。要让读者读不出广告的味道，并且读完全文，使读者认为这篇软文为自己提供了不少帮助，让自己受益匪浅，那么这就是一篇成功的软文了。

虽然广告是第四个要素，但这并不意味着软文操作要把植入广告放在最后一步，相反的是，软文撰写之初，在策划的时候，我们就需要考虑好广告的内容与目的。

对于初次撰写软文，写作能力不够强的撰写者来说，建议把广告放在软文开头的第二段，这样，被第一段吸引了视线的读者，很快就能进入软文的“陷阱”。在软文撰写者的文笔与写作技巧不足以驾驭广告与软文的关系时，不建议将广告留到文章最后。因为一旦文章内容不足以吸引读者视线，很可能会出现读者没有读完全文便关闭网页的情形。

1.2.4 软文营销注意事项

软文营销是长期的宣传过程，很难在一次两次的软文推广中获得立竿见影的功效。要在营销市场上体现价值，就需要提升品牌知名度，建立客户信任感，而这些都需要长期的积累与宣传。

软文营销对于软文发布平台的要求很高，因此软文营销需要我们把撰写的原创文发布到权重较高的网站，由此获得较高的排名与曝光率，进而实现软文营销的目的。不过在进行网络营销的时候，有些东西是必须知道的。

1. 步骤

软文营销所采用的发布平台的权重对于搜索引擎的收录也发挥着不小的作用，软文营销重要的是整合所有可利用资源，量身打造专业合理的软文营销方案，制定推广步骤，然后在知名平台上发布软文。软文营销的具体实施步骤，如图 1-15 所示。

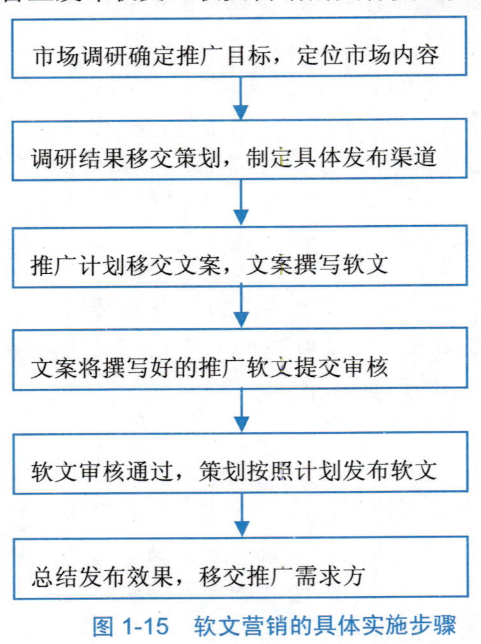

图 1-15　软文营销的具体实施步骤

专家提醒

将软文推广商业流程化，使得操作更加严谨，并且将软文营销作为一种行业，做专业的推广与营销，不但使用户的品牌得到相应的宣传，而且可以直接给用户带来巨大的利益价值。

2. 成功的秘诀

一篇优秀的软文对于企业来说还是相当重要的，被读者阅读、认同再转载，无形中就为企业做了宣传，不过也不是所有的软文营销都是成功的。软文成功的秘诀，就是不折不扣地做到以下四点，只有如此才会让你的软文营销无往而无不利，如图 1-16 所示。

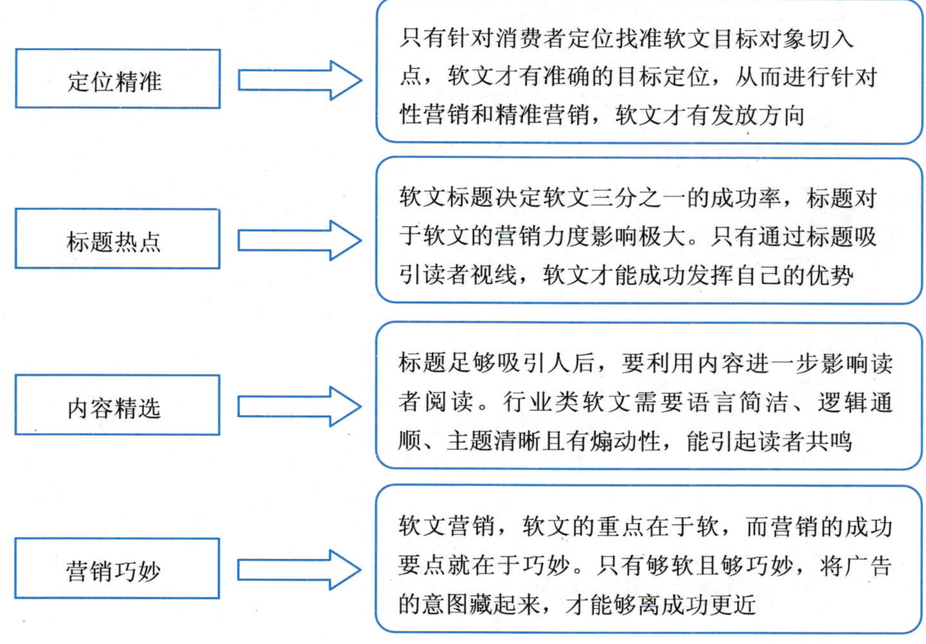

图 1-16　软文营销成功的秘诀

在互联网中，软文营销是最热门的营销手段之一。如果初入互联网而不知从何做起，那就从软文营销开始吧。除了质量创意以外，软文是一个天道酬勤的行业，只要坚持不懈地努力，就能看到成功在一步步地靠近。

3. 网站收录

网站收录指的是与互联网用户共享网址，网站首页提交给搜索引擎后，搜索引擎的“网络机器人”就会光顾，每次抓取网站时向索引中添加并更新网站。

因为“网络机器人”的自动抓取功能，网站站长只需要提供顶层链接。“蜘蛛”，也就是搜索引擎的抓取工具，能够自动找到其他网页。被提交的网址，经过审核符合相关标准，就会在 1 个月内按搜索引擎的收录标准被处理。

软文对于搜索引擎的影响，如图 1-17 所示。

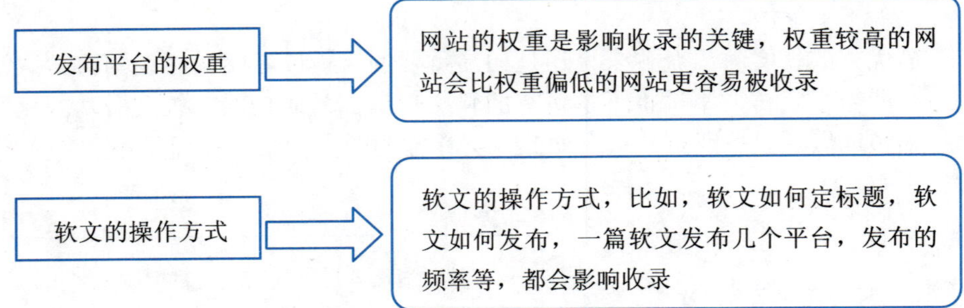

图 1-17　软文对于搜索引擎收录的影响

软文在收录后容易被忽略，因此优化软文重复次数不要太多。营销软文在发布时最好是大批量、广撒网才能多捞鱼，发布范围越广，效果越好。这些效果虽不能量化成为具体的数字，但是却值得仔细花时间去研究。

第 2 章 标题写作：吸睛标题事半功倍

在着手软文撰写之前，软文撰写者须明白软文的主题内容，并以此进行题目的拟定，从而让软文标题与文章内容能够紧密相连。无论撰写软文的主题内容是什么，最终目的还是吸引用户去阅读、去评论，让更多的人转载，从而带来软文外链，所以撰写一个有吸引力的标题是很有必要的。

标题写作：吸睛标题事半功倍

- 软文标题的要求
- 软文标题的写作
- 软文标题的类型

2.1 软文标题的要求

提起软文写作技巧，我们就不得不提软文标题设计了。从上学刚接触作文开始，老师就常告诉我们："题好一半文。"意思就是说一个好的标题就等于一半的文章内容。不过优秀的标题也不是那么容易写出来的。

清楚地了解软文标题的一些要求，可以让我们很好地掌握软文的写作技巧，如图 2-1 所示。

图 2-1　软文标题的要求

2.1.1 简单直接

对于软文标题的设计，最重要的莫过于简单直接，读者最喜欢的标题，就是简短好记，扫一眼就可以在脑海里留下印象。若是使用长句作为标题，难免会给人一种冗余的感觉，会引起读者反感，而不是对于软文的阅读兴趣。

下面来做个对比，很明显地就可以看出简洁、明确的标题的优势，如图 2-2 所示，可以看出"关于睡眠的真相"标题明显简单直接，让人看到的第一眼就知道这是说关于睡眠质量的。后面软文的标题就过于冗长，而且表达的主题也不够清晰。

家居产品软文：关于睡眠的真相

睡多久才足够？通常的指导是：婴儿16小时，青少年不少于9小时，成人7—8小时。但有些成人睡5个小时就感觉良好。有专家指出睡眠时间长短因人而异，一般以"第二天体力充沛"为前提。所谓完美睡眠莫过于此——清晨自然醒来，睁开双眼，顿感身心愉悦，完全放松。

孩子们也有睡眠问题

近日，加拿大的研究人员在美国《儿科学》杂志网站发表报告称，小学生每天通常需要10-11小时睡眠，但每个孩子的具体情况不同。那么，如何判断孩子睡眠是否充足呢？美国国家儿童医疗中心专家朱迪思· 欧文斯说 ："这个年龄段的孩子白天不应该犯困，如果他们在车里或看电视时睡着了，这就是（孩子睡眠不足的）危险信号。"另一个方法是关注他们在假期里的睡眠长度。如果他们在假期里每天睡眠都比上学时更长，说明他们平常缺乏睡眠。

眼科医院软文：近视考生注意！高考填志愿热门专业视力有要求

今日是高考的最后一天，为期3天的高考将在今天落下帷幕。经“奋力苦战”，莘莘学子们的付出也将得到回报。按照以往，考完后不久，广大考生就会迎来一件极其重要的一刻——填志愿！对于很多高考生而言，填报专业志愿将在很大程度决定了自己未来的职业方向，也事关梦想能否实现。而一些家长和考生可能还不知道，除了高考成绩，很多热门专业其实还有一定的视力要求。可对于想报考这类热门专业的近视考生而言该怎么从容应对呢？

图 2-2　简单明确的标题

2.1.2 呼应正文

软文撰写者需要先明确软文的主题内容，并以此命题，再着手软文的写作，这样才能做到软文标题与文章内容紧密相连。如果软文的标题和主题相关性不够，无论撰写软文的目的还是主题内容，都会让读者产生被欺骗的感觉。

2.1.3 画龙点睛

如果把软文比喻为一栋大房子，标题就是这栋房子的大门。读者第一眼往往看到的就是大门，而如何能够让软文标题吸引读者眼球呢？在设计软文标题的时候，可以尝试使用一些比较有吸引力的词语，来抓住读者的眼球。

不仅如此，软文的标题需要点题，必须在标题中体现出软文所要表达的主题，软文营销是有目的的，所以，如果软文的标题主题模糊，不仅无法吸引读者，而且没有任何意义。

2.1.4 善用关键词

软文说到底还是给搜索到的用户看的，因此在软文标题的设计上，我们需要充分考虑搜索引擎收录的问题。而搜索引擎收录的重点，就在于关键词。

因此在软文标题的设计上，我们需要充分考虑到关键词的融入，无论针对的是搜索引擎还是使用搜索引擎的用户，只有把关键词和长尾关键词妥善地融入标题中，才能更好地让搜索引擎收录文章，用户才可以通过精确地查找，搜索出需要的内容。

2.2 软文标题的写作

一篇软文能不能引起读者的点击，首先看的就是标题，标题能否吸引读者视线极其重要，尤其现在的网络营销软文，标题吸引视线，才会有点击率。所以在撰写软文时，如何拟写软文标题，是至关重要的一环。

2.2.1 标题写作原则

衡量一条标题的好坏，不仅要看有没有吸引力，而且还有其他的一些原则，只有遵循这些原则撰写的标题，才称得上是优秀的标题。

标题写作要遵循的 5 个原则，如图 2-3 所示。

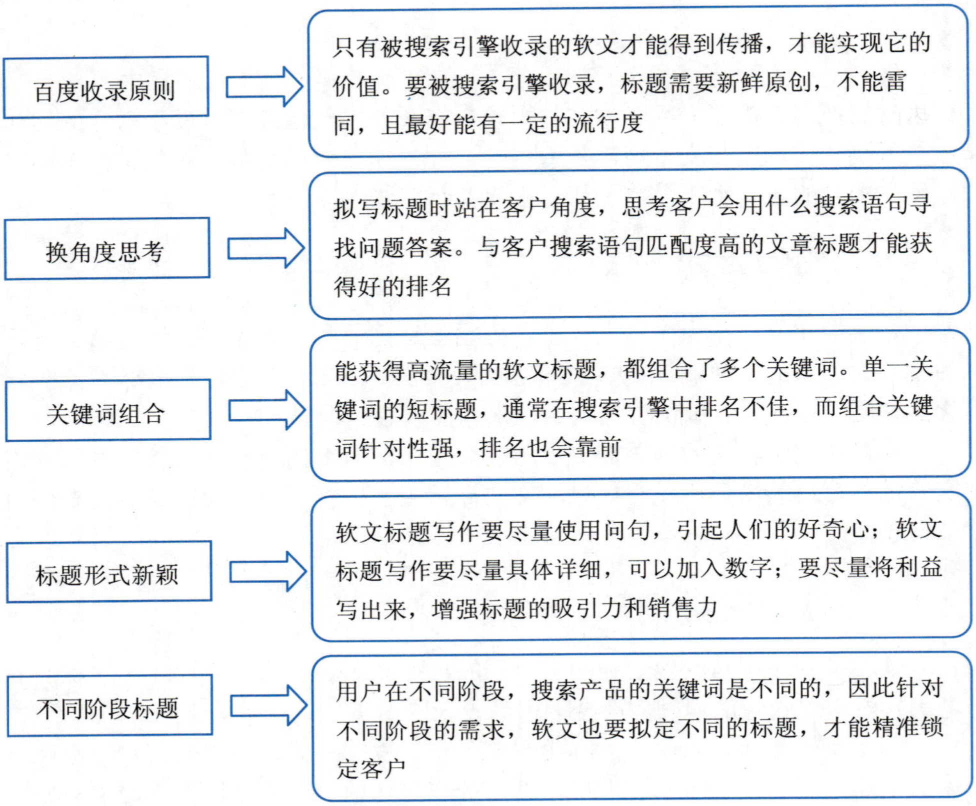

原则	说明
百度收录原则	只有被搜索引擎收录的软文才能得到传播，才能实现它的价值。要被搜索引擎收录，标题需要新鲜原创，不能雷同，且最好能有一定的流行度
换角度思考	拟写标题时站在客户角度，思考客户会用什么搜索语句寻找问题答案。与客户搜索语句匹配度高的文章标题才能获得好的排名
关键词组合	能获得高流量的软文标题，都组合了多个关键词。单一关键词的短标题，通常在搜索引擎中排名不佳，而组合关键词针对性强，排名也会靠前
标题形式新颖	软文标题写作要尽量使用问句，引起人们的好奇心；软文标题写作要尽量具体详细，可以加入数字；要尽量将利益写出来，增强标题的吸引力和销售力
不同阶段标题	用户在不同阶段，搜索产品的关键词是不同的，因此针对不同阶段的需求，软文也要拟定不同的标题，才能精准锁定客户

图 2-3　软文标题写作原则

2.2.2　标题设计技巧

一篇软文的灵魂就是标题，针对的产品或者服务等类型的区别，软文标题的写作技巧也有所不同，撰写者需要进行思考，才能写出有针对性的优质标题。当然，“标题党”也是一种软文捷径，但是在利用噱头吸引视线的同时，将内容安排的缜密有价值，会更加吸引读者。

1. 符号标题

一般来说，软文标题中包含三大亮点：数字、观点和事例，推广者可以采用数字或符号，来使自己的标题更有说服性和吸引力。

(1) 数字：“5 天时间，赚足 3800 元!”

(2) 标点：“小心被宰！低价做网站的惊天秘密。”

(3) 盘点：“盘点十大最美天文摄影图 赏太空神秘景象。”

2. 学会借势

借势是一种常用的软文写作技巧，而且借势完全是免费的。借势一般是借助最新的热门事件，包括《大圣归来》上映、《花千骨》大结局等大软文事件。例如，在电影《捉妖记》热映之际，配合电影宣传的“胡巴公仔”刚推出便火爆热销。

3. 使用特色语言

拟写标题时可以通过一些带有特色的语言来吸引读者视线，比如，诗词、成语典故、谚语、歇后语等；如果是发送到地方门户网站的软文，标题还可以化用方言土语和人名地名；而针对另一些特殊情况，还有行业内专业术语、口语、军人常用语等特色词汇可以化用。

4. 使用谐音/多音字

汉语是一门博大精深的语言，在切合软文内容的前提下，通过利用多音字、谐音字，尤其是语音相同或相近含义却相反的词语，赋予标题深刻内涵，引起读者思考，都是可以给读者留下深刻印象的标题。

5. 进行对比

在标题中使用对比的手段，不仅可以突出产品的优势，还可以利用被比方的名气来提升自己的名气，所以进行对比也是有区别的，如图 2-4 所示。

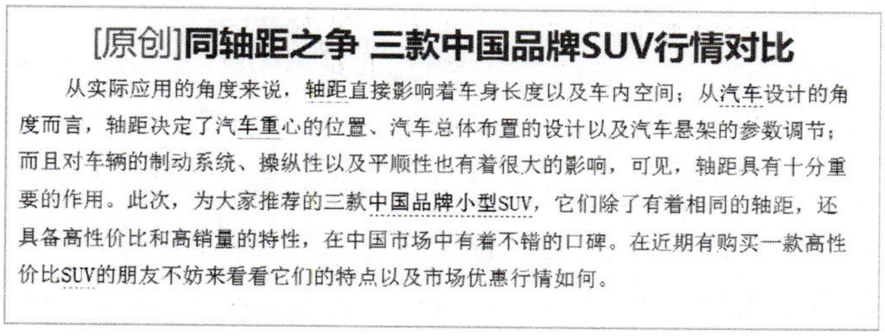

[原创]同轴距之争 三款中国品牌SUV行情对比

从实际应用的角度来说，轴距直接影响着车身长度以及车内空间；从汽车设计的角度而言，轴距决定了汽车重心的位置、汽车总体布置的设计以及汽车悬架的参数调节；而且对车辆的制动系统、操纵性以及平顺性也有着很大的影响，可见，轴距具有十分重要的作用。此次，为大家推荐的三款中国品牌小型SUV，它们除了有着相同的轴距，还具备高性价比和高销量的特性，在中国市场中有着不错的口碑。在近期有购买一款高性价比SUV的朋友不妨来看看它们的特点以及市场优惠行情如何。

图 2-4　进行对比

2.3　软文标题的类型

软文标题的分类较为繁杂，通常我们将之分为两大类型，常规类标题与创新类标题。而这两大类标题之下又有许多细分，下面就来详细介绍。

2.3.1　常规类标题

吸引人的标题是好新闻的必备要素，在阅读内容繁复的报纸杂志时，除了版面靠前的新闻以外，标题吸引人的文章会更加容易获得阅读量。标题对于软文的作用也是一样的，即便软文内容再专业，若是标题不够吸引读者视线，收获不到流量，一切都是徒劳。

下面是笔者搜罗的几种常见的写作类型的标题，供大家借鉴。

1. 用问题引起关注

这种标题类型可以简称为提问式标题，是通过提出问题来引起关注，引发消费者的思考，进而产生共鸣，对软文内容产生兴趣，留下印象。

例如，“自主品牌会师成都，短暂回暖还是根本逆转？”“住建部指导停车设施规划，车位缺口如何解决？”这类标题基本都是先诉说事件，然后再提出问题，如图 2-5 所示。

大输家：酷派成为手机界的祥林嫂？

摘要：日前，奇虎360宣布，已向酷派发出通知，将行使卖出期权，要求酷派从奇虎手中收购酷派电商的49.5%股份。众所周知，酷派电商是奇虎和酷派于2014年12月成立的合资公司，主要开发通过互联网渠道销售的移动终端产品。而事情的起因是酷派与360合作之后，酷派又委身乐视，即今年乐视曾出资21.8亿元购买酷派董事长郭德英18.5%的股份，成为酷派第二大股东，这一合作按照360的说法，是酷派违反了之前与360合

日前，奇虎360宣布，已向酷派发出通知，将行使卖出期权，要求酷派从奇虎手中收购酷派电商的49.5%股份。

图 2-5　提问式标题

2. 直奔主题

直奔主题是一种非常有效的标题撰写手段，在标题中把软文的核心主题直接陈述出来，直接把企业品牌、产品以及主打的内容通过标题透露给读者。

这样既可以节省读者的浏览时间，又可以使企业的产品或品牌曝光到目标客户或潜在客户的视野中，增加产品销量、品牌关注度及企业美誉度。

下面就来欣赏一些直奔主题的软文标题，如图 2-6 所示。

手机软文范例：国产莱迪XG862精钢版低调上市——双卡双待安卓2.3

这几年，随着苹果手机的热销，全社会几乎都掀起了一阵苹果风。可以说，苹果手机改变了整个手机行业的面貌。大屏、智能、直板已经成为现在手机的基本样式。许多厂家大到HTC，三星，LG等一线厂商，小到国产小厂或者山寨，在出新品的时候，都有意无意的借鉴和模仿了苹果的创意。近日，深圳国产手机厂商莱迪，就出了一款模仿苹果，打擦边球的代表作— 莱迪XG862精钢版。

图 2-6　直奔主题式标题

专家提醒

直奔主题式标题比较适合一些知名度较高的企业使用，不然就会出现因为知名度不高读者会直接忽略的情况，所以针对小型企业，如果想要采用直奔主题式标题，则需要选择与自己产品相符合的、知名度较大的品牌产品做标题的内容进行陈述，或者用热门话题演变成自己的标题。

3. 经验分享

在现实中很多经验分享的软文特别受读者喜爱，因为读者往往以带有目的性的心态，去阅读软文，想在软文中吸取某一方面的经验与总结，当然这对写手的逻辑性要求也非常高。

通过对大量文章的对比给读者一个眼前一亮的结果，而且由于是作者的经验总结，拥有较强的说服力，读过之后可以少走很多弯路。需要注意的是，经验分享式标题下的软文内容，需要具有一定的权威性以及学术性或者至少经验性较强，切忌出现大量的抄袭，或者是在外面随便就能找到的内容，不然就会出现文不对题的现象。

例如，“月入 5000 小家庭 4 步实现养娃又买房”“明天大盘日线粗略分析”“吃得太油腻怎么办，10 种食物缓解油腻”“米饭你真的吃对了吗？‘粗茶淡饭’才是真理”，这类标题一般属于经验分享式的软文，吸引人的地方就在于经验分享大放送、总结归纳性较强，这是很多读者所喜欢的，如图 2-7 所示。

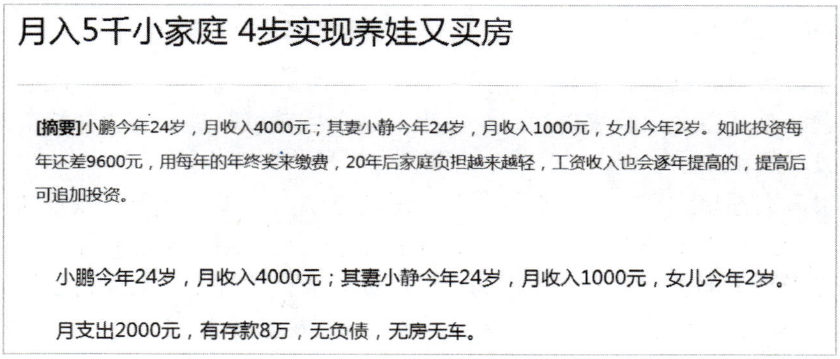

月入5千小家庭 4步实现养娃又买房

[摘要]小鹏今年24岁，月收入4000元；其妻小静今年24岁，月收入1000元，女儿今年2岁。如此投资每年还差9600元，用每年的年终奖来缴费，20年后家庭负担越来越轻，工资收入也会逐年提高的，提高后可追加投资。

小鹏今年24岁，月收入4000元；其妻小静今年24岁，月收入1000元，女儿今年2岁。

月支出2000元，有存款8万，无负债，无房无车。

图 2-7　经验式标题

4. 制造悬念

制造悬念的要点在于，在软文标题中，采用提示或者暗示的方式，将软文中最吸引人的内容传达出来，在读者心中种下谜团，引发读者的好奇心。

在软文的标题中增加悬念，可以引发读者的思考，同时带给用户更多阅读文章的动机，例如，标题“妻子遭电话诈骗 5 万，‘神探’丈夫靠推理追回”，读者在看到这样的标题的时候，很自然地会思考“神探”丈夫如何推理，而且读者对于“神探”这一类的词语也比较容易感兴趣。如图 2-8 所示，就是制造悬念类标题的软文案例。

你被微博娱乐营销HOLO住了吗？

所谓娱乐营销，就是借助娱乐的元素或形式将产品与客户的情感建立联系，从而达到销售产品，建立忠诚客户的目的的营销方式。不少企业微博利用娱乐营销方式取得了非常好的效果。娱乐营销策略比较符合中国的文化，起到软广告的效果。趣味化的内容，体现出企业更鲜活更平易近人的形象，给用户更多亲近的感觉。

PS电影海报，取悦网友宣传电影

3月31日刚刚上映的电影《单身男女》，借其海报在微博上着实火了一把。海报中呈现的是被吴彦祖和古天乐亲吻面颊的高圆圆，有网友则把陈奕迅、赵本山以及刚刚蹿红网络的"露牙哥"PS上去。就是这么一个简单的PS，使原本中规中矩的海报颇具喜感，一天内，仅原文便在微博上被转发超过一万五千次。海报取悦网友的同时，电影《单身男女》也被好好地宣传了一番。

图 2-8　悬念式标题

专家提醒

要注意的是：软文营销中标题的悬疑，是为了引起读者的注意，适当的悬疑可以博取大众大概 1~3 次的眼球，不过很难长久。

因此企业在标题中制造悬念时需要掌控分寸，并且注意逻辑性。

5. 用标题讲故事

用标题讲故事。就是在短短一行标题中让读者看到一个故事，可以理解成是一种励志式标题，是从自身出发来讲述一个故事，这个标题可以是浓缩软文情节的现身说法，述说成功的秘诀。

如今很多人都想致富，却苦于找不到合适的方法，如果在这个时候看到一篇励志式的软文，看到作者成功的亲身经历，让读者知道成功的路上会遇到什么又需要怎么做。这就等于给了读者一个成功的案例，所以读者会产生好奇，从而使采用这种类型标题的软文看起来很诱惑人。现身说法标题模板通常为“_______是如何使我_________的？”

示例：

“一个方法是如何使我成为销售冠军的？”

“一个创意是如何使我成为公司经理的？”

另一种模板为“我是如何___________的”，这种模板的侧重点在于“最终受益的大小决定了这个问题能不能成功”。

示例：

“三年奋斗，我是如何成为企业老板的？”

“我是如何让一个亏损企业起死回生的？”

6. 标题中的寓意

一则成功的标题，不仅表达清晰而且更要有内涵，如何拥有内涵呢？这时要做的就是通过使用修辞手法来增加标题的新意，从而给人们留下深刻印象，且因为形式新颖，更容易引起消费者好感。

如图 2-9 所示，为常见的寓意式标题。

食品软文：财富趣闻“豆八怪”，穿越百年的悠扬豆香

来源： 作者： [字体：大 中 小]

都知道扬州有八怪，那说起“豆八怪”（ ），想必各位读者一定觉得熟悉而又陌生吧。没错，它就是最近在市场屡推“彩虹果香豆浆豆腐”“爽滑果冻豆浆豆腐”“金种子保健豆浆”等创意新品的豆制品创富品牌。您要问起它的渊源，那就要追溯到百年以前了……

话说号称康熙秀才、雍正举人、乾隆进士的七品芝麻官郑板桥，因荒年赈灾得罪大吏被罢官后，就从山东潍县辞别百姓毅然返乡。板桥一行，三匹毛驴，一匹主一匹仆一匹行李，简简单单。不计多日到得扬州蜀冈地面，黄昏时刻归乡的游子累得人仰驴翻，只得停下歇息。但这一停，又成就一段让人津津乐道的板桥佳话。原来，喘息之间，顿觉山野清风夹杂丝丝香甜扑鼻而来。呵呵，哪来沁人心脾的美味？惹得我饥肠咕咕！他把毛驴交给仆从，自己一路小跑寻香而去。逆着风向，沿着一条岗腰小道逶迤而行，左兜右转便见数居山房迎面而立，香气随着袅袅炊烟弥漫了山野。

图 2-9 寓意式标题

7. 学会在标题中总结

这一类标题最大的优点就是标题的高度概括性，而且非常富有层次，当然，在撰写内容的时候，撰写者的逻辑性要特别强，避免产生层次混乱的情况。总结式的标题，简单明确，软文的内容在标题中就可以体现出来，也可以节省读者的时间。

例如，“太阳系鲜为人知的十大神秘天体，你知道吗？”“男性养生：男人最不可缺的五种营养元素”“药补不如食补，16 种神奇食物能当药”等，这类标题就是非常优秀的总结性标题，吸引人的地方就在于其总结性，这是很多读者所喜欢的，如图 2-10 所示。

8. 用标题引爆眼球

引爆式标题以吸引目光，增加点击率为目的，在写作思路上不走寻常路，致力于给人一种不可思议的感觉，与常理相背离。

如图 2-11 所示，为引爆式标题的典型案例，标题中的“不花钱”与“万能”吸引读者眼球，让人不由得开始思考树枝如何能做家居装饰，让读者觉得匪夷所思，急切地想知道到底是怎么一回事。

男性养生：男人最不可缺的五种营养元素

原标题：男性养生：男人最不可缺的五种营养元素

男性跟女性的区别在于男性更加的强壮，男性需要消耗更多的热量。所以，男性想要拥有健康的一生，营养素是男性必补的。男性朋友们千万不要忽视了它们，忽视了它们等于忽视了健康。

图 2-10　总结式标题

不花钱的万能家具，一根树枝的家居艺术

[摘要]树枝随处可见，大多数树枝的结局都是化作春泥更护花，然而树枝还可以变身为相框、置物架、衣帽架、装饰品、花盆等家居用具。那么树枝究竟有多万能呢？跟着小编一起领略一根树枝给我们带来的家居艺术吧！

大自然真的是最慷慨的供应商，只要它有的我们都可以合理取用，还不用花一分钱。大自然的每一样东西都有存在的价值，就如随处可见，随手可取的树枝，经过一定的选取加工就可以是我们家居中需要的任何家具。

悬挂树枝装饰品

图 2-11　引爆式标题

引爆式标题与普通式标题很容易就能对比出效果，如普通式标题为“软文写作方法”，引爆式标题为“一篇软文让他赚了 100 万元”，哪一个更引人注意呢？一般来说，与物质挂钩的话题，更容易吸引读者的注意力，从而让他进行深入了解。

引爆式标题一定要将读者内心的渴望放大，比如，新生儿的年轻妈妈对于育儿知识有需求，就要在标题中体现育儿技巧；又如，读者有减肥的需求，就要在标题中体现减肥的高效与快速；将软文标题高度贴合到读者的自身需求上，从而起到吸引读者注意力的作用。

专家提醒

用数据来吸引人，也是引爆式标题的常用手段，特别适用于电商标题，如：“月销 1000 万元的某某产品”，不过这种标题现在使用过于频繁，且软文应该由产品自身优势入手，所以在引爆式标题的设置上面，还是应该尽量从对消费者心态与目的的分析角度来入手。

9. 用新闻引导内容

新闻式软文的标题内容，要做到措辞严谨，形式正规且权威。常见的新闻标题形式并无固定格式，仅要求清楚说明时间、地点、人物等要素即可。以新闻体裁撰写的软文，标题需要做到简洁明了，有权威性。如果能够做到符合特点与要求，可以放在

网站的“企业新闻”或是“行业新闻”等类似栏目，显得极有权威。

如图 2-12 所示，就是采用新闻式标题的例子。

中国赚钱多的人都在这3个行业 年赚百万者很多

29

本文转自微信公众号：财经大事件

俗话说，“三百六十行，行行出状元”，任何行业都有牛人存在，他们能从不同的角度看问题，且善于放大自身优势，通过更轻松的方式来赚钱。比如，做面做得好的人，最后发现，一个人干实在太累，不如放开加盟，让别人来替自己赚钱。

然而，能成为“状元”的人毕竟是少数，对于普通人来说，要想过上满意的生活，最重要的是要入对行。虽然说人的一生很长，但最关键的还是从23岁到29岁那么几年，在这几年中，选择一个有前景的行业，并一直坚持下去，日子过得就不会太差。

笔者发现，身边赚钱多的人，多出自以下3个行业：

图 2-12 新闻式标题

10. 通过对比来说明

对比式标题可以加入悬念式标题的手法，能更加凸显标题的特色，吸引消费者的注意力，如某家电的一篇软文《LED 阻击 OLED 双方厮杀你选谁》就是既用了对比，又有悬念，很符合当代网民的口味。

下面来欣赏对比式标题，如图 2-13 所示。

LED阻击OLED 双方厮杀你选谁

在刚结束的IFA 2015上，曾经的等离子巨头松下展出了4K曲面OLED系列电视，跳过液晶直接倒向OLED阵营。此前不久，创维率先实现OLED电视量产。业内人士称，在两三年内，OLED电视价格将大幅下滑，进入普及期。然而，LED电视阵营依旧充满斗志，三星、海信、TCL等，不断提升LED电视画质，阻击OLED。

行业动态

在刚结束的IFA 2015上，曾经的等离子巨头松下展出了4K曲面OLED系列电视，跳过液晶直接倒向OLED阵营。此前不久，创维率先实现OLED电视量产。业内人士称，在两三年内，OLED电视价格将大幅下滑，进入普及期。然而，LED电视阵营依旧充满斗志，三星、海信、TCL等，不断提升LED电视画质，阻击OLED。

图 2-13 对比式标题

专家提醒

企业运用对比式标题的时候，标题必须和文中内容相匹配，不能一味地夸赞自己产品的优点，一定也要指出对方产品的优点，然后在对方优点的基础上，指出自身产品超越对手的地方，方能成为一篇实实在在的对比式软文。

2.3.2 创新类标题

软文能否在第一眼就抓住读者眼球被读者记住，取决于软文标题的好坏，一个好的标题，同样可以决定软文的流传度。

软文标题有很多种类型，在这些类型中，有一些是非常新颖的，通过在标题中加入流行语、知识、数字，以及借用观点、指导等各种形式，能够帮助软文撰写者拟写一个合适的软文标题，运用得当会为软文增光添彩。

1. 标题+流行语

流行式标题就是拿网上流传的热门语言为标题噱头，如“DUANG”“我也是醉了”“什么鬼”等，来吸引消费者的注意力。下面就来欣赏几则流行式标题案例，如图 2-14 所示。

亮牙大咖“齿贝白”真能让牙齿duang下就白

近年来，一个曾经名不见经传的品牌“齿贝白”忽然在微商界受到热烈追捧，众多微商大咖纷纷成为“齿贝白”的代理商。“齿贝白”三个字一时刷爆了朋友圈。究竟是何种魔力让一个默默无闻甚至“零广告”的品牌“忽如一夜春风来”，成为众人瞩目的焦点，得到众多朋友的一致选择，记者带着疑问做了深入探究和了解。

图 2-14　流行式标题案例

利用这种已经网络化的流行语，可以让软文标题更贴近生活，给人们留下深刻的印象。

2. 标题+知识

在标题中就将软文的主题表达出来，软文必须拥有知识性，而且尽量不是大众所熟知的知识。让软文表面上看去似乎是一篇专业的某类型的知识讲解，在知识点中穿插产品内容。

如图 2-15 所示，就是一篇使用知识性标题的软文案例。

自动清除体内毒素 四种食物具有解毒功能

美国疾病控制和预防中心的统计数据显示，每个人体内循环着140多种有毒化学物质。一些食品可以对体内毒素起到自动清洁作用。美国《医学日报》介绍了具有解毒功能的几种食物。

苹果。苹果含有丰富的果胶，这种可溶性膳食纤维能从人体系统中去除食品添加剂和金属残留物。

甜菜。甜菜有助于肝脏的解毒功能，缓解胆汁类疾病(如黄疸、肝炎、食物中毒、腹泻和呕吐)。甜菜也被称为“血液净化器”和“血液建筑工”，因为它有助于红血球的再生和恢复，并向人体供应新鲜的氧气。

姜。姜不仅能让味蕾发挥效力，还能启动新陈代谢过程，冲刷毒素。这是由其高浓度的姜辣素决定的。

洋葱。发表在《环境与污染国际期刊》上的研究显示：洋葱能吸收污染食品中的砷、镉、铅、汞、锡等有毒金属元素。

图 2-15 知识性标题

3. 标题+提示

在标题中融入劝勉、叮咛、希望等口气的词语，可以起到某种提示性的作用，目的在于警醒处于某种境地的某些人。这类标题通常适用于养生类软文，如图 2-16 所示，就是一篇采用提示式标题的案例。

不要再被骗啦！直接吃苦瓜不降糖

坊间关于吃 ×× 食物可以治愈××病的谣言层出不穷、此起彼伏。当年张悟本绿豆治百病之论早已尘埃落地，最近又冒出许多诸如“吃苦瓜、秋葵治愈糖尿病”的说法。追本溯源，这与根植在人们心中的“食疗”信仰密不可分。所谓“是药三分毒”，在面对疾病威胁时，人们迫切希望自然界的某种普及型食物可以同时满足果腹与治病的双重需求。

图 2-16 提示式标题

容易引起共鸣的提示式标题，在使用时需要注意措辞谨慎，以免引起读者反感。提示式标题兼具多种优点，主要有以下三点。

- 标题中的劝说或暗示需要生动，劝说不可过激，暗示可以增强。
- 标题中需要明确所推荐产品的用途和使用方法，越准确越好。
- 一定要站在读者的角度，不能只有推荐产品的骨架而少了必要的血肉。

4. 标题+借势

不仅软文中需要借势，而且连标题里面也是需要借势的，借的“势”可以是某个人，可以是某件事，也可以是某件东西。

在标题中借势，就是通过借取他人名气，来撰写软文标题，通俗来说，就是借用名人或热点事件的热气与关注度，吸引读者眼球。

例如，最近特别火的《花千骨》，自从上映以来，就一直占据收视率的榜首，一时间各大媒体都被《花千骨》给湮没，很多商家也趁着这股热潮，纷纷将自己的产品与《花千骨》“联姻”，如图 2-17 所示。

绿化贷:跟花千骨学习理财投资之道

大热了一个暑假的《花千骨》终于在昨天迎来了大结局。这部被观众笑称为“好好的神仙不当，都去弄些幺蛾子，真是不作不死”的“众仙入魔”大戏。

不仅剧中 90%的修仙之人皆因各种原因或疯或死或“堕仙”或发狂，女主“小骨”更是从天真善良心怀大爱的小女孩，直接变身身负毁灭天下的“洪荒之力”的“妖神”，最后因无法控制自身力量，被心爱的师傅亲手杀死。

都说练武之人心浮气躁心有旁骛容易走火入魔，殊不知，其实投资理财不走正道也易“走火入魔”。随着互联网金融的不断飞速发展，各式各样的投资理财方式映入人们眼帘，但是投资理财方式花样繁多，人们难免会在理财选择上踌躇不定。

许多人为了一夜暴富，选择“卖房炒股”“高利贷”“利用信用卡漏洞投机取巧”等一些高风险的投机方式，最后导致家徒四壁，无法回旋，真入了理财“走火入魔”的道。

图 2-17　以事件做标题

在借明星之势做软文标题时，还可以适当加入自己的产品，与之契合，也是不错的选择，例如，最近李晨和范冰冰的婚期就是娱乐圈的大事，某品牌就抓住时机，推出了范冰冰同款产品，并将明星巧妙地植入软文标题中，如图 2-18 所示。

范冰冰李晨曝婚期 先看范爷初秋街拍搭配

【导读】这几天有关范冰冰和李晨婚期的消息不停在传，有人煞有介事地爆料他们两人将在十一之后举行婚礼，也不知道消息是真是假，不过可以看看范爷的街拍学学初秋搭配倒是真的。

图 2-18　名人+产品标题

总之，大众对于和名人搭边的事情，从他们的工作、生活到兴趣爱好，都有别样的关注。所以，软文撰写者在撰写软文时，若是能将主题搭上名人，通过借势来造就一场明星效应，不说有很多人会关注，就单单明星粉丝也绝不会放过与他们偶像相关的任何报道。

5. 标题+数字

在标题中加入具体的数据，会带给读者很大的视觉冲击力。一个巨大的数字能与人们产生心灵的碰撞，很容易让人产生惊讶之感，往往人们一般都会通过数字，来探

究数字背后的内容，下面就来欣赏数字式标题，如图 2-19 所示。

北京45天3D打印出400平米别墅 抗8级地震

近日，在北京通州的一个厂房内，诞生了世界上第一个用3D打印机打印的房屋，与之前国内外的3D打印建筑不同的是，这个别墅是打印机现场打印的，而不是提前打印好然后拼接。

图 2-19　数字式标题

6. 标题+注意

标题中将注意或者警告类的语句融合，会让读者产生一种危机感，常常会出现在医疗行业的软文中，通过警告或注意的手法吸引读者对软文的关注，特别是针对一些疾病患者，相关软文能够引发他们的共鸣。如图 2-20 所示，就是这样的标题案例。

吃菜少吃肉多 这7大癌症当心吃出来

俗话说“病从口入”，“癌”字有三个“口”，可见饮食和癌症的关系有多密切。国际研究证实，每年因癌症死亡的人中有1/3和不良饮食习惯有关，30多种癌症由此而来。值得警惕的是，以下七种癌和吃最相关，如果把好饮食关，就能有效地预防癌症。

图 2-20　警告式标题

软文撰写在使用警告式标题的时候，需要对某个事实进行陈述，依靠事实让读者自我意识到之前的所作所为是错误的，从而产生一种极度的危机感。

7. 标题+鼓励

软文撰写者需要使用鼓动性的话语来调动读者的积极性，号召读者快速做出购买决定。此类标题，文字必须有暗示性与鼓动力，使消费者在不知不觉中被鼓动，产生购买行为。下面来看几种鼓舞式标题案例，如图 2-21 所示。

瘦身软文：快跟着林蛙学减肥吧！

有这样一部分人，从他背后看俨然是一个体态苗条的人，可一看侧面，就会看到煞风景的啤酒肚;或是呼啦圈。腰腹部是很容易囤积脂肪的部位，就算是想瘦身，也很难针对腰腹让它瘦下去，腰部赘肉，就拿它没办法了吗？

腰腹长肉容易 想减却难

31岁的梁丽丽生完孩子后，依然有着令人羡慕的身材，老同学看到她都会惊呼：怎么还是这么苗条，真是辣妈啊！丽丽每次都边笑边说：你看肚子上，全是赘肉，这不都是靠大丝巾遮着呢。丽丽说，前几年因为工作要长期伏案，加上不运动，肚子上的肉越积越多。去年生完孩子，虽然大体的身材恢复得还不错，但小腹上的肉却更加松垮。她开玩笑地说：我从胖子变成了柔软的胖子。

瘦身软文：试试"被运动"躺着就能有好身材

近日一条微博"当我们曾是瘦子的时候，我们都嘲笑过胖子"引起众多网友的辛酸回复，昔日的瘦子们说起自己的种种减肥经历和遭受的嘲笑无一不是"欲语泪先流"。正如这条微博反映的一样，当大家嘲笑胖子是生来注定和后天不努力的时候，却只关注到了肥胖这个结果，而忽略了胖子们为摆脱困境所做出的种种为难自己、考验自己的减肥努力！他们节食，在夜晚看着餐桌的种种美食，口水往心里流。他们运动，在清晨的公园拔足狂奔，相伴的只有环卫工人。他们吃减肥药，在一次次跑厕所拉肚子和发现可怕的体检报告后，害怕又无助。可这一切过后，他们却常常看着体重计上的数字回复到原位！

图 2-21　鼓舞式标题案例

专家提醒

鼓舞式标题在文学修辞上，应该做到尽量婉转，以免语气过于生硬，引发消费者不愿被人支配的心理，从而使得消费者对产品产生反感，得不偿失。

8. 用趣式标题

所谓用趣式标题，就是用有趣的、别有一番风味的字眼来凑成的标题，往往会使读者过目不忘、记忆深刻，下面就来欣赏几则用趣式标题，如图 2-22 所示。

汽车软文：现代汽车后来居上"三板斧"

今年以来，由于日系车受到日本地震影响，现代起亚汽车在全球销量高奏凯歌，在欧洲、南美、中国、印度等市场相继赶超日本汽车企业。在北美市场，现代汽车的市场占有率也只与日系竞争对手相差无几。在中国，北京现代成立9年时间，成为国内乘用车领域的翘楚，销量和品牌力位居行业前列。2010年，北京现代实现销量70.3万辆，在2009年57万辆这一庞大销量基数上，实现增长率23.3%。今年1-9月，北京现代累计产销55.2万辆，预计全年销量有望突破72万辆。随着明年第三工厂的竣工以及更多新车的导入，北京现代的年产销规模将达到100万辆。北京现代用了9年时间，由一个后来者成为市场的领导者，生动演绎了"后来居上"。

图 2-22　用趣式标题案例

在撰写软文标题时，可以使用恰当的修辞手法，配合幽默诙谐的语言，使之获得活泼俏皮的效果。只要运用得当，不过分夸张，符合软文内容及主题，定能令读者回味无穷。

9. 观点式标题

所谓的观点式标题，是以表达观点为核心的一种标题撰写形式，一般会在标题上精准到人，会将人名放置在标题上，在人名的后面表述对某件事的个人观点或看法，下面就来看几种观点式标题的常用公式。

- “某某称________。”
- “某某指出________。”
- “资深________，他认为________。”
- “某某：________。”

10. 指导式标题

所谓指导式标题，就是针对某一具体的事件传递一个解决方法，标题扣住“如何”“怎样”“某某的养成之道”“更简单某某之道”之类的字眼，往往这一类标题可以吸引大部分的新人或者对未知领域感兴趣的好奇宝宝的目光。

撰写指导式标题很简单，但需要注意以下几点。

- 内容必须要有较强的专业性、经验性；
- 广告插入轻微，排除硬广植入的情况发生；
- 不要产生直接复制、粘贴别人文章的行为；
- 针对具体问题，推出指导性教程，同时完美融入广告。

下面就来欣赏指导式标题案例，如图 2-23 所示。

微商怎么做：为何你开的微店卖不出去东西？

开了微店，卖不出商品有木有，看到别人月赚10万、100万开始怀疑自己有木有，开始怀疑微商这个行业有木有?今天给大家带来我自己的一些经验。

我做微商已经有大概一年了，从刚开始开店的第一单到现在日销100单，整个过程走过来，说苦也辛苦，说简单也简单，为什么这么说!主要还是找到做微商的方法，找对了方法一切都简单。就好比你做数学题一样，掌握了公式，都很soesay!

我卖的商品从最开始就是做代销，没有自己货源渠道，对于做微商来说，除了做特产或者私家菜、小吃的是自产自销意外，目前还真没有发现谁是自己生产商品来卖的。可能你不信，但目前我是没有发现。

图 2-23 指导式标题案例

【分析】：这一类标题可以让广告置于无形之中，且有一定的后续性，因为一篇好的指导性文章，读者多半会进行多次阅读，并且如果实用性强还具有推广性、传播性。

专家提醒

指导式标题的设置会让读者觉得此篇软文广告性比较弱，从而不会太过于排斥，对于企业来说，此类软文能大大地加快软文营销活动目的成功的步伐。

11. "史上"式标题

所谓"史上"式标题，就是用"史上________"开头，形成一个标题公式"史上________"，其中"史上"就是与"第一""最好"等词汇意思差不多，一般如中国史上，上下5000年历史、史上最低价格等，往往这种标题很容易引起读者的关注和轰动。

若企业利用这个特点，进行软文标题的撰写，定能达到吸引一部分读者的注意力的目的，下面来欣赏几则"史上"式标题案例。

"史上最俊小哪吒竟是小萝莉！越长大越美腻 "

"史上最懒猫"趴车底悠闲度假 有老鼠假装看不见"

"史上最严司法考试安检人脸识别"

12. 问题式标题

问题式标题可以算是知识性标题与反问式标题的结合，以提问的形式将问题提出来，而读者又可以从提出的问题中知道软文内容是什么，一般来说问题式标题有 5 种公式，企业只要围绕这 5 种公式撰写问题式标题即可：

"什么是______________？"

"为什么______________？"

"怎样______________？"

"______________有哪些方法？"

"某某：当你遇到______________问题时"

下面来欣赏几则问题式标题案例，如图 2-24 所示。

妈妈哪些情况下不宜母乳喂养?

民间有种说法，金水、银水，不如妈妈的奶水。母乳是宝宝最好的天然食物，能最好地满足宝宝的需求，如果您和您的宝宝存在以下几种情况，就最好暂时或完全停止母乳喂养。

1、妈妈需要长期用药

如妈妈是癫痫病、甲状腺功能亢进或肿瘤病人，正在用药控制期间，最好停止母乳喂养，因为妈妈所用这些药物均可渗入乳汁，宝宝吃到含这些药物的奶会对健康不利。

2、妈妈处于细菌或病毒感染期

此时妈妈不宜母乳喂养。否则妈妈乳汁内所含的致病细菌或病毒会传给婴儿，而且由于感染期妈妈常需用

图 2-24　问题式标题案例

13. “十大”式标题

所谓“十大”式标题，是指标题扣住“十大”为公式主题，一般“十大”式标题的传播效率很广，在网站和论坛大多容易被转载，并且很容易产生一定的影响力，下面就来欣赏“十大”式标题案例，如图 2-25 所示。

三亚位列双节国内游十大“热地”

秋意凉爽好出游

三亚位列双节国内游十大“热地”

本报三亚9月20日电（记者黄媛艳）日前，知名在线旅游网站——途牛旅游网发布《中秋国庆超长假期旅游意愿报告》（下称《报告》），预计今年“十一”将成为近年来出游持续时间最长、人气最旺的黄金周。根据用户预订情况和历史大数据，双节期间，三亚位列最受欢迎十大国内游热门目的地第二名。

这些你一定不知道 2015年中国十大暴利行业

揭秘2015年最新的十大暴利行业排行榜，究竟小投资冷门暴利行业有哪些?冷门小本生意赚钱最快的方法是什么?现在最新的创业好项目小本生意大全究竟哪些行业适合我们选择?创业对最新行业数据整理发现，2015年很多冷门小本生意非常暴利，投资很少但利润却很高，有很多非常适合创业者选择的生意好项目，推荐给大家不仅有中国最新十大暴利行业排行榜。

图 2-25 “十大”式标题

第3章 开头结尾：龙头凤尾引人入胜

软文营销具有其他营销方式所没有的优点，而软文营销的重中之重就在于软文的撰写。本章的要点就是学习软文的写作技巧。

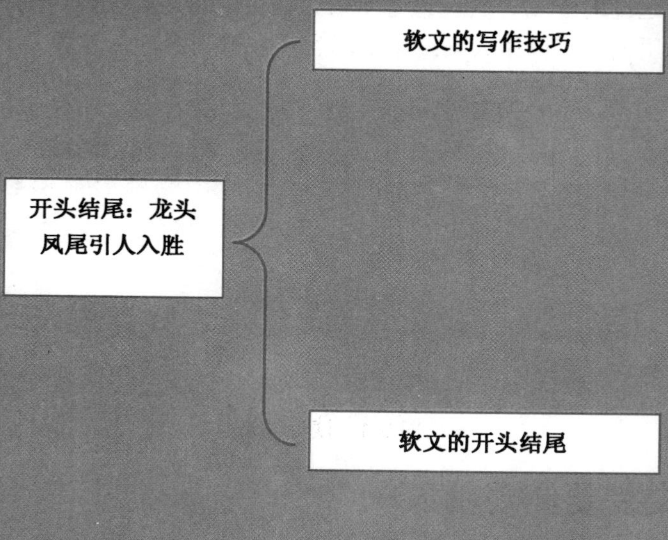

开头结尾：龙头凤尾引人入胜

- 软文的写作技巧
- 软文的开头结尾

3.1 软文的写作技巧

在学习了软文的定义、作用与标题的写作手法后，我们就该学习软文的写作技巧了。下面就来看看软文写作中常用到的一些实用性技巧。

3.1.1 软文写作读者为上

软文要对读者有价值。一篇优秀的软文，需要获得读者的认同与信任。因此，第一步，我们需要从读者感兴趣的话题入手，通过搜索并整理资料，并由此展开软文撰写，从而消除与读者之间的陌生感。

撰写者需要时刻谨记，软文的生命力就是被读者喜欢。不同身份、不同职业的读者，对于软文有不同的需求。

为了能够满足读者的期待，软文撰写者需要根据对象的不同来使用不同的文风。比如，在撰写针对职业方向的软文中可以多使用与职业相关的专业语言；而当软文的目标受众指向年轻读者的时候，可以多使用当下火热的流行语言。投其所好，是软文得到更好地传播的最好渠道。

例如，一篇标题为“睡不好，就变老”的美容软文，标题中针对美容的客户群，使用了“变老”这样对于年轻女性最有杀伤力的字眼。在软文的内容中，也多用一些针对年轻女性的用词，可以最大限度地引起客户人群的重视，如图 3-1 所示。

美容机构软文：睡不好，就变老

随着现代生活节奏加快，工作压力增大，我们很多时候都得不到充足的睡眠和休息，长此以往各类眼衰问题接踵而至：黑眼圈、眼袋、眼纹就“定格”在我们的眼边。“睡不好就变老”，根据丹凤眼专业美眼连锁机构的数据统计，近两三年间，女性眼部肌肤衰老速度比前些年提早了一年多。

眼部衰老

见证青春的远去

“昨天，你睡得好吗？”都市人的生存压力越来越大，睡眠时间的不足和睡眠质量的不高，引发了众多的眼部疾病。现在越来越多的人，“未老先衰”晋升为“眼袋族”“黑眼圈族”“眼部皱纹族”。没有人愿意在经历过最耀眼的青春之后，承认自己正在渐渐老去。可是就算你不说，眼角的条条细纹和垂下的大眼袋早已出卖了你。

图 3-1　读者优先

3.1.2 软文需要体现价值

软文本身只是文字的组合，虽然它有宣传产品、企业品牌的功效，但软文要实现自我价值必须要附着于其他产品之上。

一篇优秀的软文，除了要体现它宣传产品和企业品牌的功效，还需要体现 4 个价

值。这样的软文，在起到软文必须达到的功效之外，还具有极强的阅读性，能够使读者在接收软文传达的信息的同时，获得愉悦感。

软文的4个价值，如图3-2所示。

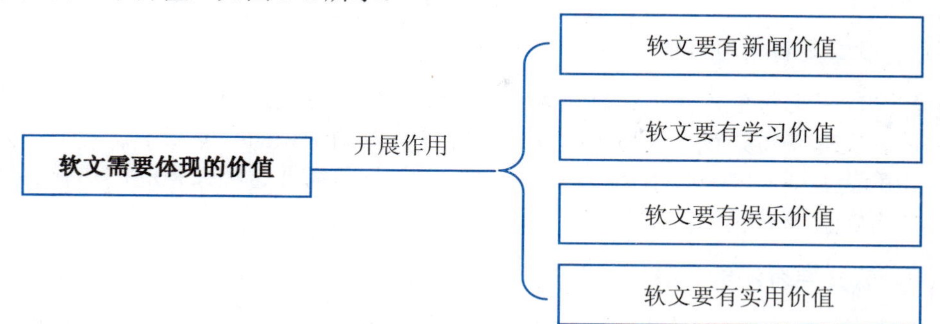

图3-2　软文的价值

1. 软文要有新闻价值

把需要宣传的点，与热门新闻相结合，使得读者在阅读软文时能够了解到新闻动态，这就是软文的新闻价值。具有新闻价值的软文，容易被搜索引擎收录，也因为拥有附加价值而让读者乐于传播分享，软文的传播率和转化率都极高。

如图3-3所示，就是一个结合新闻体现价值的软文案例。

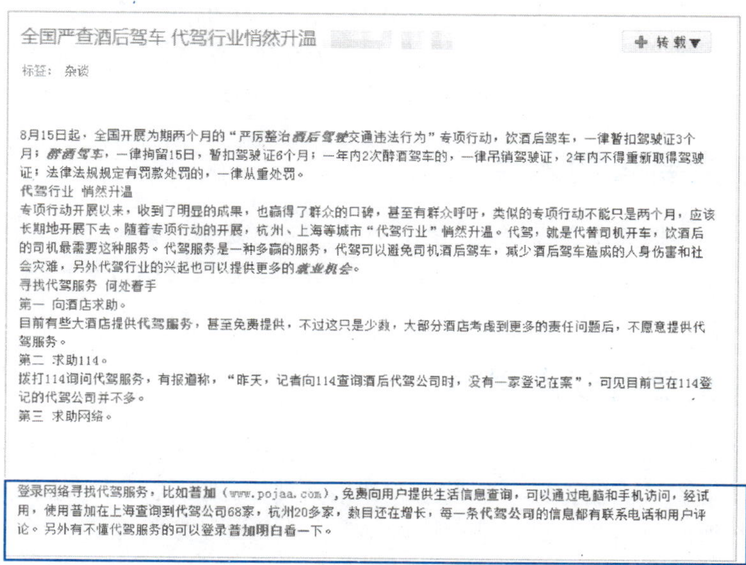

全国严查酒后驾车 代驾行业悄然升温

✚ 转载▼

标签： 杂谈

8月15日起，全国开展为期两个月的“严厉整治酒后驾驶交通违法行为”专项行动，饮酒后驾车，一律暂扣驾驶证3个月；醉酒驾车，一律拘留15日，暂扣驾驶证6个月；一年内2次醉酒驾车的，一律吊销驾驶证，2年内不得重新取得驾驶证；法律法规规定有罚款处罚的，一律从重处罚。

代驾行业 悄然升温

专项行动开展以来，收到了明显的成果，也赢得了群众的口碑，甚至有群众呼吁，类似的专项行动不能只是两个月，应该长期地开展下去。随着专项行动的开展，杭州、上海等城市“代驾行业”悄然升温。代驾，就是代替司机开车，饮酒后的司机最需要这种服务。代驾服务是一种多赢的服务，代驾可以避免司机酒后驾车，减少酒后驾车造成的人身伤害和社会灾难，另外代驾行业的兴起也可以提供更多的就业机会。

寻找代驾服务 何处着手

第一 向酒店求助。

目前有些大酒店提供代驾服务，甚至免费提供，不过这只是少数，大部分酒店考虑到更多的责任问题后，不愿意提供代驾服务。

第二 求助114。

拨打114询问代驾服务，有报道称，“昨天，记者向114查询酒后代驾公司时，没有一家登记在案”，可见目前已在114登记的代驾公司并不多。

第三 求助网络。

登录网络寻找代驾服务，比如普加（www.pojaa.com），免费向用户提供生活信息查询，可以通过电脑和手机访问，经试用，使用普加在上海查询到代驾公司68家，杭州20多家，数目还在增长，每一条代驾公司的信息都有联系电话和用户评论。另外有不懂代驾服务的可以登录普加明白看一下。

图3-3　软文的价值

普加智能信息公司，是一家致力于新一代信息技术的开发与应用的网站，而该公司的这篇软文，结合了当时全国开展的“严厉整治酒后驾驶交通违法行为”专项活动这一新闻事件，通过介绍专项行动，不着痕迹地向网民传递普加的搜索功能，从而达到宣传网站的目的。

2. 软文要有学习价值

软文的学习价值，在于在软文宣传点上结合知识点或知识体系，从而让读者能够在阅读软文时获得知识。这样的软文，缺点是针对的知识面有些狭窄，对于不需要此类知识的读者就会缺少吸引力，不过一旦读者正好是需要这类知识的，那软文的宣传效果就会大大提升。

3. 软文要有娱乐价值

娱乐价值，这应该是软文撰写者最熟悉的一点了。在软文之中不着痕迹地融入笑点或者娱乐事件，让读者会心一笑的同时，降低对软文的戒心。不过相比较于另外三种而言，娱乐性质的软文宣传效果就显得差强人意了，大多数情况下读者都会一笑而过，不会太过在意。

4. 软文要有实用价值

读者在看过软文之后，如果能够获得实际的用处，并且借此改善生活中的某一方面问题，那就是软文的实用价值得到了体现。

软文的实用价值能够帮助它得到极高的转化率，尤其在软文中提到的“举例”与“比如”，往往能够得到读者的重视。撰写者如果能够利用举例来插入产品，会给读者留下极深的印象，并且很有可能当场就通过搜索引擎等来进行试验。

3.1.3 软文要有切入点

软文不同于其他文章，需要一个点切入进去才好进行产品的宣传与推广。而切入点的定义，就是软文主题关于什么，或者说，撰写者在撰写这篇软文时，从什么角度入手，向什么方向发展。

3.1.4 软文要有观点思想

企业尤其是电商企业，在撰写软文时有一个明确的目的，就是宣传产品品牌，使得产品关键词搜索页面的位置名列前茅。如果某种产品的生产厂家只有一家，那自然是不需要这么做的，消费者只要进行搜索就肯定会找到这家企业。

而如果某种产品有两家生产企业，这种情况下，在实体经济中我们能够从规模、装备水平、研发实力等因素上，直观地通过比较来判断孰优孰劣。但是在电商平台、虚拟经济中，这种评判方式显然就不能成功了。

以百度为例的搜索引擎对此的做法是：如果逐个企业去进行实地考察自然不现实，因此便智能参考两家竞争企业的发言，而这些发言包含了对于所处行业的总体看法，以及如何看待产品的趋势、市场的发展、行业的政策等。这些就是软文的素材，也是软文写作的观点。

百度曾经走过一些弯路，将排名的顺序取决于企业付费、软文转发量、链接数据等，仅仅通过这些浅薄的数据来判断产品的好坏。而现在的百度搜索排名，更加看重的是企业对于所处的行业和产品的原创性观点，即使做得不够好，但是至少有自己的观点。百度看重有思想性、有观点的软文，这样的软文，在百度的搜索引擎，排位会更靠前。

3.1.5 写作思路需要扩展

撰写的软文，必须有血有肉且有结实的骨架，骨架指的就是要宣传的产品，而血肉就需要撰写者通过扩展思路来获得了。

在撰写软文时，常常会发现我们表达完观点内容以后，文章的篇幅依然很短，要解决这个尴尬的问题，就需要进行思路扩展了。在软文中表达观点时，可以适当地举出与观点相应的例子，然后进行拓展延伸，从而充实文章内容，并且更加明白地阐述观点。

3.2 软文的开头和结尾

一篇优秀的软文，不仅需要好的文采，还应在软文的整体结构上多花一些心思，除了标题和正文，软文的开头与结尾也是非常重要的。始终记住软文的开头是软文最大吸引力的体现，而软文结尾则是最大价值的体现，掌握软文开头与结尾的写作方法，让软文的价值最大化！

3.2.1 软文开头的写作方法

一篇软文最重要的部分在于标题与文章主旨，而除此以外便是软文的开头。在撰写软文时，需要时刻铭记的就是开头必须要能够吸引读者视线，只有在开头吸引到注意力，才能够有让受众往下看的欲望。

所谓“转轴拨弦三两声，未成曲调先有情”就是这个意思了，一篇绝妙的软文，至少在开头就能留住受众，下面的内容才有可能传播出去。

1. 想象与猜测型

想象与猜测类型的开头可以稍稍增加一些夸张的写法，但并不要太过夸张。可以适当采用拟人比喻手法的写实风格。做到在第一眼就引发读者展开丰富的联想，对于下文内容的揣测与好奇，从而使读者产生继续阅读的欲望。

在使用想象与猜测类型的软文开头的时候，要注意开头必须有一些悬念，给读者以想象的空间，最好是可以引导读者进行思考。

2. 波澜不惊型

波澜不惊型也被叫作平铺直叙型，表现为在撰写软文开头时，把一件事情或者故事叙述得有头有尾，一帆风顺地说出来，平铺直叙，也有的人把这样的方式叫作流水账，其实也不过分。

平铺直叙类型的方式，在软文中使用得并不多，更多的还是媒体发布的新闻稿中，但是在软文撰写中也可以适当地使用。比如，介绍名人明星或者是重大事件时，借助这些事情作为噱头就已经足够吸引读者的视线，平铺直叙反而更加简单明了。

如图 3-4 所示，就是一篇使用平铺直叙方式来开头介绍宜家的软文。

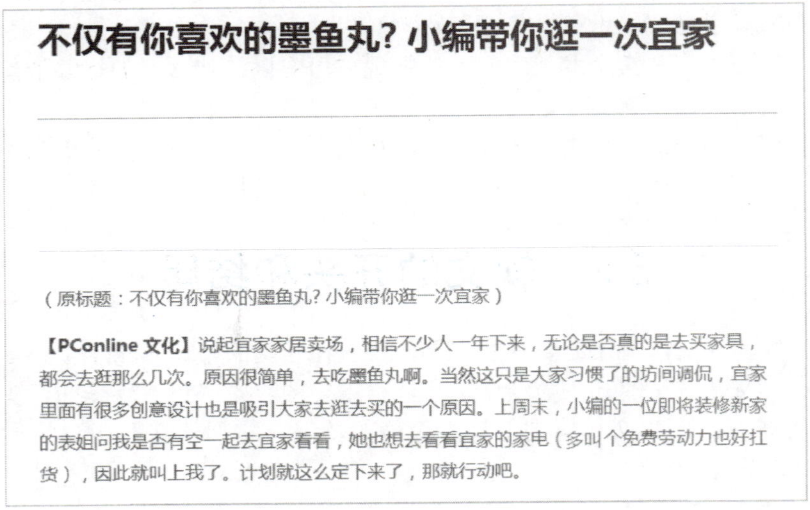

不仅有你喜欢的墨鱼丸？小编带你逛一次宜家

（原标题：不仅有你喜欢的墨鱼丸？小编带你逛一次宜家）

【PConline 文化】说起宜家家居卖场，相信不少人一年下来，无论是否真的是去买家具，都会去逛那么几次。原因很简单，去吃墨鱼丸啊。当然这只是大家习惯了的坊间调侃，宜家里面有很多创意设计也是吸引大家去逛去买的一个原因。上周末，小编的一位即将装修新家的表姐问我是否有空一起去宜家看看，她也想去看看宜家的家电（多叫个免费劳动力也好扛货），因此就叫上我了。计划就这么定下来了，那就行动吧。

图 3-4　波澜不惊型

3. 开门见山型

开门见山类型的开头，就是需要直截了当，直奔主题，毫不拖泥带水地将主题体现出来。在软文的一开始，就引出文中的主要人物、点出故事、揭示主题或点明说明的对象。在使用这种简单明了的开头方式时，务必语言朴实迅速切入正题，直接将要表达的内容主题摊开，这时候切忌吊胃口。

在使用开门见山型软文开头的时候，要注意的是，软文的主题或者事件必须要足够吸引人，如果主题或者要表达的事件没办法快速地吸引读者，那这样的方法最好还是不要使用，如图 3-5 所示。

九仓主席对“融创入主绿城”态度正面

融创(01918-HK)早前以63亿元收购绿城(03900-HK)24.3%股份，其持股量与九仓(00004-HK)相同。

九仓主席吴光正于股东会后表示，“融创入主绿城”对绿城影响正面。

吴光正亦对融创主席孙宏斌本人表示肯定，他称看过往绿城与融创的合作表现，认为不应低估融创能力，融创亦有很多长处值得学习。

图 3-5　开门见山型

4. 幽默故事分享型

幽默感是人们在社交时进行沟通的桥梁。所谓幽默，就是通过使人获得快乐、喜悦、愉快的感觉，来让人发笑。在软文写作中运用幽默的这一特质，效果往往会令人意外。

许多使用了幽默、有趣的故事作为开头的软文，都能够吸引读者的注意力。没人不喜欢看可以带来快乐的东西，这就是幽默故事分享型软文开头的存在意义，并且以分享幽默故事作为开头的软文，能够在开头迅速确定软文中心思想与情感基调，更有利于吸引读者注意力。

5. 引用名人名言型

有一个写软文时需要掌握的小窍门，就是在撰写软文时，多去查一下有没有与这篇软文主题相关的名人名言，或者是经典语录。这种开头，更容易留住受众。如果能够在文章开头，使用短小精练的名人名言，既点明主旨又意蕴深厚，或者是使用诗词、谚语等，都是可以起到引领内容凸显主旨与情感的作用。

而且通常情况下，读者会因为这样的开头而认为作者知识储量丰富，文采斐然，从而对软文更有信赖感。这种既提高软文可读性，又吸引受众的写法，在软文写作中非常常见。

6. 修辞手法型

熟练运用修辞手法，是每一位软文撰写者必须具备的能力。比喻、比拟、借代、夸张等都是常用的修辞手法，使用修辞手法撰写软文开头非常容易，而且由此可以衍生许多开头，运用得当便能为软文增色不少。

其实，写软文与写作文有很大程度的相似点，但是与写作文相比，更加自由一些，只要软文的内容有价值，将产品或者企业的宣传融合进去，就是一篇优秀的软文。这样的软文，读者愿意看，企业愿意写。说到底软文就是给大家看的，所以千万不要吝惜笔墨，也不要看轻软文。

有句俗话说：不管黑猫白猫，能抓到老鼠就是好猫。写软文也是一样，不管用什么修辞手法，能够吸引读者就是优秀的软文，如图 3-6 所示。

专家解说：揭开方便面的营养面纱

近来，有关方便面的新闻不断，先是经历集体涨价风波，现在方便面协会中国分会又被国家发改委认定为串通企业、合谋涨价，部分方便面又面临降价。看来这方便面的一举一动还是牵动很多人心的。如今，方便面已成为人们生活中不可缺少的食品。对忙碌的现代人来说，吃方便面似乎是一件免不了的事。今天，我们就来说说方便面的营养——

方便面到底是什么样的食品?让我们揭开它的面纱，仔细地看一看。

方便面其实很简单，无非是精白面粉，先蒸煮成熟，然后用油快速炸制，脱去表面附着的油脂，加上料包，然后装袋而成。

邮件使用率下降，移动邮箱客户端挑起“暗战”！

电子邮件用户规模呈下降态势，而手机邮件用户还保持小幅增长，在这种情况下，移动邮箱客户端的争夺更加激烈，为此开始有邮件服务商，以保护用户数据安全的名义，发起了邮箱客户端争夺的暗战，这并非明智之举。

图 3-6　修辞手法型

3.2.2　软文结尾的写作方法

俗话说，写文章要做到龙头凤尾猪肚皮，意思就是说，软文的开头要画龙点睛且吸引视线，而软文的正文需要内容翔实丰富。凤尾指的就是软文的结尾了。那么，要如何撰写一个优秀的软文结尾呢？

软文的结尾与广告末尾的附文不一样，附文常见于报纸上的付费广告，用于详细介绍企业名称、产品服务和购买方法等信息。而软文的结尾，更加看重于对开头的呼应，做到有头有尾。

1. 抒情法

以抒情结尾，多见于记叙文文体性质的软文，除此以外，说明文与议论文也可以

用，只是较为少见。使用抒情法收尾，要求撰写者真情流露，只有打动自己才能够让读者感受到情感的波澜，引起读者的共鸣。

如图 3-7 所示，就是一篇以抒情法收尾的软文。

医疗软文：敬老爱老，行动从心开始

近日，拥有40年以上专业护理经验的世界第一失禁护理领导品牌添宁，联手上海新途社区健康促进社，在中国传统的重阳节来临之际，在咏年楼举办了第三届重阳敬老爱老活动。活动当天添宁宣布即日起将在国内正式启动国际先进水准的居家护理服务，这也是其继今年7月在中国首发环带式纸尿裤后，为中国老年护理事业助力的又一重大实事工程。

上海[illegible]社区健康促进社负责人表示："目前居家养老的主力护理人员在护理工作方面缺乏科学化的认知度，特别是失禁失能方面的护理及预防知识。我们非常欢迎也需要像添宁这样的热心社会力量，走进老年机构和老年家庭，提供家政、照料、护理、信息咨询、心理疏导等服务，共同参与到居家养老事业中，帮助促进这一事业的良性健康发展。"

图 3-7 抒情法

2. 祝福法

祝福式收尾常见于营销软文，这种结尾在撰写时的注意事项就是需要站在第三者的角度来祝福企业或者产品的远景。

特别是在企业新店开业或者推出新产品，又或者举行什么活动的时候，这种方法是极为常用的，当祝福结尾的软文达到一定的数量时，效果将会非常的壮观，如图 3-8 所示。

3. 回味无穷法

所谓的余音绕梁三日不绝，就是要给听者留下深刻的印象和回想的空间。软文写作中也常常会用到这种方法，在撰写软文结尾时，很多写手喜欢在结尾处留白。给读者一个想象空间，通过发挥想象力来揣测写手的心思，往往会起到让撰写者意想不到的效果。

回味无穷的结尾除了精心设计之外，很多时候还是来自生活中的灵感或者情感，加以提炼后得到的。

4. 首尾呼应法

首尾呼应，就是常说的要在结尾点题，写软文要有头有尾，在前文说的内容，在最后肯定需要点一下题，也就是收回来。

武清·金泰丽舍

值此金泉购物广场开业三周年大庆之际，营口金泰城项目全体员工寄语：恭祝金泉满三载，祝愿辉煌更百年。恭祝金泉购物广场年复一年宾客多，庆上加庆生意隆。望金泉购物全体同仁再接再厉，为怀来百姓提供更优质的购物体验。把握机遇，向世界展示金泉人的卓绝精神风貌，再创佳绩！

美国摄影师安████特这些天跑遍了泽普金湖杨景区的每个角落，他在接受天山网记者电话采访时说："这里的水生胡杨林非常美丽，当地的民俗令人着迷。我拍了很多值得回味的照片，我会分享给朋友。我祝愿新疆更美好。"

在喀什噶尔老城景区，广州游客赵██说："去过很多地方，看过很多美景，喀什是最独特的。这里的老城保持了原有的风貌，是一座包罗万象的历史博物馆。不到喀什就不算到新疆，这话一点不假！我衷心祝福新疆更加繁荣昌盛，祝愿喀什人民生活越来越好!"

图 3-8　祝福法

常用的软文布局形式就是总—分—总，在软文开头提出观点，而后正文内容对观点进行充分的分析论证，结尾自然而然地再次点明主题凸显主旨。这就是一种最自然的首尾呼应的写作手法。

软文写作时，通过首尾呼应，可以起到强调主题，加深印象，引起共鸣的情感作用，同时能让结构显得严谨紧密，内容完整，全文主题明确。

5. 号召法

号召法结尾常见于公益性的软文，撰写者在前文讲清楚道理，然后结尾顺势向人们提出请求或者发起号召。而读者在看完内容后，往往会被号召打动，引起共鸣，从而降低对文章发起号召的戒备。

例如，一篇名为"平静心态专注当下禅宗少林再次号召'放下手机'"的软文，说的是，郑州棉纺路某繁华商场中几名少林小和尚打坐诵禅、合十劝导，引导众多围观者放下手机，放下烦恼，专注当下。

这是一篇活动报道性软文，号召人们放下手机，把更多的时间用来陪一陪家人，在软文结尾处，号召力十分明显，如图 3-9 所示。

率先完成活动的王先生高兴地表示,自己平时工作很忙,今天难得陪孩子过周末。看到这个活动后马上参与,锁上手机带着孩子去看了场电影,活动就完成了。“我已经好久没好好陪儿子看过电影了,感谢禅宗少林音乐大典,以后不管多忙,我都会尽量抽时间陪陪家人。”

另一位参与者周女士刚拿到一张音乐大典的门票,开心地对记者说:“我先生有手机依赖症,陪我的时候一直玩手机,今天他能主动把手机放下好好陪我,我特别开心!”

禅宗少林音乐大典的工作人员表示:放下,并不是要所有人放下一切;而是要放下杂念、杂事。希望通过这次活动,能让大家体会到生活中的禅意,平静心态,专注当下。

图 3-9　号召法

第4章 软文写作：巧妙布局内容为王

在铺天盖地的软文海洋中，如何让自己的软文脱颖而出？除了吸引人的标题之外，还需要什么？

答案就是正文的布局，通过不同类型的布局，让软文呈现出不同的风格。就算内容相似，但是风格不同，这就足以让软文给读者留下深刻印象。

软文写作：巧妙布局内容为王

- 软文正文布局
- 软文正文类型

4.1 软文正文布局

软文营销之所以大受企业的喜爱，其中一个重要的原因就是，软文营销中的内容形式多种多样，它不会使企业受到限制，不过企业要想在软文营销的世界里大展拳脚，那还得摸清软文营销内容布局的方式。

4.1.1 经典型正文布局

只有合理的布局，在实施接下来的步骤的时候才可以有条不紊。在软文写作中，对软文的整体布局也是非常重要的。

软文布局，就是在软文撰写过程中对素材、文字、标点符号及数字的排兵布阵。“凤头、熊腰、豹尾”，这就是通常所说的完美的软文布局。

“凤头”就是软文的开头，要足够吸引人；“熊腰”就是中间内容尽量详尽和精彩；“豹尾”就是结尾巧妙，强而有力。

具体来说，软文布局要做到“井然有序、气势连贯、观点一致、段落匀称”。

- “井然有序”：所有素材的排列次序要有先后，顺应逻辑关系，安排妥当。
- “气势连贯”：写文时一气呵成，气势连贯，前言后语互相呼应。
- “观点一致”：软文中观点与论据相互联系，不能前后矛盾。
- “段落匀称”：分段内容不能过长或太短，开头要有吸引力，内容要有说服力，结尾要有震撼力。以避免出现虎头蛇尾、头重脚轻的现象。

1. 层层递进型

层层递进型正文布局的优点是逻辑严谨，思维严密，按照某种顺序将内容一步步地铺排，给人一气呵成的畅快感觉。而这种布局方式在撰写时也有明显的缺点，就是对于主题的推出不够迅速，如果开头不能吸引读者，那后面的内容也就失去了存在的意义。

在议论形式的软文中时常会用到层递式布局，特点是论证严谨，层层深入，环环相扣，每个部分都不能缺少。

层递式布局又分为两种情况，论述时按照“是什么”“为什么”“怎么样”是一种，层层深入地讲道理，也是一种。在软文中运用层递式结构，要注意内容之间的逻辑关系，逻辑紧密，不能蓄意颠倒顺序。层层递进型软文的优势在于一步步地引导读者，慢慢地让读者接受软文中的广告，不会突兀反而很自然。

2. 罗列型

从若干方面入笔，不分主次、并列平行地说明事物或叙述事件，就是并列式文章

的定义。

并列式文体的每一部分相互并列平行，是独立的主题，将事件论题分成几个方面进行描述、议论和说明。常规意义上的罗列式软文营销的内容，基本上划分为以下两种布局方式。

一种是围绕一个论点，利用有并列关系的论据，并列平行的论证论点，要注意不让各方面出现交叉或从属。另一种是围绕中心论点，列出若干平行关系的分论点。并列平行的分论点虽各自独立，但紧紧围绕中心论点。

如图 4-1 所示，就是一篇采用罗列式布局的软文案例。

5 A级的规模——面积近9000平方米

国美石路旗舰店位于金门路８５号，地处石路商业圈，可谓寸土寸金，其地理位置的重要性从各家电、数码卖场的纷纷入驻可见一斑，国美石路旗舰店在国美苏城未来的网络布局中将处于核心地位。该店是继国美干将店之后，又一突破性的家电shopping mall，仅营业面积就有近9000平方米，拥有数百个互动体验区，同时交通便利，停车方便，是国美电器新一代旗舰店的示范店。

5 A级的产品——商品种类囊括全球

国美石路旗舰店除经营传统家电外，突出经营其他卖场所没有的商品。最大的液晶电视、最昂贵的整体橱柜等高端产品都在卖场内"安家落户"。彩电、冰箱、洗衣机、空调、手机、数码、电脑、厨卫、小家电、OA产品必将成为石路旗舰店开业的主打品类。国美石路旗舰店还以"人无我有，人有我优，人优我全，人全我专"的创新思想，引入了"泛电器"概念，销售商品涵盖生活电器类、娱乐电器类、IT/OA类、家居用品等品类，涉足商品延伸到家居用品、办公用品、智能家电等。

5 A级的体验——亲密感受世界潮流科技

升级后的石路旗舰店与其他卖场的不同，还在于它是一个以家电体验消费为主的开放型展示卖场。置身卖场，与世界领先科技同步的产品比比皆是，让消费者感觉到e时代的到来。其中首次现身苏州国美卖场的苹果展厅，仅面积就有近百平方米，成为目前华东区域面积最大、形象最新、产品最全的apple体验展厅。同时，世界知名品牌爱普生展厅也首次出现在家电连锁卖场。国美表示：国美此次全力引进的一批世界上高、精、尖的产品，将让苏州的消费者能够与其他大城市的消费者同步感受世界潮流科技。

图 4-1　罗列型软文布局

3. 悬念型

将一个完整的故事情节发展的关键点分割开来，这就是悬念的定义，悬念式软文通过设置悬念，能够持续吸引受众的关注。而想要制造悬念可以采用以下三种形式，如图 4-2 所示。

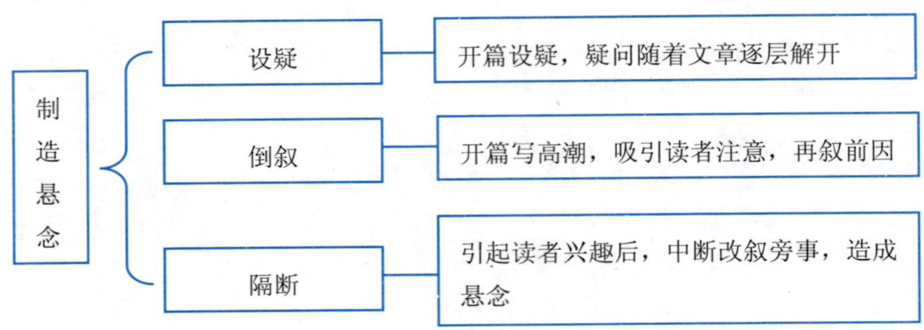

图 4-2 制造悬念的形式

悬念式营销需要注意的是，我们不能一次性释放所有资讯，而应该提炼几个产品核心、神秘卖点，根据进度，慢慢放出。要做到这一点，只要沿着正确的方向，按照合理的三步走即可布好软文营销内容的局。

第一步，保持悬而未决的状态，不要过早揭开神秘面纱，影响引人关注的效果。

第二步，紧密结合受众心理需求，根据受众的期待方向发展情节，重视受众的感受是成功的基石。

第三步，不断深化冲突，制造悬念，就是要把最精彩的东西留到最后，才能给人以惊喜。

4. 先抑后扬型

倒置式布局，相当于记叙类文章写作中常用的一种技巧，即“抑扬”，先抑后扬，也叫欲扬先抑，是一种常用的写作手法。其核心理念是利用“欲扬之，却先抑之；欲抑之，却先扬之”的特点，避免平铺直叙。

抑扬式软文的布局，需要做到百转千回，突出事物特点或人物思想感情的发展变化，同时使软文产生诱人的艺术魅力。杜绝平淡普通的写法，避免出现读者看完开头就知道结尾的情况发生。

5. 组合型

组合型布局，是指以为主题服务为目的，将生动典型的几个片段结合，在短小的篇幅内，立体而多角度地进行描述。这种布局多用于记叙文，在叙述事件、描述人物、表现商品特点、烘托品牌等方面效果极佳。

运用片段组合型的软文在撰写时要注意，开篇需要亮明主题，然后通过几个经典片段横向展开作为分论点，结尾归纳总结或者作必要的引申，都是为了点明主旨。除此以外，布局时需要有大局观念，软文的各个组合片段看似毫不相关但是内在联系紧密。并且分述部分应该以总述部分为总纲，或者总述部分是分述部分水到渠成的结论。

片断组合式软文有着明显的优点。

- 中心明确，主题清晰，分步骤表达，清晰自然。
- 文章结构严谨，层次清晰；选材具有灵活性与自由度，利于充实文章内容打开作者思路。
- 片段并列省去过渡语句，省去作者对结构安排的考虑。
- 片段多少可以选择，软文篇幅可灵活控制。

4.1.2 创新型正文布局

无论是网站收录还是读者阅读，都喜欢创新，都喜欢新的东西，老生常谈的东西固然不会有错，但是缺少了新意，很难真正地吸引读者。所以在撰写软文的时候，可以多多尝试给软文增加一些新东西！

1. 创编型

创编类正文布局，“创编”二字指的是创新与改编。通过有创意的改编，将大家耳熟能详的童话寓言等故事引入软文中，或是反讽或是戏谑，赋予软文“言在此而意在彼”的效果。

创编型软文布局的重点就在软文开篇以一个大家熟知的故事来引出后文，当然，要在一开始就让读者知道，这个故事肯定和以前知道的有所不同，最重要的是在于“新”上，如图 4-3 所示。

“世界那么大”新解更精彩

“世界那么大，我想去看看。”今年4月份，郑州的中学女老师顾少强因为一封被赞为“史上最具情怀辞职信”而在网络上掀起了风潮。近日，已经登记结婚的顾少强透露，辞职信背后的真实原因是一场突如其来的恋爱。辞职后她走访了许多地方，但并没有出国。问及现在的慢节奏生活是否与当初“看世界”的雄心相悖，顾少强望着老公于夫说，“他就是我的世界，到哪儿都一样。”

现在才知道，顾少强写出“十字辞职信”的真正原因不是要看世界，而是为了一场突如其来的爱情。“十字辞职信”如此逆变或变奏，不仅不变味，而且更美好、更精彩。顾少强今年春节期间在大理一家咖啡店做义工，遇上后来成为她丈夫的于夫，两人

图 4-3 创编型软文布局

2. 说明书类型

在采购物品，尤其家用电器、数码产品以及药品等商品时，常常会有附赠的说明书。说明书类型的软文条理分明，可以详细通俗地阐述产品信息、功能和使用方式。

说明书通常会有固定的格式，按照说明书的布局格式撰写软文，不仅条理清晰，而且会增加很大的趣味性。

产品说明书类型软文，目的是帮助受众更好地认识了解产品，从而根据自身需求决定是否购买。因此，软文需要对产品进行详细的描述，产品说明书类型的布局，要实事求是，不可以为了宣传效果而刻意夸大。

3. 书信型

在互联网越来越发达的今天，已经极少有人使用书信的方式联络了，也正因为如此，书信的行文布局会让人们产生眼前一亮的感觉。

软文撰写中，书信型的软文布局还是比较受欢迎的，借用书信的格式来撰写内容，有利于软文的成文。书信的受众目标明确，形式新颖有创意，也十分考验写手的写作能力。

如图 4-4 所示，就是一篇书信体形式的软文。

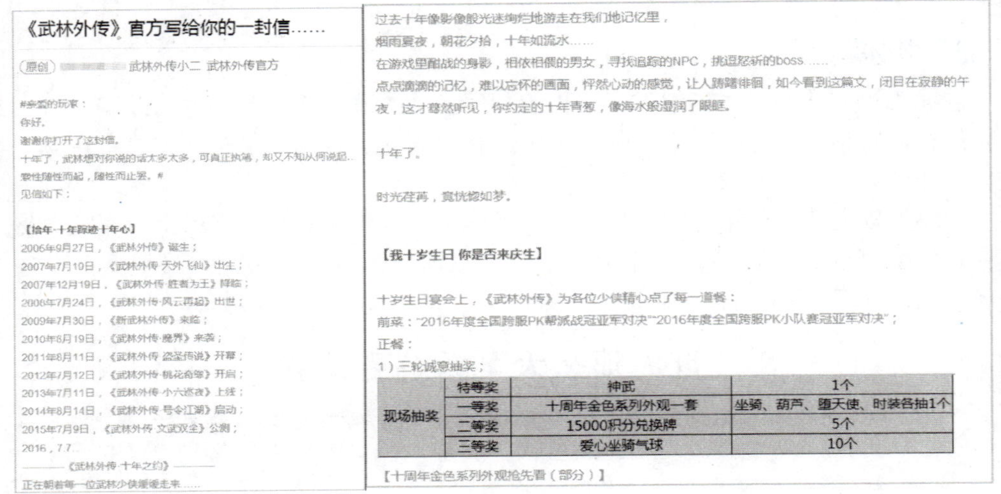

《武林外传》官方写给你的一封信……

(原创) 武林外传小二 武林外传官方

#亲爱的玩家：
你好，
谢谢你打开了这封信。
十年了，武林想对你说的话太多太多，可真正执笔，却又不知从何说起..
索性随性而起，随性而止罢。#
见信如下：

【拾年·十年踪迹十年心】
2006年9月27日，《武林外传》诞生；
2007年7月10日，《武林外传·天外飞仙》出生；
2007年12月19日，《武林外传·胜者为王》降临；
2008年7月24日，《武林外传·风云再起》出世；
2009年7月30日，《新武林外传》来临；
2010年8月19日，《武林外传·魔界》来袭；
2011年8月11日，《武林外传·盗圣传说》开幕；
2012年7月12日，《武林外传·桃花奇缘》开启；
2013年7月11日，《武林外传·小六巡夜》上线；
2014年8月14日，《武林外传·号令江湖》启动；
2015年7月9日，《武林外传·文武双全》公测；
2016，7.7
——《武林外传·十年之约》——
正在朝着每一位武林少侠缓缓走来……

过去十年像影像般光迷绚烂地游走在我们地记忆里，
烟雨夏夜，朝花夕拾，十年如流水……
在游戏里酣战的身影，相依相偎的男女，寻找追踪的NPC，挑逗怒斩的boss……
点点滴滴的记忆，难以忘怀的画面，怦然心动的感觉，让人踌躇徘徊，如今看到这篇文，闭目在寂静的午夜，这才蓦然听见，你约定的十年青葱，像海水般湿润了眼眶。

十年了。

时光荏苒，恍恍惚如梦。

【我十岁生日 你是否来庆生】

十岁生日宴会上，《武林外传》为各位少侠精心点了每一道餐：
前菜："2016年度全国跨服PK帮派战冠亚军对决""2016年度全国跨服PK小队赛冠亚军对决"；
正餐：
1）三轮诚意抽奖；

现场抽奖	特等奖	神武	1个
	一等奖	十周年金色系列外观一套	坐骑、葫芦、堕天使、时装各抽1个
	二等奖	15000积分兑换牌	5个
	三等奖	爱心坐骑气球	10个

【十周年金色系列外观抢先看（部分）】

图 4-4　书信型软文布局

4. 实验报告型

在科技实验工作中，撰写实验报告也是其中不可或缺的重要环节。作为一种描述、记录科研课题过程与结果的一种科技应用文体，实验报告与科技论文一样以文字形式来阐明科研成果，但却又与科技论文有所不同。

实验报告与说明书一样有着固定的格式，以这种格式写出来的软文同样具有一定的趣味性。但是实验报告独有的专业性与实践性，赋予了实验报告型软文相对来说更强的说服力。如图 4-5 所示，就是一篇实验报告型软文。

5. 独白型

独白型也就是自问自答，像是在说单口相声一样，整篇软文都是自己问自己，当

然，还是需要一些巧妙的过渡的。独白型的软文布局，在各大论坛是很常见的，只要内容有趣，还是很容易吸引读者的。

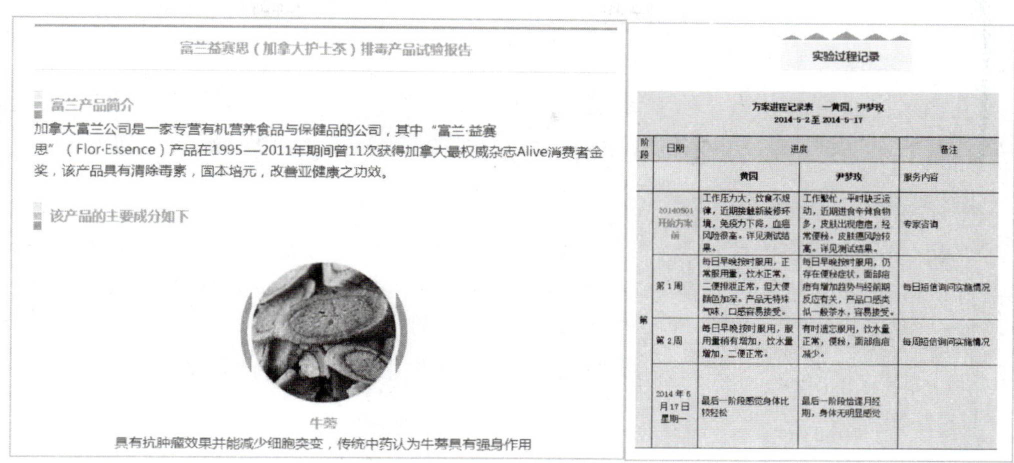

富兰益赛思（加拿大护士茶）排毒产品试验报告

富兰产品简介

加拿大富兰公司是一家专营有机营养食品与保健品的公司，其中“富兰·益赛思”（Flor·Essence）产品在1995—2011年期间曾11次获得加拿大最权威杂志Alive消费者金奖，该产品具有清除毒素，固本培元，改善亚健康之功效。

该产品的主要成分如下

牛蒡

具有抗肿瘤效果并能减少细胞突变，传统中药认为牛蒡具有强身作用

实验过程记录

方案进程记录表 —黄园，尹梦玫
2014-5-2至2014-5-17

阶段	日期	进度		备注
		黄园	尹梦玫	服务内容
第	20140501开始方案前	工作压力大，饮食不规律，近期接触新装修环境，免疫力下降，血癌风险很高。详见测试结果。	工作繁忙，平时缺乏运动，近期进食辛辣食物多，皮肤出现痘痘，经常便秘。皮肤癌风险较高。详见测试结果。	专家咨询
	第1周	每日早晚按时服用，正常服用量，饮水正常，二便排泄正常，但大便颜色加深。产品无特殊气味，口感容易接受。	每日早晚按时服用，仍存在便秘症状，面部痘痘有增加趋势与经前期反应有关，产品口感类似一般茶水，容易接受。	每日短信询问实施情况
	第2周	每日早晚按时服用，服用量稍有增加，饮水量增加，二便正常。	有时遗忘服用，饮水量正常，便秘，面部痘痘减少。	每周短信询问实施情况
	2014年5月17日星期一	最后一阶段感觉身体比较轻松	最后一阶段恰逢月经期，身体无明显感觉	

图 4-5　实验报告型软文布局

设问句与反问句都是独白型布局的常用方式，设问是自问自答，提问后面就是问题的答案。而反问则是疑问句，表达强调某种肯定或者否定的答案，属于“明知故问”的问句。

4.2　软文正文类型

在了解了软文标题的写法及注意事项，并顺利地拟定了一个好的软文标题后，接下来就要准备软文正文的撰写了。

软文正文的写作也是需要技巧的，要写好软文正文，除了要对所宣传的产品和企业有较深的了解之外，更要对各种类型的正文写作有一定的把握。

4.2.1　常规类正文写作技巧

无论软文内容如何变动，形式如何变化，本质上软文还是文章，依然要遵循文章的一般形式与要求。根据软文的素材与作者撰写软文的思路，软文正文可以分为不同的形式。

1. 情感式正文

在情感消费时代，情感一直是广告的重要媒介，如今消费者购物时，常常是基于个人直观感性认识，进行感性消费。感性消费的人群，通常会比较注重精神生活的内

容和情感需求，他们在消费时往往主要凭借个人主观感受。

所以，在撰写软文时，企业要做的不仅是推广产品，还要富有情感和感染力，才能使读者感同身受，或者富含哲理，引发读者深思。而发掘情感的方向，不外乎亲情、友情、爱情等。

情感软文以容易动人，容易走进消费者内心为特色，如果企业在撰写软文时，做到动之以情，以情动人，就很有可能“俘虏”读者的心灵，定能受到大众的青睐。

2. 促销式正文

纯文字的促销式软文通常被划分到活动软文里，这种软文完全以文字的形式来向读者介绍品牌或者活动的内容、时间、地点等信息。促销式软文，突出产品的供不应求特性，从而勾起用户的从众与攀比心理，来刺激用户购买欲望。

如图 4-6 所示，是一篇京东为“618 年中大促”撰写的促销式软文。

二、京东618活动发力移动端：

京东618最值得关注的环节京东无线端促销策略：三个阵地、10亿红包、提前两小时是最突出的三个玩法。

三大阵地：京东客户端、微信端、手机QQ。京东客户端首单免5元，领红包消费;微信端主要促销方案是爆品引流。手机QQ端，京东在手Q的二级入口将位于“QQ钱包”之下。

10亿红包：京东将在5月底陆续在微信、手机QQ和京东手机客户端上推出价值10亿元的“京东红包”，单个红包价值最高达618元。

提前两小时：今年京东618主要分为欢聚趴、明星趴、特惠趴、品牌趴等几个板块。其中，明星趴和特惠趴都将在移动端提前两小时(即头天晚上22：00)启动大促。(这个活动并非首创，唯品会在之前的年度特卖也用过此策略)

三、京东618活动全民福利16亿的优惠券：

图 4-6　京东“618 年中大促”活动软文

【分析】：此活动软文，采用小标题分段，全文清晰明了，突出重点，让读者可以快速了解活动内容和促销力度，勾起读者的兴趣和购买欲望。

3. 事件式正文

事件式正文的定义是指，以某个事件作为基础，进行一系列包含对时间的拓展、加工与深入分析在内的一系列写作。

通常选取的都会是具有很强新闻特质的事件，因而在短时间内，软文很能够快速吸引人们的目光。对于需要做软文推广的企业来说，可以借此机会扩大知名度以及曝光率。

当下很多网络公司已经不再满足于仅仅借力热门事件了，它们会准备好相关内容，刻意地炒作事件，等到事件在互联网上发酵蹿红，网络公司会迅速将大量准备好的相关内容发布出来，从而进行宣传推广。

事件类软文特点需要掌握，策划手段也需要注意。

如果掌握了一定的技巧，事件类软文写作起来还是比较容易的，但是对品牌的影响力却是非常大的，主要策划方法，分别有以下几点。

- 持续的策划与推进，扩大事件的影响力与影响范围。
- 允许甚至支持不同观点，引发受众议论甚至争论，从而加深印象与感染力。
- 通过标题的噱头，吸引读者注意力。
- 借助发布平台的影响力，促进转载率的提高。
- 软文深度有内涵，容易捕获忠实读者。
- 事件只是一个载体，不要花费全部精力，适当穿插自己的内容，宣传品牌才是重点。

4. 炮制式正文

有时候，会因为某些事情而在短时间内需要大量软文，可是人力确实有限，这时候，就需要使用炮制软文的方法了。炮制软文的概念就是批量写作，轻松快速。

举例而言：有的人一天最多写一两篇软文，而且还很艰难，可是有的人一天可以写近百篇。而后者就是炮制了，如同“玩耍”一般写文章，轻松惬意。

5. 数据式正文

软文的类型虽然不同，但大多都以宣传品牌为目的，软文具有说服力很重要。因此向用户呈现精确数据与精准分析的数据类软文，对于用户的影响会更大。

通过统计数据，分析数据，而后以文字的形式呈现给用户，就是数据式软文的定义。尽管被称为软文，但相比较于大篇幅的文字软文，数据式软文更多的是调用数据、图片图表或者评论举例搭配少量文字信息来穿插广告，进行合理的宣传。

数据类软文的写作方式与其他软文招数相似，不过其主要特色在于数据较多，因此还具有一些其他软文创意招数没有的特点。

收集软文数据的方法，可以自身通过测试或调查获得结果数据，也可以去第三方网站下载相关数据，并且在搜索引擎中搜索相关关键词可以获得许多原始数据，我们可以通过整理加工这些原始数据，获得我们所需要的信息。

数据式软文通过引用大量精准数据，能够给予用户一种专业性的感觉，它的可信度要高于其他软文。因而数据式软文可以帮助企业或网站，迅速建立品牌影响力来宣传品牌。

6. 观点式正文

观点式正文，是以表达观点作为主题，围绕某件事物提出自己的观点和主张，正面或者负面皆可，不过负面观点不可太过，恶意诋毁是大忌。

网络上常见的以“某某认为”“某某指出”“某专家说”等为题的软文，都属于这种有利于树立个人品牌的观点类软文。值得注意的是，如果想使用“某某认为”这样的方式写软文，那这个“某某”，必须是有一定名气的人。

观点类软文的优势在于对作者本身的影响力与其个人品牌的迅速建立与扩张，彰显权威、个性。此类文章通常能获得较高的转载与传播率，并且一般的观点类软文都比较短，且容易书写，所以观点式正文还是比较常用的。

在进行观点类软文撰写时，观点的表达需要完整且明确，写出来的软文，最好篇幅精简，简短有力，同时注意语言的锤炼。

4.2.2 创新类正文写作技巧

看完了常规类软文的写作技巧，下面就来看看创新类软文的写作技巧。只有熟练使用更多类型的正文写作技巧，在撰写软文的时候才会得心应手，面对不同的软文可以灵活使用适合的类型。

1. 研究式正文

所谓研究式软文，是以研究报告、研究资料、文献为基础，经过企业加工、修改，使这些学术文章与自身产品相结合，变成一篇地地道道的研究式软文。而通过借助学者专家的地位名气与研究方向的独特，企业往往能够获得广泛的影响力。

研究式软文的特点很明显，由于研究式软文主要用于社会现象、行业发展以及学术等研究，其内容有很多是引用专业的研究性软文，因为传播高，影响力也大。

在研究类软文中加入产品或者企业的广告，一定要慎重，不可提及太多，不然会引起读者反感，结合手段一定要巧妙。

2. 专家式正文

对于消费者来说，专家发布的建议、论文、文献等信息，往往都会被采纳，这就叫专家效应，人们觉得专家是有学识的人、德高望重的人、值得信任的人，因为他们不仅是德高望重的专家，而且是很多人的“偶像”。

因此以专家、名家的名义来树立个人品牌撰写的软文，就是专家式正文。围绕名人来打造品牌形象，能够提高软文的权威性。并且此类软文几乎是专家的观点、建议，会让行业内的这些专家的崇拜者喜出望外，很可能会就此掉进专家的“陷阱”里，但是浑然不觉这是企业的一则广告。

3. 揭秘式正文

人们对于一些充满神秘感的东西，容易产生好奇心理，只要企业抓住这一点，充分利用人们的猎奇心理，撰写一些揭秘或者解密类型的软文，定然会吸引很多读者的注意力，如图4-7所示。

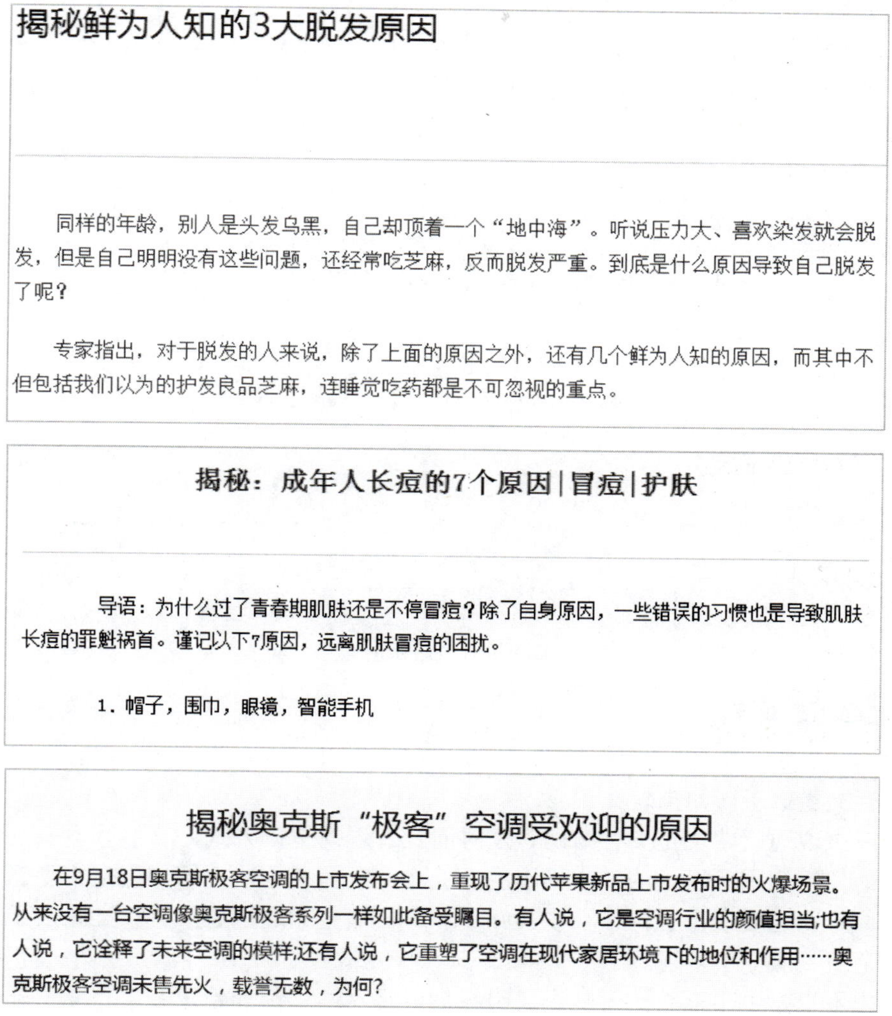

揭秘鲜为人知的3大脱发原因

同样的年龄，别人是头发乌黑，自己却顶着一个“地中海”。听说压力大、喜欢染发就会脱发，但是自己明明没有这些问题，还经常吃芝麻，反而脱发严重。到底是什么原因导致自己脱发了呢？

专家指出，对于脱发的人来说，除了上面的原因之外，还有几个鲜为人知的原因，而其中不但包括我们以为的护发良品芝麻，连睡觉吃药都是不可忽视的重点。

揭秘：成年人长痘的7个原因|冒痘|护肤

导语：为什么过了青春期肌肤还是不停冒痘？除了自身原因，一些错误的习惯也是导致肌肤长痘的罪魁祸首。谨记以下7原因，远离肌肤冒痘的困扰。

1．帽子，围巾，眼镜，智能手机

揭秘奥克斯“极客”空调受欢迎的原因

在9月18日奥克斯极客空调的上市发布会上，重现了历代苹果新品上市发布时的火爆场景。从来没有一台空调像奥克斯极客系列一样如此备受瞩目。有人说，它是空调行业的颜值担当;也有人说，它诠释了未来空调的模样;还有人说，它重塑了空调在现代家居环境下的地位和作用……奥克斯极客空调未售先火，载誉无数，为何?

图4-7 揭秘式正文

4. 技巧式正文

技巧式正文，顾名思义，就是指通过普及一些小的知识技巧来撰写的软文，许多行业，比如，软件数码类、教育类，非常适合采用技巧性软文来进行宣传推广。

技巧软文可以算得上为数不多的撰写轻松且传播范围广泛的软文了。只要稍加留心就可以发现互联网上随处可见技巧性软文。软文内容小，成文迅速，能够迅速获得阅读量，并且只要确实实用，伴随而来的就是大范围的传播。

这些和日常生活息息相关的小技巧，经久不衰，无论何时都会引起一部分人群的注意。所以，该类软文的转载量、传播率都是长期的，如图 4-8 所示。

20个做饭技巧，快学起来(组图)

1、炒青菜时，不宜加冷水，冷水会使青菜变老不好吃，而加开水炒出来的青菜又鲜又嫩。炒的时间不宜过长；

2、炒藕丝或藕片时，一边炒一边加些清水，能防止藕变黑；

最科学吃水果方法学起来 能直接吃就别榨汁

盛夏来临，各色水果纷纷上市。吃水果成了很多人每天的“必修课”，但吃得多不如吃得巧，每天吃多少最合适？什么时间段吃有利于健康？水果到底要不要削皮吃？……生活中，我们对吃水果这件事总有很多疑问。为此，记者采访了专家，教你正确吃水果。

图 4-8 技巧式正文

5. 通信式正文

通信软文是一种比较常用的写作方式，主要用来报道企业新闻、动态消息、杰出人物，行文类似于新闻类软文。

一般来说通信软文是一种准确、及时而又普遍的写作方式，它的基本要求在于有时效性地报道周围所发生的事与周围的人。企业撰写通信软文的初衷是“既然做了就要说，并且一定要说出去，让很多人知道”。一般企业通过通信类软文扎根于基层、来源于基层、服务于基层。

如今不管是中小型企业还是个人组织抑或是网站，都开始像大型企业一样，具有了宣传意识，也逐渐地发现了通信的重要性。于是企业开始将自己的动态、消息、人物及时向社会宣传，从而获得了一定的人流量和知名度。

第5章 营销痛点：软文营销关键所在

互联网界最近流行的一个营销术语，叫作痛点营销。找准客户的痛点，给予最有力的一击，往往会让客户失去抵抗能力。这时候再结合攻心术，那企业的营销定会无往而不利。

营销痛点：软文营销关键所在
- 软文营销需要痛点
- 软文痛点营销的实际操作

5.1 软文营销需要痛点

在互联网界有一个叫作痛点的营销术语非常火热，尤其是很多企业都对这个词情有独钟。痛点的定义，如图 5-1 所示。

什么是痛点营销？

痛点营销是指消费者在体验产品或服务过程中，原本的期望没有得到满足，而造成的心理落差或不满，这种不满最终在消费者心智模式中形成负面情绪爆发，让消费者感觉到痛，这就是痛点营销。它的实现是消费者心理，对产品或服务的期望和现实的产品或服务，对比产生的落差而体现出来的一种“痛”。

图 5-1　痛点的定义

企业掌握好这种痛点，可以更精确地定位客户，要知道只有痛了，才会明白不痛的可贵。

5.1.1 如何寻找痛点

痛点营销的关键在于痛点，因此痛点营销的第一步在于寻找痛点。寻找痛点主要有两个关键因素。

1. 知己知彼

对自己与竞争对手的产品、服务都有充分的了解，进行差异化定位，从而在对比之中凸显痛点。

2. 充分解读消费者的消费心理

企业要做到成功的痛点营销关键有两点。

- 充分解读消费者这一购物主体的真正需求。
- 并且满足这些需求。

如果不能做到这两个关键，痛点营销就会失败。挖掘痛点不可能一蹴而就，这是一个长期的过程，需要不停地观察挖掘细节，痛点往往就在消费者最敏感的细节上。

企业挖掘一到两个细节，感同身受地体会自己的需求与冲动点，才能够挖掘到消费者的痛点。企业需要认真仔细把马斯洛原理透彻研究一下，才能使自己完全地体会痛点，如图 5-2 所示。

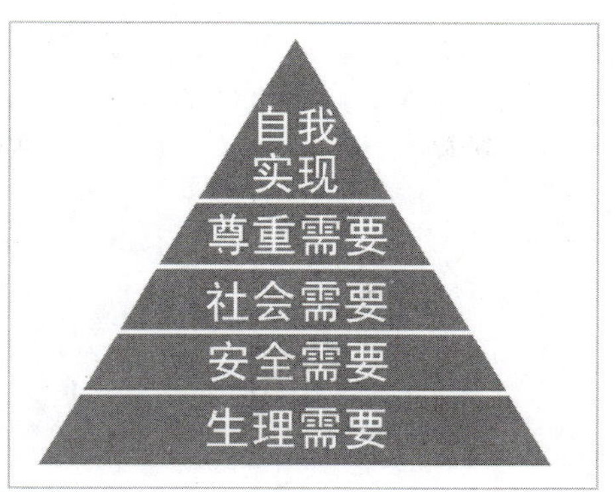

图 5-2　马斯洛需求理论

5.1.2　软文写作中的 8 个痛点

在了解什么是痛点之后，就要知道怎样把痛点融入软文中。在目前来说软文营销的目的基本上分为三种。

- 获得优质外链。
- 宣传网站或服务形象。
- 销售产品。

在这三种软文中，销售产品类软文的直接目的就是销售产品，所以要注重软文的销售力。软文的销售力，表现出来就是软文引发用户购买欲望的能力。只有将产品结合用户最关心最需要的问题，才能深入人心，打动客户，激发客户的购买欲望。

软文的痛点也可以称为说服点，下面就来了解一下软文写作的 8 大痛点，如图 5-3 所示。

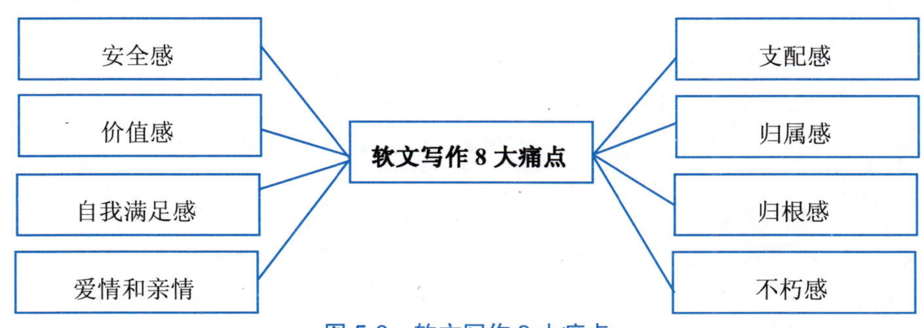

图 5-3　软文写作 8 大痛点

1. 安全感

趋利避害是人的本能，人类内心最基本的需求就是安全感。在满足了衣食住行的基本生存条件外，安全感是人类最基本的需求。

所以最常用的说服点之一，就是结合产品的功用满足客户的安全感。例如，汽车销售软文中，常被强调的一点就是汽车的安全性能，这就是对于顾客对行车的安全感的把控。

如图 5-4 所示，为一篇沃尔沃汽车的软文节选。

汽车安全性排名 沃尔沃居首位

现如今，人们的消费水平不断提高，对各类物品的要求也不断提高。在选购汽车时，消费者不仅会关注其配置，更在意汽车的安全性。那么，哪些汽车的安全性比较高？消费者可以通过**汽车安全性排名**清楚了解各类汽车的安全性能。

汽车安全性排名一：2014款沃尔沃S60

2014款沃尔沃S60继承了该品牌一贯的高安全性特点。动力方面，S60 T5 Drive-E标配2.0升四缸发动机，240马力，258磅-英尺(约350牛米)扭矩；全轮驱动版的T5采用2.5升五缸发动机，250马力动力，扭矩266磅-英尺(约361牛米)；性能最高的T6运动版配备了2.0升四缸涡轮增压发动机，动力302马力，扭矩295磅-英尺(约400牛米)……**详情**

- 汽车安全性排名 安全还需汽车保险
- 汽车安全性排名 沃尔沃居首位
- 汽车安全性排名 家用车大比拼
- 汽车安全性排名系数比较 日系车成大赢家
- 汽车安全驾驶技巧有哪些？
- 汽车跑偏 驾驶安全要重视

更多>>

图 5-4 沃尔沃汽车软文节选

与安全感相对应的是恐惧感，在某些情况下，安全感不能打动客户，这时不妨使用恐惧感。比如，儿童教育类软文广告中常用的一句“不要让孩子输在起跑线上”(如图 5-5 所示)，就是对于恐惧感的利用。

写作梦想，从这里起航！一定不要让孩子输在起跑线上！

鄂尔多斯小作家

点击这里，轻松关注

期中考试前后，有不少家长给小作家打电话，问询作文培训事宜。鄂尔多斯小作家应声而出，特在东胜、康巴什、伊旗三地各新增一个作文培训班。截止到今日，康巴什、东胜各仅剩一个名额，想提升写作能力的学生家长及时报名！

图 5-5 不要让孩子输在起跑线上类型软文

2. 价值感

渴望体现个人价值，获得他人认可，是每个人的期望，而要打动客户，将产品与实现个人价值联系到一起，是一个不错的想法。

例如，在儿童用品的销售软文上，企业可以写上这样一句话：“我们都知道，为了孩子的健康成长，父母需要做出许多努力，某某产品有这些功效，愿意在照顾孩子上助您一臂之力。”

如图 5-6 所示，软文以“与孩子一起成长 还孩子一个幸福的童年”为题，就是着眼于家长的价值。

【家长大课堂】与孩子一起成长 还孩子一个幸福的童年

熊家岗教工幼儿园 爱满小熊家

近日，在铁西区熊家岗教工幼儿园的二楼文艺厅里，传出阵阵的掌声。原来是幼儿园针对中大班家长最关心的幼小衔接的问题，特意邀请了铁西区勋望小学景星校区教导主任刘文秀老师做客我园，以“与孩子一起成长”为题与家长朋友们一起探讨、交流、分享。随后由我园教导主任于慧老师结合我园园本特色课程向中大班的家长们展示了科学育儿、主动学习、快乐成长的教育教学理念。

图 5-6　软文《与孩子一起成长　还孩子一个幸福的童年》片段

这就是肯定了受众作为“父母”的个人价值，让受众感到自我价值得到了认同，从而对企业产品产生好感。

3. 自我满足感

比个人价值更高层次的需求就是自我满足感了，这时候企业需要在软文中点出“除了有价值，更有适合受众的特色与风格”这一主题。

专家提醒

大多数人的满足感可以建立在旁人的认同之上，实现自我价值、帮助别人、受到肯定等，都能够让人得到满足。

企业在营销时利用这一点，很容易获得受众的信赖，往往能成为营销推广的一柄利器。

4. 爱情和亲情

毋庸置疑，人类最大的需求和欲望是爱情与亲情。销售类软文可以将产品与之结合，成为一大有力说服点。在中外文学名著、电影电视中，爱情也是永恒的主题。因此在撰写软文写作时，通过结合人类情感构思、写作，往往能获得意想不到的效果。

如图 5-7 与图 5-8 所示，就是利用亲情与爱情作为说服点的软文举例。

> **穿上美美的母女裙，和麻麻一起风情万种！**
>
> 前几天和闺蜜一起在街上晃荡的时候，偶遇一对看似姐妹花儿的母女站在街口摆拍，她们穿着同款黑白色拼接运动裙，靓丽迷人的妈妈将甜美可人的小公主牢牢地护在怀中，亲昵地搂抱在一起摆成可爱的大字型，看着她们那俏皮可爱、美如姐妹的模样，母爱泛滥的闺蜜恨不得立马回家造人，生个灵动可爱的萌萌哒小公举，哎！近墨者黑，许是受了闺蜜的影响，向来自诩傲娇小公举的小编竟然也对母女裙也产生了兴趣，所以，这期小编便和各位宝妈分享下夏季母女裙的选择与穿搭吧！

图 5-7　以亲情为说服点的软文案例

> 《纽约时报》给予的霸气十足的哈根达斯广告语:"汽车有劳斯莱斯，冰淇淋有哈根达斯。"温情的广告词，如:"总是在不经意的时候，给你带来一份最细致体贴的关怀。"而"爱她,就请她吃哈根达斯"这句经典的煽情广告词更是吸引了无数情侣成为哈根达斯常客。2000年岁末，哈根达斯的"团圆"系列冰淇淋在人们盼望团圆、分享一年辛劳收获的时刻平添了一份甜美的回忆。照例是十分煽情的"团圆"系列冰淇淋广告词:
>
> 哈根达斯总会在你最需要的时候给你送上一份最贴心的关怀，这次也不例外。精选的极品冰淇淋内心，佐以香浓风味的巧克力外壳，"团圆"系列秉承哈根达斯一贯的品牌和创意风格:尽美的口味，更美的寓意，呈现给一贯注重品质生活的你。

图 5-8　以爱情为说服点的软文案例

5. 支配感

如图 5-9 所示，是中国移动非常聪明的一则广告。“我的地盘我做主”，表达了每个人所渴望拥有的支配权力，这种支配感，不仅能让消费者体会到自己对生活的掌控，这也是自信的体现。

图 5-9　“我的地盘听我的”广告

无独有偶，另一名营业员销售钻戒的故事也是巧妙地使用了支配感的案例，如

图 5-10 所示。

《钻戒销售》

有一天，一对夫妇来到了一家珠宝店，当两个人浏览琳琅满目的珠宝的时候，妻子忽然轻声叫了起来，原来妻子看到了一枚很大很漂亮的钻戒。

两个人欣赏完这枚价格不菲的钻戒，丈夫脸上微有难色地问销售员价格，销售员首先以轻快的口吻报了价格，随后立即说道："这枚钻戒当年曾经被某大国的总理夫人看好，只是因为有点贵他们没有买。""是吗？"只见那位丈夫的眼睛立刻睁大了，"竟然有这样的事情？"先生问。

随后，销售员简单地讲了那天总理夫妇来店的情景，那位丈夫听得很认真，在销售员说完之后，丈夫脸上的难色已经消失，又问了几个问题，很痛快地买下了这枚钻戒，脸上是得意之色。

删除 2楼 2016-07-06 15:18 回复

图 5-10 小故事《钻戒销售》

6. 归属感

每个人的内心都会有一个疑问："我是谁？我在的群体是什么？"如果得不到答案，就会惶惶不安。这就是每个人所需要的归属感，这就是诸多的形容人的群体类标签的由来。

每一个标签所对应的人类，对应着不同的生活方式，他们各有特色，他们在消费观念上，会有不同的特征。

在软文营销中，企业运用归属感来说服读者，就需要把产品特性和读者的标签相结合，使得人们对号入座，从而受到产品的吸引。如图 5-11 所示的一篇淘宝软文，就是通过"时尚达人"这一关键词来吸引这个标签下的受众群的。

时尚达人，你又怎么能没有一款小白鞋

小白鞋的风潮已经势不可挡了，多少国内外的明星、达人都钟爱它。这不仅由于它的简单，让它成为了百搭圣品，还因为它能带给你异常舒适的穿着体验，完全不用担心走路会累脚。那么作为时尚达人的你，又怎么能没有这样一款简约百搭的小白鞋，让你时髦一夏天呢？

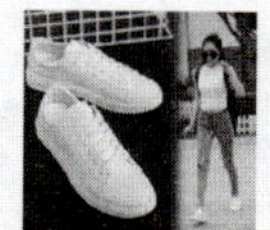

2016春夏新款小白鞋女系带板鞋厚底韩版白色运动休闲鞋女鞋学生潮

¥68.00 ¥208.0

去购买

这款自带透气孔的小白鞋，特别适合夏天这个季节。它的火爆，不仅是因为各路女神都在穿，还因为它的简约朴素而不失时尚，经典不过时。圆头系带的设计，随便一条裙子或者牛仔裤都能搭配出潮流的味道。

图 5-11 软文《时尚达人，你又怎么能没有一款小白鞋》

7. 归根感

人的内心还有另一个本质上的疑问：“我是谁？我来自何方？”人永远都在扪心自问，而这个问题，就是人的归根感。

归根感是一种比较高级的心理需求，对于经历坎坷，有所成就的中年人来说，归根感，更能够触及他们内心某个角落。归根感比较难以把握，通常我们会用返璞归真的文字来描绘。

如图 5-12 所示，就是一篇从归根感入手，图文并茂的花卉类软文。

阳台 | 花开成海，花落成诗

花友笔记·把家放进花园里

小小阳台几年生机勃勃的变化

从女儿上初中住宿开始，到今年女儿高中快毕业了，算算花龄已有六年。从一个只知道三角梅菊花的养花白痴到养花花痴;从一粒种子的发芽，到小苗的精心培育，到对第一朵花含苞待放的那种期待的心情，养花带给我的已经不单单是那种视觉的享受，它教会了我许多：用心付出，耐心等待，总会花开成海，也总有花落成诗！学会享受过程，去感受花儿那种生机勃勃的变化，在自己心里种下希望的种子，浇水施肥，修修剪剪，养花同时也在养心！

2012年的阳台 ?第一次养天竺葵

2016阳台新宠：红白旋转

以前不是很喜欢这个颜色，所以养重瓣多年，一直未进，今年突然想试试，原来这么可爱，一盆花，花型花色多有变化，看来，不管是人还是花，都需要近距离多了解啊！

图 5-12　软文《花开成海，花落成诗》

8. 不朽感

有两位哲学家撰写过一本书《每个人都会死，但我总以为自己不会》。这是一本关于生命的探讨的哲学书籍，同时却也从各方面揭示了人害怕死亡的心理。

生命终究会走向迟暮，但没有人能乐观地接受这一天的到来。对于死亡、衰老、容颜消退、健康不再、爱情终结等方方面面的害怕，让人产生了对于不朽的追求。

正因如此，营养品开始大行其道，而其中的佼佼者非十七年前开启了软文黄金时代的“软文鼻祖”脑白金莫属了。在利用人对于不朽的追求这方面，脑白金可谓是炉火纯青。

如图 5-13 所示，脑白金的这篇软文，就是利用了人对不朽的追求。把人所追求的不朽，和脑白金产品联系起来，打动消费者，刺激其购买欲望。

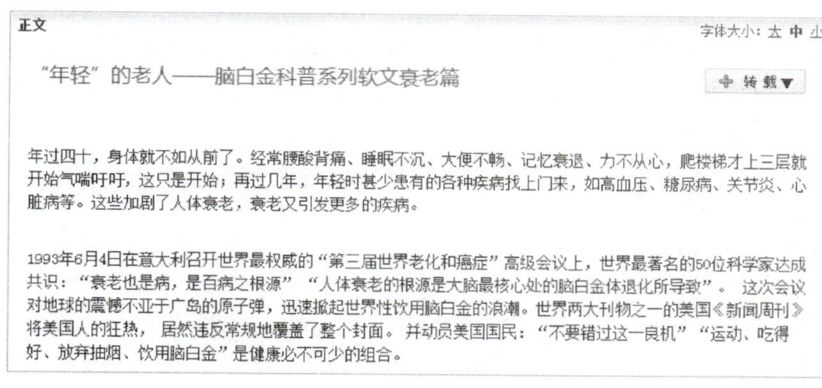

正文

字体大小：大 中 小

“年轻”的老人——脑白金科普系列软文衰老篇

转载

年过四十，身体就不如从前了。经常腰酸背痛、睡眠不沉、大便不畅、记忆衰退、力不从心，爬楼梯才上三层就开始气喘吁吁，这只是开始；再过几年，年轻时甚少患有的各种疾病找上门来，如高血压、糖尿病、关节炎、心脏病等。这些加剧了人体衰老，衰老又引发更多的疾病。

1993年6月4日在意大利召开世界最权威的“第三届世界老化和癌症”高级会议上，世界最著名的50位科学家达成共识：“衰老也是病，是百病之根源”“人体衰老的根源是大脑最核心处的脑白金体退化所导致”。这次会议对地球的震撼不亚于广岛的原子弹，迅速掀起世界性饮用脑白金的浪潮。世界两大刊物之一的美国《新闻周刊》将美国人的狂热，居然违反常规地覆盖了整个封面。并动员美国国民：“不要错过这一良机”“运动、吃得好、放弃抽烟、饮用脑白金”是健康必不可少的组合。

脑白金体，在层状结构的大脑中位于最中央的核心位置。通过近四十年的研究，科学家确认脑白金体是人体主宰者，它通过分泌的脑白金量的多少，控制着人体各系统的衰老程度，同时掌管着人体免疫等功能。随着年龄的增长，其分泌量加速下降，如果这时每天饮用适量的脑白金，就可使人体各系统进入年轻的状态。1993年6月4日的会议已公布大量动物实验并验证了这一事实。1997年4月，在东京召开的“第四届世界衰老和癌症高级会议”上许多科学家又发布了人体实验报告。其中瑞士科学家罗斯勒的临床报告指出：“经大量老年患者每天饮用3～8毫克脑白金，经5年的观察发现，他们多数的病症消失，充满青春活力。”

这项人类重大科技成果给予我们中老年人带来良机，打破了“衰老---疾病----衰老”的恶性循环，实现了人类的“无疾而终”。在治疗和预防疾病的同时，老年朋友们，别忘了饮用脑白金，别忽视了“衰老”这根本的疾病。早日成为一位“年轻”的老人。

在中国，卫生部已批准标准型（胶囊+口服液）脑白金投放市场，看来中国的老人也有望过把“年轻瘾”。

图 5-13 脑白金软文《“年轻”的老人》

5.2 软文痛点营销的实际操作

痛点营销的实际例子随处可见，而我们由此总结出了痛点营销的三个实际操作法则，如图 5-14 所示。

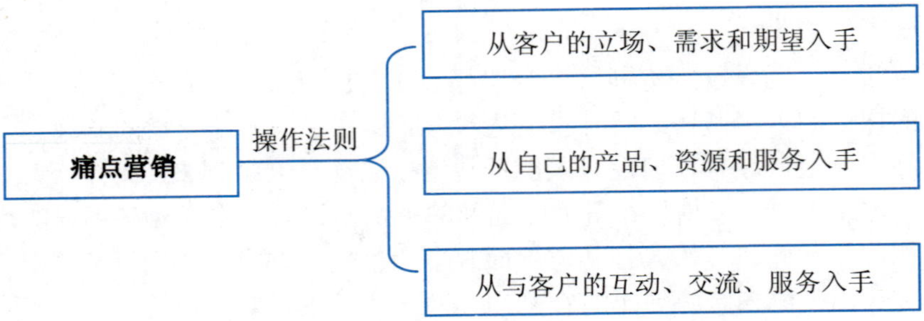

痛点营销 —操作法则→ 从客户的立场、需求和期望入手；从自己的产品、资源和服务入手；从与客户的互动、交流、服务入手

图 5-14　痛点营销 3 个实际操作法则

5.2.1　从客户的立场、需求和期望入手

在软文中给读者制造出一种鱼和熊掌不可兼得的感觉来，让客户感觉不购买该产品和服务就会留下遗憾，甚至是一种“痛”。想要营造这种氛围，最好的办法就是从客户的立场、意愿和期望入手。

在市场运营中，面对经常变化的经营环境，企业需要进行变通、需要自我革新、需要研究业务流程、需要分析客户消费立场。还需要了解客户对于产品的意愿，如：为什么使用自己企业的服务？客户对于产品有什么期望？服务和产品中存在哪些缺点？能否为客户解决？

企业通过将自己的产品与服务同竞争对手作对比，扬长避短，站在客户立场思考，找到痛点。而后宣扬己方各项优势，通过宣传、体验、试用等活动，让读者体验到痛点，且感同身受。对读者进行如果不选择企业产品就会失望等心理暗示，从而激发消费者的购买欲望。

到消费者购买之后，在内心产生满足感，这就是痛点营销最大的成功。

5.2.2　从自己的产品、资源和服务入手

除了在客户的身上下功夫，企业还要在自己的身上下一番功夫。特别在竞争激烈的行业，为取得竞争优势，可从产品定位、服务领先、性价比高等方面体现差异化，如产品差异化、品质差异化、服务差异化等，不打价格战，突出竞争优势。

如某位房地产销售人员，在短短一个月内，就卖出去十几套房子。他的秘密在于迅速集中优势资源，从产品品质及融合方面下功夫，通过产品体验、口碑效应，以“学位房保证孩子的未来”的突出优势打动客户，走差异化营销之路。能准确击中客户对孩子学习和未来的痛，让客户觉得买这里的房子就是对孩子未来的保障，在与客户的共鸣中产生羊群效应。

而感受到实打实的利益之后，客户会在有意或无意之中为之去宣传，从而引发口

碑效应。在这样的差异化服务之中，这位房地产销售人员获得了不错的营销效果。

在从自己各方面入手时，要善于从纵横两个方向寻找客户的痛点。横向对比要求的是知己知彼，通过与同行业竞争对手的对比，来突出优势，营造痛点。纵向对比则是与落后的技术和过时的产品作对比，从而让用户看到现在产品的优势，突出创新业务。

痛点营销的目标在于让消费者相信进行消费可以获得兴奋和满足，而购买竞争对手的产品会后悔。让消费者以后有相关需求，就会直接选择这类产品，而不会再犹豫。

5.2.3 从与客户的互动、交流和服务入手

与客户互动、交流、服务的方式有很多，比如，客服接待在线客户、微信平台在线交流、营销经理上门营销、社区经理处理故障等。这是最接近客户，与客户交流和互动的过程，从中能够第一时间了解到客户的需求，听取客户的意见。

在接触客户过程中，取得客户服务的第一手准确资料，客户对产品的使用状况、消费心理、服务诉求有充分的了解，对自己的产品和服务有充分的自信，对竞争对手的产品或服务有充分的研究，这是进行成功的营销痛点的必要条件。

企业要在第一时间找到差异化的营销服务痛点，首先要清楚地了解顾客的诉求与真实想法，由此总结产品中存在的问题与服务的不足之处。进而了解客户的行为与心理，对客户的兴趣深入研究，从而深刻洞察客户痛点。痛点营销最重要的就是找准痛点，痛点找到了，一切也就是水到渠成的事情了。

第6章 传统电商：做好软文营销规划

软文营销在电商行业的比重越来越大。随着微博、微信等营销手段的出现，商家运用了各种营销手段之后，发现软文营销始终占据主流地位，尽管如此电商软文也需要进行策划，才能获得事半功倍的效果。

- 传统电商：做好软文营销规划
  - 软文对电商的影响
  - 电商软文的撰写方法
  - 电商不同营销阶段的软文
  - 电商开展软文营销的步骤

6.1 软文对电商的影响

随着科技的发展，互联网在全球得到普及，它使得营销推广的力度发展到全世界的范围，而不再局限于某一个地区或国家。依靠互联网，企业的品牌效应已经超越了空间的限制。

依托新媒体作为载体的网络软文，是一种有效的打破传统局限性的营销方式，能够将产品推广至全世界。软文的出现，让电子商务寻找到了一种新的营销手段。

6.1.1 电子商务离不开软文

企业在互联网上发布软文，依托互联网作为有效传播品牌信息的载体，并借助门户网站的权威性与公信力，能够逐步培养企业的知名度。

如图 6-1 所示，为新浪网上的企业软文。

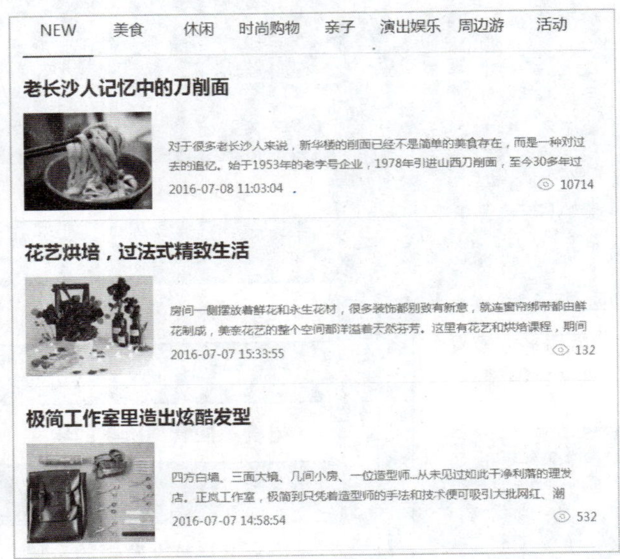

图 6-1 新浪网上的企业软文

同时还能培养受众对于企业的好感度与忠诚度，从而给企业带来意想不到的收获。当前流行的营销方式中，只有软文能够同时满足以下特点。

- 投入较少，成本低。
- 有效吸引潜在受众视线。
- 培养产品的美誉度。

- 向消费者推销产品。
- 提升企业的品牌度。

这些特点也是电子商务离不开软文的一个重要原因，网络营销需要通过软文潜移默化的作用，来引导消费者的购买行为，从而达到产品的策略性战术目的。而软文想要引起读者的共鸣，就需要有明确的核心价值，这样才能感染更多读者成为企业的潜在客户。也正是软文营销独特的特点，才能让它与直观的搜索引擎和形象的电视广告竞争。

如图 6-2 所示，这篇软文充分说明了该企业的核心价值就是“花艺烘焙”。

花艺烘培，过法式精致生活

美奈花艺的店主Amelie早前是资深媒体人，由于对花艺的热爱，离职后的她远赴杭州系统地学习日本小原流花道，并开设了这家工作室，主要承接鲜花配送、永生花礼、生活花艺课程和小型宴会花艺设计。这一方美妙的小天地，是属于Amelie自己的安静空间，白日里她都在这儿制作花束、构思花材搭配，或是干脆什么都不干，慵懒的就着咖啡坐在临窗沙发上发呆，看楼下浏阳河静静流淌......

图 6-2　软文要有明确的核心价值

无论如何，互联网时代的到来，使得软文凭借其前所未有的独特特点以及潜在价值，正逐步受到了广大企业的重视。因此，软文营销同样成为电子商务平台营销的必要手段。

6.1.2　软文营销带动电子商务

电子商务的优势在于低成本、高效率，因此在受到广大消费者青睐的同时，中小企业也积极从电子商务中寻找先机、抢占市场。各大企业也纷纷转变发展方式，优化产业结构。

在互联网时代，搜索引擎得到了很好的发展，对电子商务起到了很大的促进作用，因此成为企业营销的重要工具之一，如图 6-3 所示。

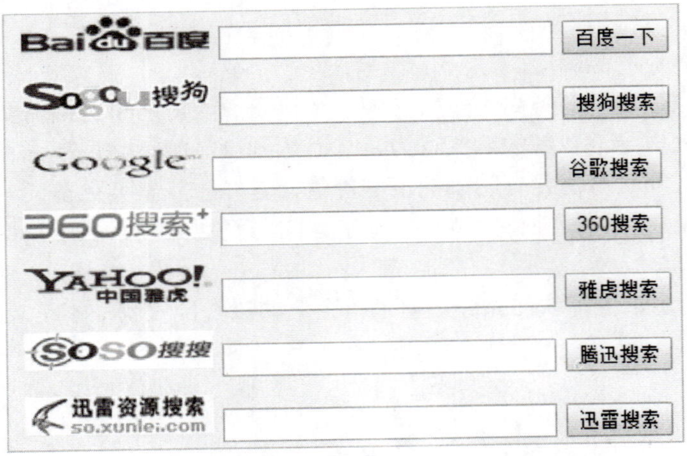

Baidu百度 百度一下
Sogou搜狗 搜狗搜索
Google 谷歌搜索
360搜索 360搜索
YAHOO! 中国雅虎 雅虎搜索
SOSO搜搜 腾迅搜索
迅雷资源搜索 so.xunlei.com 迅雷搜索

图 6-3　搜索引擎

而搜索引擎的主要作用在于以下两点。

- 提高用户使用网站的便利性，用户可以通过高效的站内搜索快速而且准确地找到需要的信息。
- 研究网站的用户行为，企业可以由此分析出用户的喜好与需求，从而推出更好的产品。如图 6-4 所示，为百度的搜索推广服务。

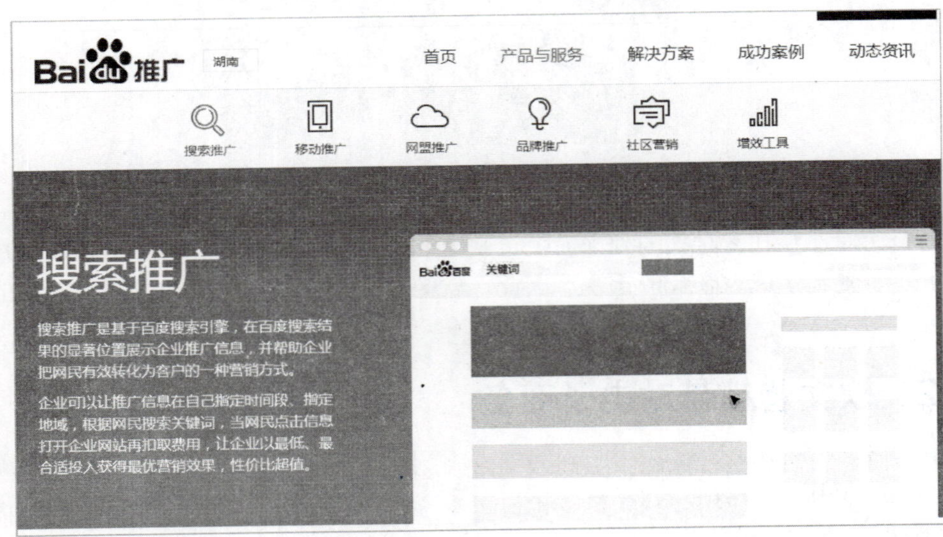

图 6-4　百度的搜索推广服务

正因为搜索引擎的强大功能，使得众多企业越来越重视发挥搜索引擎的推广作用，因而引擎推广费用随之水涨船高。

无法承担高额竞价费用的中小企业，难以获得搜索引擎的良好排名，无法在短时间内营造良好口碑，如此恶性循环，对于后续发展无疑是雪上加霜。

此时恰好出现了能解决这一难题的软文营销，以企业的推广为本质的软文营销，与搜索引擎的本质恰好叠加，完全符合企业对内容和链接的需求。高质量的软文在被互联网不断转发的过程之中，往往在无形之中提升了企业的品牌形象。

因此，软文推广已经被包括阿里巴巴、中国制造网、广新交易会等 B2B 电子商务平台重视了起来。由此可以看出，软文营销已经成为电子商务推广与销售中尤为重要的一环。

6.2 电商软文的撰写方法

软文已经成为很多企业必要的宣传手段，尤其一些资产低，缺乏操作硬性广告的大量资金时，往往会选用成本低的软文作为起步。软文的优势不仅仅在于费用低，更因为它信息量丰富，有助于顾客了解产品本身的特点与功效。

而现在软文效果不佳，其实应该归咎于排版。在报纸与杂志上，常常会把商业软文罗列在一起，没有足够的排版美观性，以至于失去了不少的观众。撰写软文，特别是在撰写电子商务软文的时候，还是需要掌握一些方法的，这样才能事半功倍。

撰写电子商务软文的方法如下。

- 从行业趋势切入。
- 融入消费者生活。
- 连续有计划地发布软文。
- 适当夸大软文优点。
- 选择专业版面合作。

6.2.1 从行业趋势切入

在撰写电子商务软文时，不妨以行业趋势作为切入点，通过强调本企业产品的先进性，提高企业与产品在消费者心目中的市场地位，获得消费者的关注。

如果软文操作得当，还能够引起经销商或者同行的关注与效仿，从而营造企业在行业内的口碑。因此，在撰写软文的时候，以未来行业的发展趋势来开篇，很容易吸引行业内人士的眼球。

行业内口碑的重要性已经众所周知，在形成业内口碑的情形下，企业产品所获得的诸多支持与众口同声的称赞，能够产生极其强大的力量。所以在软文中，还需对企业产品的先进性进行说明。在这方面家用电器行业有不少软文值得学习。

如图 6-5 所示，就是海尔氧吧空调的一篇软文。

"用海尔氧吧家庭中央空调，我身体好多了！"

家住青岛市某小区的王老师几天前给海尔商用空调打电话说，自从用上了海尔氧吧家庭中央空调，身体一天比一天好了，多年的冠心病好像好了许多，身体感觉特别轻松。王老师的老伴在为王老师病情好转高兴之余，对海尔氧吧空调营造的充满清新氧气的空间赞不绝口。

王老师患有冠心病提前病退在家休养。"救心丹"从来都是随身携带，因为冠心病一旦发作将导致心肌缺血、缺氧和影响心脏的功能，日常的养护十分重要。有几次王老师就因为一时心急，导致冠心病发作，结果送到医院连输几天氧气才救过来，让家里人担心不已。

听说前几天海尔刚推出一种可以释放氧气的空调，王老师的儿女们暗暗高兴，日常生活经常吸氧，将大大降低冠心病的发病率。而海尔氧吧家庭中央空调可以自动分离出空气中的氧气，从而在室内释放出纯度高达80%的氧气，据了解纯度在80%左右的氧气是最适合人类呼吸的环境。因此儿女们就悄悄为父母买了一台海尔氧吧家庭中央空调，并让海尔的专业设计师上门设计。

刚开始，王老师和老伴还很生气，一个劲儿地埋怨儿女不该瞒着他们买空调，因为家里本来已经有空调了。可几天后，王老师发现自己的身体不知不觉轻松了不少，连饭量也增加了，而且可以做一些运动量不大的体育活动了，这个变化可乐坏了王老师的老伴，赶紧地打电话向海尔商用空调表示感谢。王老师开始还纳闷：身体怎么就突然好转了？最后经过咨询医生才知道：长时间在富氧的环境中生活，血液中的含氧量增加，神经得到舒缓，发病机率则大大减少了。

王老师说，现在每天早上起来都精神抖擞，就连鱼缸中的鱼也比原来游的欢了！"真的要感谢海尔氧吧家庭中央空调，海尔的产品真的是针对用户的需求开发的！"（笑阳）

图 6-5　海尔氧吧空调软文节选

由此可以看出宣传产品优势的软文写作方法是切实可行的。

专家提醒

从行业趋势作为切入点的软文，在提出概念之余，还需要从专业角度来诠释概念的技术支持，赋予产品极强的说服力。

因此，软文作者需要对相关技术的专业文章进行收集研究，多方参考、多方引证。从而避免不够专业的叙述遭到业内人士的批评。

6.2.2　融入消费者生活

从消费者生活出发，以故事性引导打动读者阅读下去的操作模式，以索芙特香皂(如图 6-6 所示)为代表。

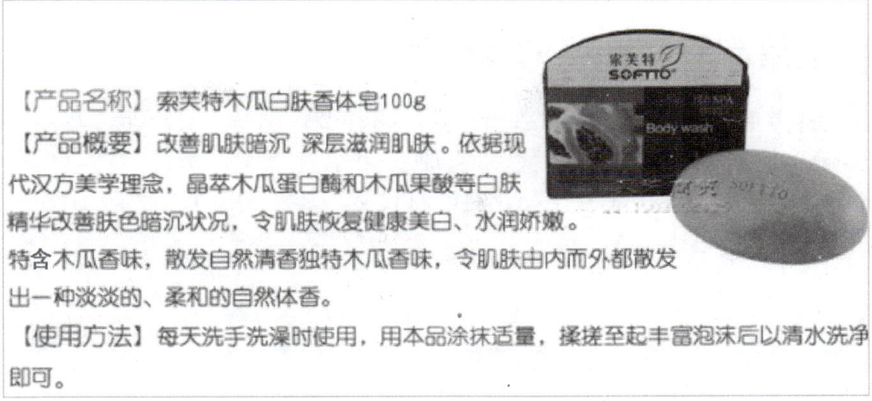

【产品名称】索芙特木瓜白肤香体皂100g

【产品概要】改善肌肤暗沉 深层滋润肌肤。依据现代汉方美学理念，晶萃木瓜蛋白酶和木瓜果酸等白肤精华改善肤色暗沉状况，令肌肤恢复健康美白、水润娇嫩。

特含木瓜香味，散发自然清香独特木瓜香味，令肌肤由内而外都散发出一种淡淡的、柔和的自然体香。

【使用方法】每天洗手洗澡时使用，用本品涂抹适量，揉搓至起丰富泡沫后以清水洗净即可。

图 6-6 索芙特木瓜白肤香体皂

索芙特香皂以生动的故事描述来讲述木瓜的美白效果，从而吸引广大年轻女性消费者，利用她们对美的追求的心理，将价格是寻常肥皂 2～3 倍的索芙特肥皂推销出去。索芙特利用的是年轻女性对于祛斑美白的强烈欲望，结合产品特有的木瓜香赋予神秘的女人味。从而使得软文给人留下深刻印象，同时促进了消费者的购买欲望。

比如，索芙特的日本代言人是个长雀斑的小明星，索芙特利用她脸上标志性的雀斑，在软文中巧妙地提出雀斑是该明星不能去除的标志，而消费者若也有标志性的雀斑，那使用索芙特白肤香皂时可就要小心了。事实上，祛斑的难度众所周知，更不是天天使用香皂洗脸就能去除的，但索芙特这样的宣传，却能够利用故事来引起消费者的注意，让人记住他们的产品。

专家提醒

通过巧妙利用客观现象，从另一个角度体现产品的利益。软文在来源真实可信的基础上，可以做适当的效果夸张来组织生动的故事。但是需要注意的是，即使适当夸大，也不能无的放矢，需要深入思考，内容必须来源真实，不能欺骗消费者，否则经不起推敲。

6.2.3 连续有计划地发布软文

一个想法或者一种说法，如果不能重复说，反复说，它很难被人们记住。只有连续性、计划性都很强的软文，才能真正取得推广成绩。

通常来说，企业在操作软文时，至少应该将半年作为一个阶段。这个阶段内，每周至少一次登报，只有努力投入才会有收获。

软文费用成本不高，重要的在于坚持与累积。如果做不到持之以恒，三天打鱼两天晒网的话，软文营销也不会有太大成效。

6.2.4 运用幽默、夸张的写作手法

找到支持点后，对产品利益作适当夸张。这种夸张是基于分析了收集的信息，有根据地以幽默的口吻，作恰当的夸大，用以吸引顾客注意力。

如图 6-7 所示，为某传统餐饮行业的电商软文，其文采用了夸大的写作手法。

皇帝专用！景泰蓝蒙古火锅

草原牧歌火锅特色之一：景泰蓝铜锅。据介绍，锅是手工掐丝珐琅工艺，里面是铜胚，此工艺距今已有600多年的历史。细薄的金线或铜丝掐成各种花纹，草原、白云、群羊、帐篷皆在锅体上呈现。色彩对比鲜明，色釉宛如宝石般的晶莹深沉。自古，因大气祥和、富贵典雅的气质深受皇族喜爱，专供皇帝吃火锅使用。一口大铜锅的造价高达3000元，小的也要500-600元一个，而且容易损耗，返厂维修的费用都是好几百一个。除外表特别，景泰蓝小锅的燃料也很特殊——使用植物油。

图 6-7 餐饮行业软文

无中生有、空穴来风的夸大，不但起不到积极作用，反而有可能造成企业口碑产品的负面形象。适度的夸张，也可以理解为企业在产品宣传时的包装。

例如，海尔的氧吧抗菌光，从专业角度来看，它其实是以紫外线灯管与负离子发生器结合，产生杀菌供氧的功效。而海尔舍弃了看上去高大上的科技描述，而是借用一些大众化词汇，恰当地使用比喻夸大产品功效，由此打造业内知名度最高的健康空调品牌。

使用这种手法的除了海尔集团，还有盘龙云海药业集团，盘龙云海是市面上最早做排毒养颜胶囊产品的企业，在推广时也是通过适当夸大产品的功能，从而成功开拓新市场。

除此以外，在电视广告上，我们往往能看到不少的除螨类洁肤产品，通过广告，似乎到处都是螨虫，人人都有。事实上，科学家经过研究证明，螨虫困扰，根本没有这么大的范围。但是通过这样的适当夸大，除螨类产品才能成功开拓新市场。

因为广告中并没有什么虚假的成分，说辞都有一定的道理，仅仅是为了宣传而做了一些适度的夸张，直击人们追求健康的心理，因此这种手法是有着成功的必然性

的。但一定要切记的是，言辞必须恰到好处，不能言过其实做虚假广告。尤其是关于产品功效，如果超越产品本身局限，天花乱坠地吹嘘，一定会受到查处，蒙受不必要的损失。

6.2.5 选择专业版面合作

通常在新产品上市或者进行某项公关活动时，企业可以与专业版面合作，选取具有新闻价值的切入内容来进行推广。

成功案例非可口可乐集团旗下的酷儿饮料莫属了。在上市之初，酷儿饮料就以视频广告(如图 6-8 所示)、线下活动结合软文营销的形式，积极推广，势如破竹之势折服了很多业内广告人士。

图 6-8 酷儿饮料广告

可口可乐集团本身就是一个非常有新闻话题的企业，可口可乐进行营销活动时，往往会有记者争先恐后地发布消息。并且可口可乐企业撰写的软文标题都非常有噱头。

- 利用金钱作为震撼大众的“可口可乐掷一亿打造酷儿饮料品牌”。
- 利用全新名词来吸引眼球的“广告总监谈角色行销”。

企业通过操作，使得这类型软文发布频繁。而由于标题本身所具有的强烈的新闻性质，使这些软文大胆地多次出现在新闻、专刊版面，从而为酷儿的营销打下了坚实的基础。

6.3 电商不同营销阶段的软文

相较于传统行业，做电子商务，或者说是网络营销行业的从业人员，对软文的撰写肯定是相当熟悉了。如今，电子商务行业的从业人员开始增加，也有越来越多的人开始利用网络谋生，对于软文的需求越来越大，要求也越来越高。

现在不再如四五年前一般，可以直接复制借用别人的文章就能起作用，靠软文做推广的人越来越多，消费者看过的软文也就越来越多。如果你的软文文笔不够优美、标题不够吸引视线、内容不够新奇有趣，挑剔的受众根本不会阅读，更别说进行传播了。特别是对于分为初创期、扩张期和成熟期三个阶段的电子商务而言，不同阶段更是对软文有着不同的要求。

6.3.1　初创期

企业刚刚创立的时期，被称为初创期。这个时期的企业，因为资金与资源的短缺，往往会有诸多难题。

- 资金短缺。
- 人才匮乏。
- 业务开拓吃力。
- 营销艰难。

针对这些劣势，我们建议企业初创期的软文切入点，应是对企业的新模式、团队、优势、人性化的服务、精准的产品线、专业的平台等品牌内涵的介绍。

如图 6-9 所示，就是一篇典型的初创期企业软文。

上海科创新境界｜上海电气突围，挑战世界级燃机巨头

燃气轮机是以连续流动的气体为工质带动叶轮高速旋转，将燃料的能量转变为有用功的内燃式动力机械，是一种旋转叶轮式热力发动机。将其誉作“制造业皇冠上的明珠”，并不夸张，超大型燃气轮机被公认为世界上最难造的机械装备。

研发和制造难度有多大？以目前全球最大的燃气轮机为例，其重量相当于一架加满油的空客A380，出力相当于1200辆保时捷911汽车的涡轮增压发动机，但核心部件的精度误差却最多仅为几十微米。

图 6-9　初创期软文

专家提醒

初创期企业的特质在于企业刚刚成立，缺乏资金与资源。由大企业投资开办的子公司或者合资公司这一类，能够共享大企业的资金与资源，所以这类企业不能算在初创期企业中。

6.3.2 扩张期

企业的成长过程被称为企业的扩张期，扩张期是一个成长发展的过程，这时候的企业特点如下。

- 规模由小到大。
- 竞争力由弱到强。
- 经营管理制度从无到有。
- 企业组织结构由低级到高级。

扩张期的企业，相比较于初创期的企业，资金与资源短缺的难点渐渐被解决，企业的口碑也开始打造出来。因此这时候，企业推广营销的主要目的应该是，更进一步地打造企业的知名度与美誉度。企业在扩张期的软文撰写方向，如图 6-10 所示。

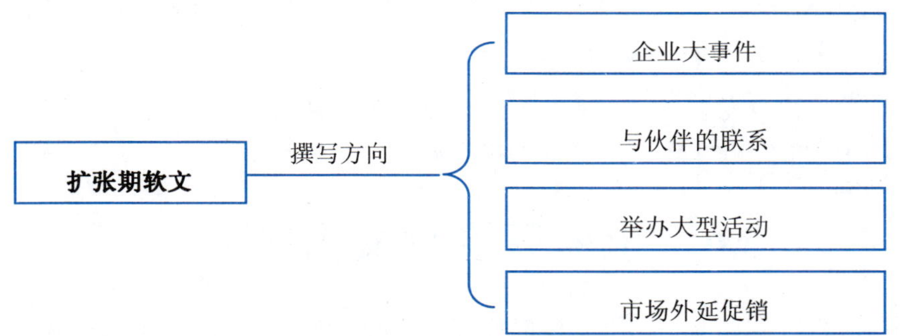

图 6-10　扩张期软文的撰写方向

6.3.3 成熟期

通常来说，成熟期的企业，资本与资源都有了一定的累积，管理办法和模式已经成型，公司管理趋于正规化。

但由于中国的特殊国情，许多企业在经过了扩张期以后，虽然规模资本与资源都达到了成熟期的特征，但在企业文化方面却显得极不成熟。于是，这也就对于成熟期的企业软文有了更多的要求。

成熟期的企业软文按照不同主题可以分为以下几类。

- 讲述企业的良好运营情况，如图 6-11 所示。
- 介绍企业的会员或者员工数量。
- 企业商品的销售与客户的感恩。
- 企业在行业内受到的评价。
- 企业运营的介绍。
- 企业文化的熏陶。

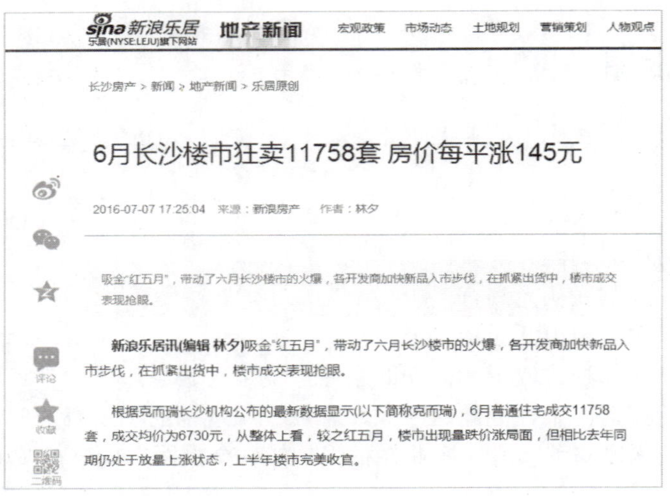

6月长沙楼市狂卖11758套 房价每平涨145元

2016-07-07 17:25:04 来源：新浪房产 作者：林夕

吸金"红五月"，带动了六月长沙楼市的火爆，各开发商加快新品入市步伐，在抓紧出货中，楼市成交表现抢眼。

新浪乐居讯(编辑 林夕)吸金"红五月"，带动了六月长沙楼市的火爆，各开发商加快新品入市步伐，在抓紧出货中，楼市成交表现抢眼。

根据克而瑞长沙机构公布的最新数据显示(以下简称克而瑞)，6月普通住宅成交11758套，成交均价为6730元，从整体上看，较之红五月，楼市出现量跌价涨局面，但相比去年同期仍处于放量上涨状态，上半年楼市完美收官。

图 6-11 扩张期软文的撰写方向

这些内容的软文，一方面能够推广企业品牌。另一方面，也是更重要的，有利于在员工心中树立企业文化，建立企业的凝聚力。

6.4 电商开展软文营销的步骤

网络时代，软文营销的重要性已然被大众所熟悉且认同，软文营销也是现代企业必选的营销方式。

但是，软文营销要求实施者具备综合素质：文案、创意、策划、营销、市场、品牌等知识。因此，初次上手的新人，通常很难发挥软文营销的内在魅力。

笔者总结了电商企业开展软文营销的 6 个合理步骤，希望能够对网络营销从业者有所帮助。

- 第一步：市场背景分析。
- 第二步：软文话题策划。
- 第三步：软文媒体策划。
- 第四步：软文写作。
- 第五步：软文发布。
- 第六步：软文效果评估。

6.4.1 市场背景分析

市场背景分析，是指针对市场的规模、位置、性质、特点、市场容量及影响范围等进行调查，并且对调查结果进行详细严谨的分析。

通过调查与分析，根据市场环境与市面上的竞争对手，以及产品的竞争力，来判断和分析企业能否在限定时间内拥有市场。市场分析的主要作用在于以下 4 点。

- 可以了解社会对产品的需求。
- 对于同类产品与竞争对手情况的了解。
- 对于生产规模的确定。
- 预算项目可能的经济效益。

只有对市场背景进行认真分析，才能让企业了解用户的特点，从而能够准确策划软文话题，并选择正确的媒体策略。

6.4.2 软文话题策划

在详细地分析了市场背景，了解受众需求与特征的基础后，电商企业才可以开展软文营销的第二步，就是策划合适的软文话题。软文话题的策划，只需要做到对用户群特点的把握，与对时下热点的了解，并结合企业的宣传主题即可。

如刚起步的电商，需要注重的关键点在于建立用户的信任感。相比于成熟些的电商企业，应该将侧重点放在活动策划与特色产品的传播推广，从而带动商品销售。

6.4.3 软文媒体策划

软文媒体策划，又称软文传播的媒体策略，指的是软文在发布时对于不同媒体的选择。传播信息资讯的载体被称为传播媒体，又称传媒、媒体或媒介。传播媒体可以是官方机构，也可能是私人机构。

传播媒体的分类有以下 4 类。

- 纸质：报纸、杂志。
- 声频：电台广播。
- 视频：电视、电影。
- 网络：电脑视频、门户网站。

6.4.4 软文写作

软文撰写需要基于对话题的策划与媒体的选择，根据不同的话题和发布媒体，运用不同的撰写风格进行写作。因此软文写作者不仅需要有资深的行业知识，还需要富有创意，能驾驭不同的文风。

只有专业的软文写作人员才能写出专业的软文，不然写得不伦不类，那就不是软文，也谈不上软文营销了。

6.4.5 软文的发布

撰写好软文之后，便是将软文发布到策划好的目标媒体之上，通过门户网站、报纸杂志等载体的名气与权威，来吸引受众关注。

后文会有专门的章节来细述软文的发布平台及操作方式，此处便不赘述了。

6.4.6 软文效果评估

企业在进行软文营销时，最关心的往往就是软文营销的效果。但是我们需要知道的是，软文营销的效果评估，并不仅仅只是体现在销售业绩上面。

软文营销的效果评估，除了销售业绩，还要综合网站流量、电话咨询以及品牌知名度来进行考虑。

第7章 软文形式：热门电商软文类型

软文的营销推广相对于硬性广告来说，承载的内容更加丰富。它是由企业的市场策划人员或广告公司的文案人员来负责撰写的“文字广告”。本章进一步讲述软文营销推广。

软文形式：热门电商软文类型

- 病毒式营销
- 事件营销
- 新闻营销
- 广告软文

7.1 病毒营销

病毒营销又称为病毒式营销、病毒性营销、基因行销或核爆式行销，是一种常用于进行网站、品牌推广的网络营销方式。

病毒营销指的是让信息通过用户的社会人际网络，利用复制的方法“一传十，十传百”的扩散，形式与传播速度与病毒类似，由此得名病毒营销。也就是说，病毒营销是通过提供有价值的服务或产品，来做到让用户自己传播扩散，通过用户的主动扩散宣传，实现“营销杠杆”的作用。

病毒式营销已经成为一种独特的网络营销手段，越来越多的商家和网站成功利用病毒营销，并获得了非常好的效果。

7.1.1 病毒式营销的特点

病毒营销以公众的人际网络为载体，营销信息像病毒一样传播和扩散，扩散的速度取决于公众的积极性。

通常来说，病毒营销的营销信息会迅速复制传向数以万计、百万计的受众，并且存在一些区别于其他营销方式的特征。

1. 有吸引力的病原体

事实上，虽然我们常说网络营销是一件成本很低的事情，但是信息都需要通过渠道来传播，而渠道，都需要收费。病毒营销之所以被称为不需要成本的营销方式，是因为它通过利用目标消费者的参与热情的方式。

(1) 积极性。企业在初期花费小部分成本之后，后续的传播过程是由自愿参与的目标消费者们完成的。

(2) 成本低。目标消费者们分摊了原本应该由商家承担的广告成本，因此，病毒营销对于商家而言，成为一种不需要成本，且效果超群的营销方式。

2. 几何倍数的传播速度

目标消费者无法在传播过程中获得什么实质性的利益，但是这些人为什么还会自愿为企业进行传播呢？原因就在于，作为第一传播者的企业，将广告信息进行了加工，使得消费者接收到的信息具有很大的吸引力，能够引起消费者的讨论与传播。

这些富有吸引力的信息，就像是披在广告信息外面的漂亮外套，解除了消费者的戒心，促使受众积极参与信息传播。

如图 7-1 所示的“流氓兔”，是韩国的金在仁先生为儿童教育节目所设计的卡通图形象。

图 7-1　流氓兔形象

这是一只相貌猥琐、思想简单、诡计多端、爱贪小便宜的兔子，充满缺点，看上去应该是被欺负和打击的负面形象，却因为挑战固有价值观，反而成为反偶像明星。“流氓兔”之所以走红，正是因为集中了大众渴望摆脱现实的心理，从而引发了病毒式营销。

大众媒体通常来说属于“一点对多点”的辐射状散播，企业无法确定广告信息能否真正到达目标受众。而病毒式营销，因为其自发性与扩张性，所借助的传播渠道不是大众媒体，而是受众的人际关系，消费者将产品和品牌信息传递给与他们有联系的个体。

例如，用户在微博看到好笑有趣的段子，往往第一反应就是转发并且呼朋唤友一起来“哈哈哈”，而被@到的受众又@自己的朋友，无数个受众，构成了病毒营销成几何倍数传播的主力。

3. 高效率的接收

在大众媒体投放广告，下面这些缺陷往往难以避免。

- 信息干扰强烈。
- 接收环境复杂。
- 受众抵触心理严重等。

就例如电视广告，在同一时段的电视有很多的广告同时投放，其中也有一些和同类产品类似的，这就很大程度地减少了受众的接收效率。

而对于那些容易让人接受的“病毒”，受众从熟悉的人那里获得或者自己搜索得来的时候，不会产生抗拒的心理，在接收过程中自然会有积极的心态。并且，受众接收信息的渠道，也多数是手机短信、微博、电子邮件等相对较为私人化的渠道。

4. 更新速度快

一般来说，网络产品独特的生命周期都是来得快，去得也快，病毒式营销的传播过程通常呈现为 S 形曲线。也就是开始传播的时候速度很慢，但是当真正地扩散出去的时候，速度就会突然加快，而接近饱和的时候速度又会慢下来了。

因此，为了达到最佳的销售效果，针对病毒式营销这一特性，企业务必做到在受众产生对信息的免疫力之前，化传播力为购买力。

7.1.2 病毒式营销软文分类

试想一下，每天每个人浏览至少几万字的信息，可是这其中能被记住的有多少？又有多少内容会被网友传播出去？哪些内容或者哪些字眼可以吸引网友的注意力？

“病毒”的制造就是“病毒式网络营销”的核心。而有效实施“病毒式网络营销”的关键就是找到“病毒制造”的引爆点。营销人员只有找准引爆点，才能够在最短的时间内吸引目标受众的关注，从而达到广泛传播的目的。

以下归纳了 5 个比较实用的“病毒制造”的软文引爆点，以供参考。

1. 免费类

各种免费的资源，例如，免费的邮箱、空间、域名、软件、程序等，都是能引起大家关注与传播的事物。免费的产品或服务，往往能够吸引读者眼球，在软文中出现更是可以大大地刺激读者，从而在病毒式营销中发挥作用。

目前来说，最普遍的病毒营销方法之一是免费电子书，商家通过在电子书的页眉内置商业信息的方式，使读者在阅读中无意识地潜移默化中接触商家传递的信息。电子书页眉的位置使得这些商业信息并不会影响阅读体验，从而不会引起读者反感。而且电子书便于长久保存，也利于读者或者消费者的二次传播。

2. 邀请推荐类

邀请推荐类病毒式营销，往往融合了饥饿营销与病毒营销的双重功效。这类型软文通常应用于网站以及私人会所的会员制场所。这种营销的操作方式简单来说，就是新人在网站无法单独公开注册，而需要现有用户给出的“邀请码”之类的凭证作为引荐。

(1) 营销力量强大。饥饿营销的力量不言而喻，俗话说“物以稀为贵”，越珍惜，越能吊起用户的胃口。而邀请，则将病毒营销发挥到了极致。

(2) 具有圈子特性。通常来说，用户邀请的新用户，多为与之有共同兴趣喜好或目标的人，这些人因为相似之处，很容易就能形成一个圈子。

(3) 可以间接推广。这样的交际圈中的用户，往往会互相交流信息。而这，又为网站推广其他产品或服务做铺垫。

3. 工具资源类

工具资源类主要是在网站中提供各类便民服务类信息，个人站长或者博客主，在主页中嵌入实用的查询代码，使得用户能够在主页查询诸如公交、手机归属地、天气等日常信息。这就使得站长或者博主给客户提供便利时，产品或者服务的传播价值和口碑就会得到呈现。

4. 娱乐类

娱乐是生活的重要内容，也是大家共同的生活元素。很多网友转载、下载或者分享最多的，都是娱乐类型的内容。众口难调之下还能让几乎所有人喜闻乐见的内容，娱乐信息要算其中之一。

因此，病毒营销设计的重要一环就是将商业信息与娱乐信息结合，或者通过设计增添娱乐化的传播场景。只要娱乐的话题足够有吸引力，所能达到的效果还是非常喜人的。

特别是随着科技发展，新兴的网络视频扩展了娱乐的内容与形式的展现方式。娱乐型视频以更生动直观的形式，更加容易在短时间创造轰动效果。尤其现在，多款简单型视频软件的出现，大大降低了视频制作创作的门槛，网络视频的传播也已经成为病毒营销的重要一环。

5. 祝福类

节日期间，网民们最关注、搜索最多的内容莫过于各种各样的祝福类型信息。每到节日，微信和 QQ 这两个祝福类信息最重要的扩散渠道，往往会出现被祝福内容“刷屏”的情况。

巧妙地在祝福活动中融入信息，从而引发广泛的转载和参与，是祝福类信息的病毒性传播的关键。

病毒式网络营销毕竟是依附于人群来进行传播，由于病毒式营销的传播过程通常呈现为 S 形曲线，在真正的操作过程中，需要考虑营销进度与效果评估，想办法在最短的时间里，实现最大化的传播效果。

因此，在执行过程中，企业需要同时配合以形式各异的活动，从而尽可能放大病毒传播的引爆点，或者通过借用大众媒体的力量，扩大病毒信息的覆盖范围。

7.2 事件营销

软文事件营销凭借其快速提升品牌知名度的特质，且能给新产品提供推荐、创造品牌展示的机会、建立品牌识别与品牌的定位的能力，迅速成为国内营销的主流。

7.2.1 了解事件营销的本质

事件营销分为两种，一种是企业实际中的事件营销，另一种则是网络事件营销，是企业利用网络发起的营销事件，如图 7-2 所示。

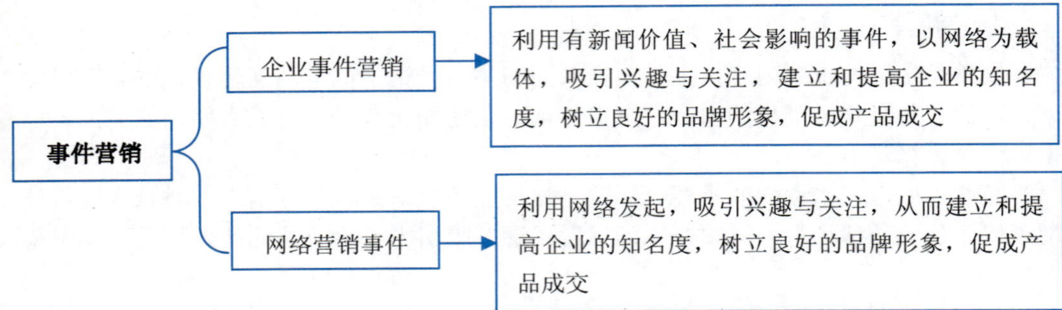

图 7-2 事件营销的定义

7.2.2 软文事件营销的特点

事件营销也有着自己的特点，掌握事件营销的特点，才能在营销的过程中无往而不利，下面来看看事件营销都有哪些特点吧！

1. 免费的

事件营销利用的是新闻事件，而新闻事件可以免费在各种媒介上找到，因此可以称为没有成本。

事件营销通常会被归类为企业的公关行为，一件拥有足够新闻意义的公关事件，往往能够充分引起新闻媒体的关注和采访欲望。

2. 有明确的目的

在进行事件营销策划的时候，首先要明确自己的目的，其次要明确使用什么样的新闻来让受众接受，然后达到自己的目的。

3. 事件营销的风险性

事件营销的风险性在于，受众对于新闻的理解倾向于正面还是负面。有时候，受

众对于新闻内容的理解不同，对于企业留下的印象就会截然相反。因此，在进行事件营销之前，就要充分地考虑到这种风险，做一些相应的布置来将风险降到最低。

4. 求真务实

事件营销通常是以宣传企业品牌，建立知名度，培养受众信任感与忠诚度为目的，因此在进行事件营销时，最基本的要求就是必须要实事求是，不能弄虚作假。

对求真务实的要求是两方面的。

- 事件策划本身要“真”。
- 衍生的传播也要“真”。

5. 以善为本

“以善为本”对于事件的策划与传播的要求在于：自觉维护公众利益，勇于承担社会责任。网络营销不能为了利益而不择手段，恶意的营销手段是不可取的。

专家提醒

企业在事件的策划和网络传播的过程中一定要做到自觉维护公众利益，勇于承担社会责任。不能为了利益而迷失善心，不能运用恶意的营销手段。

6. 力求完美

网络营销事件的“完美”在于网络事件能够展现策划人员的智慧，帮助企业自我完善组织行为，注意网络传播沟通的风度。

网络事件营销不是胡乱策划低俗的事件，这点必须十分注意。企业不仅要掌控企业的全面状况，还需要巧妙地运用网络媒体的特性，得尊重公众的权益，保护沟通渠道的畅通完整。

因此，为了能够达到目的，最终保护企业的自身利益，企业在利用网络时，必须要安排专门人员对网络信息传播进行把控与监测。

7.2.3 软文事件营销的操作要点

企业在进行软文结合事件营销时，又有哪些需要注意的地方呢？以下是为大家整理的几个小攻略。

1. 不能盲目跟风

要知道，事件营销的成功绝不是盲目跟风，而要依赖于深厚的企业文化底蕴。做网络营销推广也是如此，不能因为某个营销方法效果显著就盲目使用。最重要的是看这个方法适不适合自己，要根据自身的情况来结合方法实施营销。

例如，目前手机市场较为火爆的小米手机，小米以高配置低价格为特点，获得了不少的年轻顾客的口碑与忠诚度。一些手机厂家知其然不知其所以然，由此跟风打价格战，终究还是没能成功。

2. 符合新闻法规

无论企业要做的新闻事件是如何策划的，要始终记得，必须得符合相关的新闻法规，绝不能越位。否则，策划的营销事件一旦与法律法规有任何的冲突，都会给企业带来很多不必要的麻烦。即使是打擦边球也要十分谨慎，一旦操作不当，给企业造成负面的影响可就麻烦了。

3. 事件与品牌关联

企业的事件策划，还必须和自身品牌有关联，事件一定要能为品牌服务，这样才能起到宣传的作用。不能和品牌联系到一起的营销事件，是没有什么意义的。不仅如此，事件营销的目的就是通过事件引起关注来促进营销，这是事件策划过程中要始终注意的。

4. 不断尝试

在事件营销实施的过程中，不一定都是一直顺利的，用户对事件的关注程度与营销人员策划时想象的也会有一定的出入。所以，想要让事件成功，很重要的一条就是要坚持，就算过程不顺利，也要不断地尝试，在多次尝试之后，总会成功的。

7.2.4 软文事件营销的策略

企业要打动消费者，实现营销目标，其一要从消费者关心的事情入手。二者，就是事件营销的重要前提，下面来具体介绍事件营销运作的策略，如图 7-3 所示。

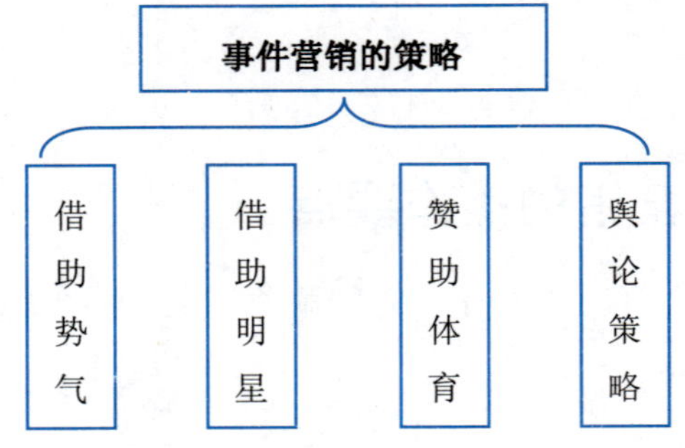

图 7-3 事件营销 4 大策略

1. 借助势气策略

所谓借助势气，是指企业及时抓住消费者所关注的人物、新闻、事件，与产品结

合在一起，从而展开的一系列相关活动。

例如，2015 年 10 月 8 日娱乐圈中的大事件，也就是黄晓明和 Angelababy 的婚礼，借着“AH 大婚”，无数商业大亨和企业都开始大做文章，如图 7-4 所示。

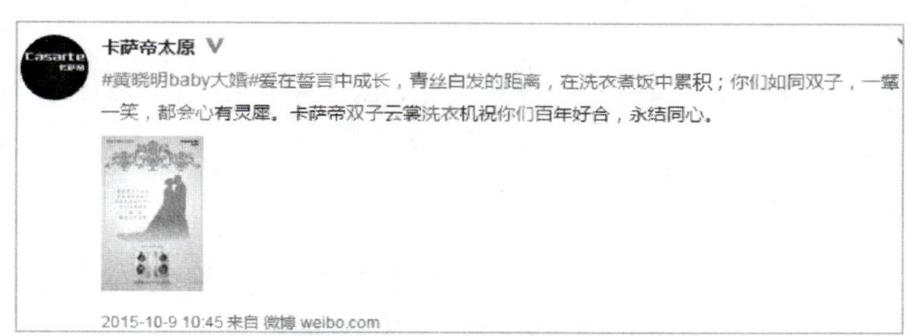

图 7-4 “AH”大婚，企业借势

2. 借助明星策略

如今明星是最能引起大众关注的一类人群，并且他们粉丝非常多，若企业借助明星的名气，能大大地吸引到他们的粉丝，也能为企业产品或品牌造就声势。

比如，2014 年因为《古剑奇谈》而走红内陆的“大师兄”陈伟霆，代言腾讯旗下某手游，并且以“威廉学长”的虚拟形象入驻游戏。如图 7-5 所示，就是这款手游发布的一篇软文节选。

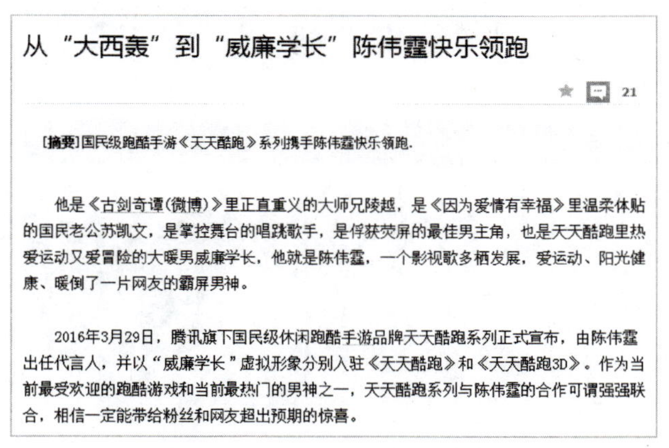

从“大西轰”到“威廉学长”陈伟霆快乐领跑

21

[摘要]国民级跑酷手游《天天酷跑》系列携手陈伟霆快乐领跑。

他是《古剑奇谭(微博)》里正直重义的大师兄陵越，是《因为爱情有幸福》里温柔体贴的国民老公苏凯文，是掌控舞台的唱跳歌手，是俘获荧屏的最佳男主角，也是天天酷跑里热爱运动又爱冒险的大暖男威廉学长，他就是陈伟霆，一个影视歌多栖发展，爱运动、阳光健康、暖倒了一片网友的霸屏男神。

2016年3月29日，腾讯旗下国民级休闲跑酷手游品牌天天酷跑系列正式宣布，由陈伟霆出任代言人，并以“威廉学长”虚拟形象分别入驻《天天酷跑》和《天天酷跑3D》。作为当前最受欢迎的跑酷游戏和当前最热门的男神之一，天天酷跑系列与陈伟霆的合作可谓强强联合，相信一定能带给粉丝和网友超出预期的惊喜。

图 7-5 “天天酷跑”借势陈伟霆

3. 赞助体育策略

体育行业是被大众所关心的行业，且体育赛事也是最好进行广告宣传的载体，能大大地为企业带来很高的曝光率。所以有不少企业通过进行赞助球队冠名赛事等，来推广自己的品牌。

例如，足球盛事世界杯上，耐克和阿迪达斯就争先恐后地赞助球队，借此为自己宣传，如图 7-6 所示。

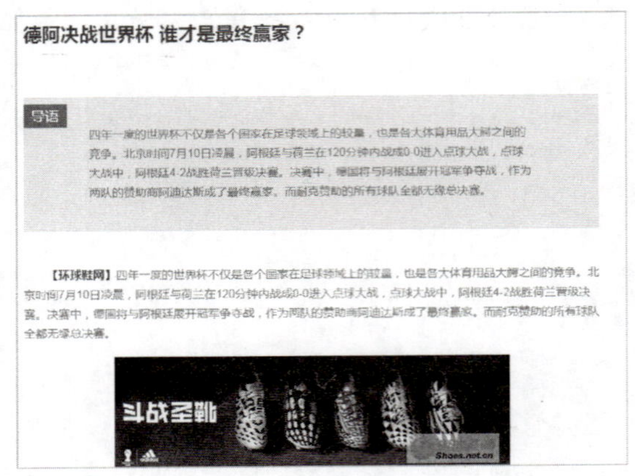

德阿决战世界杯 谁才是最终赢家？

导语

四年一度的世界杯不仅是各个国家在足球领域上的较量，也是各大体育用品大牌之间的竞争。北京时间7月10日凌晨，阿根廷与荷兰在120分钟内战成0-0进入点球大战，点球大战中，阿根廷4-2战胜荷兰晋级决赛。决赛中，德国将与阿根廷展开冠军争夺战，作为两队的赞助商阿迪达斯成了最终赢家。而耐克赞助的所有球队全部无缘总决赛。

【环球鞋网】四年一度的世界杯不仅是各个国家在足球领域上的较量，也是各大体育用品大牌之间的竞争。北京时间7月10日凌晨，阿根廷与荷兰在120分钟内战成0-0进入点球大战，点球大战中，阿根廷4-2战胜荷兰晋级决赛。决赛中，德国将与阿根廷展开冠军争夺战，作为两队的赞助商阿迪达斯成了最终赢家。而耐克赞助的所有球队全部无缘总决赛。

图 7-6　德阿决战世界杯，阿迪达斯获利

4. 利用舆论策略

很多企业已经注意到了利用舆论来宣传自己的威力，如今相应媒体上已经可以大范围大版面地看到这类软性宣传软文。

例如，8 年前那场大地震里，一只小猪凭着顽强生命力，从 150 公斤瘦到了 50 公斤，但依然坚强地活下来了，被称为“猪坚强”。而后，以猪坚强的细胞克隆的宠物小猪便盛行了起来，如图 7-7 所示。

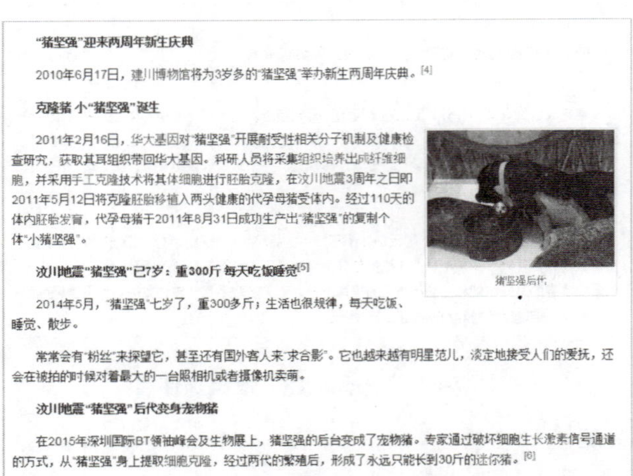

“猪坚强”迎来两周年新生庆典

2010年6月17日，建川博物馆将为3岁多的“猪坚强”举办新生两周年庆典。[4]

克隆猪 小“猪坚强”诞生

2011年2月16日，华大基因对“猪坚强”开展耐受性相关分子机制及健康检查研究，获取其耳组织带回华大基因。科研人员将采集组织培养出成纤维细胞，并采用手工克隆技术将其体细胞进行胚胎克隆，在汶川地震3周年之日即2011年5月12日将克隆胚胎移植入两头健康的代孕母猪受体内。经过110天的体内胚胎发育，代孕母猪于2011年8月31日成功生产出“猪坚强”的复制个体“小猪坚强”。

猪坚强后代

汶川地震“猪坚强”已7岁：重300斤 每天吃饭睡觉[5]

2014年5月，“猪坚强”七岁了，重300多斤；生活也很规律，每天吃饭、睡觉、散步。

常常会有“粉丝”来探望它，甚至还有国外客人来“求合影”。它也越来越有明星范儿，淡定地接受人们的爱抚，还会在被拍的时候对着最大的一台照相机或者摄像机卖萌。

汶川地震“猪坚强”后代变身宠物猪

在2015年深圳国际BT领袖峰会及生物展上，猪坚强的后台变成了宠物猪。专家通过破坏细胞生长激素信号通道的方式，从“猪坚强”身上提取细胞克隆，经过两代的繁殖后，形成了永远只能长到30斤的迷你猪。[6]

图 7-7　汶川地震“猪坚强”后代变身宠物猪

7.3 新闻营销

新闻营销是运用新闻为企业宣传的一种营销方式。软文营销与新闻营销相结合，更是迸发出了无限的创意火花。

新闻软文营销通过新闻的形式和手法撰写软文，从多角度、多层面地诠释企业文化、品牌内涵、产品机理、利益承诺等。

7.3.1 新闻营销的特点与手段

新闻营销作为现在企业常用的一种营销手段，有着自己的特点，如果不能掌握好新闻营销的特点，在营销过程中则会出现不必要的麻烦。

1. 目的性

新闻营销都有着强烈的目的性，每一次新闻营销都必须要清楚目的是什么。有时候企业会认为只要登上新闻，就是增加企业形象。

但是，从营销角度而言，新闻营销的目的在于配合广告，增加销量。因此，新闻营销的主线是确定好新闻营销的目的。

2. 传播性

传播性在某种程度上来说也是新闻性，新闻每天都有，那么选择用什么样的新闻来做营销呢？

笔者认为只有热点性的新闻才能引起关注，一条有传播性的新闻才是新闻营销的载体，所以如何寻找新闻点并为企业所用就显得非常重要了。

3. 炒作性

新闻营销中有一条公认的“铁则”，新闻不炒作就没有价值。事实也的确如此，很多事情不经过炒作甚至算不得新闻，但是要注意的是，不能进行恶意的炒作，合理地炒作才能让新闻有被阅读和关注的价值。

在进行新闻营销时，简单通俗地讲可以通过以下手段。

- 利用企业自身资源找到新闻源。
- 借助外部力量。
- “制造”新闻。

新闻炒作的主要方法如图 7-8 所示。

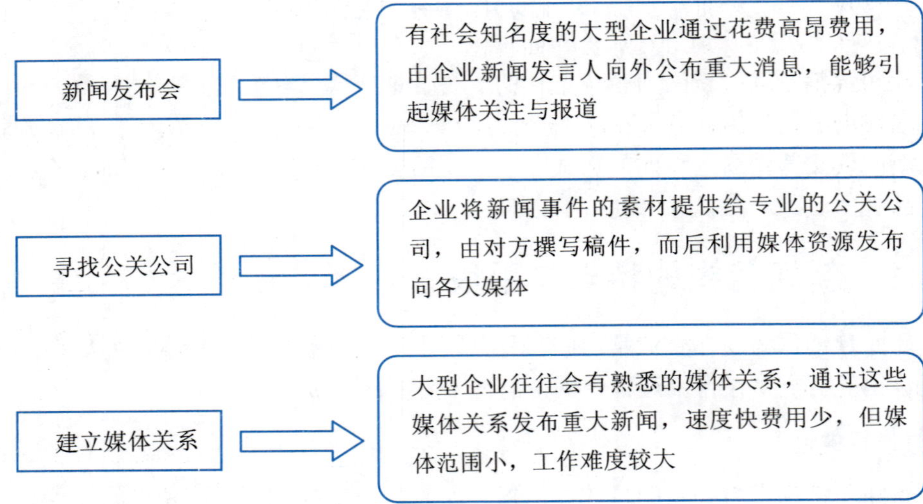

图 7-8　新闻炒作的主要方法

7.3.2　新闻营销的优点与作用

人们常说“内链为王、外链为皇”，由此可见在帮助网站在搜索引擎排名靠前这一点上，外链的重要性。而如何才能让外链持久有效是个让大部分人头疼不已的事情，但新闻营销软文却能够手到擒来。

新闻软文如果能够对用户有帮助有价值，往往能被用户继续转载与传播，而不会被轻易删除。不止如此，新闻软文还有其独有的优势。

1. 降低企业成本，提高企业品牌知名度

软文具有极大的隐蔽性，由此决定了新闻软文在潜移默化中给消费者心理暗示，最终成功将之转化为购买力的作用。

当一篇新闻成功地吸引了读者，从而促使读者进行阅读时，也许在阅读的过程中发现这是一篇软文，可是由于新闻的价值，读者一般也不会有什么太大的抵触情绪。

新闻营销软文以其成本低、传播广的优势，成为创业初期企业在营销方式上的首选。并且通过在各大门户发布新闻稿，很容易就能培养企业的公信力，从而获得用户的信任，提升企业品牌知名度。

2. 促进销售，易形成在线购买力

新闻营销中的产品性软文，能够在潜移默化中影响消费者，促进线下交易，或者提高网站流量与订单数量。

3. 将终端活动与产品信息相融合

营销的目的在于推广品牌和产品，如果不能达到这样的目的，那么这次营销活动就是失败的。企业必须不断地在新闻报道中将产品信息巧妙地融入进去，并且让读者阅读之后，觉得很自然。

让读者觉得这个产品或者服务就应该像新闻里介绍的，新闻里介绍的活动也应该很不错，继而会通过搜索引擎采取进一步的查询了解，或者是到市场上去现场了解。

4. 与新闻营销结合

企业的产品推广会或者终端促销活动都是很好的新闻营销手段，同时结合全国性或当地媒体的新闻报道，便能通过潜移默化的方式，温柔且感性地感染、影响受众。最后的营销效果就会加倍，并且还会产生一系列的连锁反应。

同时，为了增强产品的公信力和权威性，不妨在推广活动中展示企业所获得的媒体关注与报道情况。将企业被媒体报道的此事罗列出来，更易于促进消费者的购买行为发生。

5. 精确恰当地组合传播渠道，形成规模

传播渠道最重要的一点就在于，精确地将传播渠道通过适当的形式组合起来，形成规模。

随着科技的发展，新媒体技术的飞速进步，新闻营销已经在媒体与网络社区建立了成熟有效的系统。通过选择合适的发布渠道，精准发送新闻联播，往往能够整合多方资源与信息，使得新闻软文朝着整合营销的方向迈进。

7.4 广告软文

由企业的市场策划人员，或者广告公司的文案人员所负责撰写相对于硬性广告而言的“文字广告”，被称为广告软文。

软文广告的特征有以下 4 点。

- 投入资金少。
- 吸引消费者目光。
- 增强产品销售力。
- 提高产品美誉度。

这一系列软文广告，能够在软文的潜移默化下，促成产品的策略性战术目的，引导消费者购买。

7.4.1 广告软文写作方法

在撰写广告软文前，要根据写作者的文字功底来选择合适的软文形式，若是文笔欠佳，推荐采用点列式写出产品卖点。广告软文的主要任务是引起客户内心购买的冲动，所以最后一段需要强化商品特有的销售点、价格优势或者赠品。

1. 撰写电商软文时要“讨好”搜索引擎

- 下等软文，写出来是自己看的。
- 中等软文，有了针对的目标对象。
- 上等软文，针对的是目标对象与搜索引擎的“蜘蛛”。

众所皆知的是，软文除了吸引消费者关注的直接目的以外，还有一个提升搜索引擎排名的间接作用。所以，企业软文中提到商品时，需要有完整名称出现至少 2～4 次，从而方便搜索引擎蜘蛛的读取。

2. 图文并茂方是绝佳文案

长篇大论的文字描述，语言再生动形象，也比不过图文并茂地解说。许多企业对于商品软文都有误解，要知道，商品软文不是写作文。

商品软文的要点在于吸引读者的视线，将之转化为顾客，因此，相较于惹人头疼的大段文字，图文并茂效果反而更好。在软文中配上一两张形象的图片，加上到位的图片描述，阅读量与效果会远远高于纯文字软文。

3. 诱人文案，引导购买

常购物的人都有这样的体验，你去到实体店里，本来只是想买一双鞋，结果经过销售员三寸不烂之舌的一通天花乱坠的介绍，你自己都不知道怎么回事，就买了衬衣、裤子、毛衣、外套回家了。

这便归功于实体店销售员精彩的话术了，销售员会通过引导，让顾客把消费目标转移到销售员最想要销售的商品，而非顾客想要买的商品。而电商的文案写得好的话，也是可以达到这样的效果的。

4. 有利的事实就是最好的软文

在软文中，可以通过描述自己的产品或者企业有没有得到过什么奖？企业品牌是不是有名气？是不是行业中的销售冠军？是哪个网站网友口碑最佳的商品？哪个当红名人代言这个商品？或者这个商品有没有绝对的价格优势？

无论软文撰写者功力如何，只要商品或者企业有任何的优势和特点，都可以写在软文中。

5. 撰写软文时谨慎细致

撰写电子商务产品的广告软文时，等同于建立一个销售页面数据库，也等同录了一段推销该商品的影片。

一篇优秀的软文，能够为企业吸引数百流量，且有助于产品的销售。而且优秀的软文还可以得到不止一次的传播，从而让企业的品牌或者产品得到更好的传播。

6. 随季节与销售情况随时修改软文

电视广告都在不同时机有不同的广告进行轮换，防止观众的审美疲劳，软文自然也应该针对不同阶段撰写不同的版本。

电商的不同阶段包含有上架前、全新上市时、商品热销中、热度冷却时以及清仓甩卖时等。不同时期，可以撰写不同的软文，这些差异化的软文有利于营造卖场销售气氛，优化商品的销售结果。

7.4.2 广告软文必要原则

广告软文最常发布的地方，除了各大门户网站，还有报刊，很多企业经常会把优秀的广告软文投放在报纸上，但是投放报纸中的软文广告需要遵守三点原则。

第一点，绝对不能放在广告版，软文最好放在行业相关的板块中，绝对不能给人广告的感觉。

第二点，软文撰写中必须做到客观真实，绝对不能出现自卖自夸式口吻，必须回避一切带有广告意味的词汇、图片和形式。

第三点，绝对不能留下联系方式，因为软文的目的在于改变消费者的观念与认识，而不是销售产品的广告。

第8章 营销推广：火爆电商如何打造

软文推广是网络销售的利器，因此营销推广软文就成为一种非常必要的软文形式。

营销推广软文，也分为营销软文和广告软文，两种软文各有不同，又都有自己的优点。

8.1 软文推广的三个层面

作为人们沟通的桥梁，虚拟网络世界也抹不掉文字的功能。网络推广方式数不胜数，但依然离不开图片和文字。事实上，推广仅仅是软文营销过程中的第一个层面，下面笔者对软文推广的3个层面来进行具体分析。

8.1.1 软文的推广

软文推广，顾名思义，重点自然在于"推"。而推广的内容，主要分为企业与个人两种分类。

- 企业方面主要包含：企业知名度、企业产品、企业网站、企业文化、企业活动等。
- 个人方面主要包含：企业家、新人、网络红人等。

推广层面的案例，如图8-1所示。

揭秘《爸爸去哪儿3》五位男星背后的神秘娇妻

《爸爸去哪儿3》首播引起收视狂潮，同前两季一样，五位男星背后的娇妻也引起网友的极大关注，下面便来扒扒五位男星背后的神秘娇妻。

刘烨和妻子安娜依斯

《爸爸去哪儿3》首播，五大萌娃瞬间吸粉无数，很多网友大呼荧屏外的五位爸爸真是天下最幸福的男人，康康的高冷霸道，诺一的呆萌暖心，轩轩的韩范，大峻的人来熟，夏天的爆表颜值让观众对他们爱爱爱不完。同前两季一样，五位男星背后的娇妻也引起网友的极大关注，下面便来扒扒五位男星背后的神秘娇妻。

图8-1 关于娱乐新人的推广

除此以外，地方政府的优惠政策、非营利机构的公益活动也可以通过软文来进行推广，这就是广义的软文推广。

软文推广，分为以下4步。

- 软文撰写前的准备工作。
- 确定软文的思路与策略。
- 对投放软文的把握。
- 对软文的评估与调整。

前文已经详细介绍过软文的撰写，因此这里重点分析软文的投放。软文投放能够直接决定软文的效果。软文的受众是什么人，就应该在这些人常去的平台投放。软文为客户而生，为促进成交而死。

8.1.2 软文的优化

软文优化是软文营销的第二个层面，这个层面以通过软文优化吸引更多用户关注为目的。从某种意义上而言，软文优化可以看作是网站优化的一部分。

网站优化是指对网站的程序、域名注册查询、内容、板块、布局、目标关键字等多个方面进行优化调整。由此使得网站适配搜索引擎检索，从而满足搜索引擎的排名指标，使网站相关关键词获得好的排名。

网站优化的步骤包括关键词、网站结构、网站页面优化、网站内容、内链和外链等各个方面。其中，软文优化的显著作用则体现在更新网站内容上，通过多撰写原创软文的方式，有规律地更新网站内容。

搜索引擎会快速收录优化更新过的软文，如果推广者在网站发表的软文能够在第一时间被搜索引擎收录，这么快的曝光速度，无疑是营销推广的一大助力。

8.1.3 软文的传播

目前，常见的有助于传播的软文包括三个类型，文笔优美型、幽默搞笑型以及具有相同价值观型软文。因此，推广者可以从这三个方面入手，撰写传播概率较高的软文。

专家提醒

软文投放是一个持续的、长期的潜移默化的过程，因此软文的效果在短时间内并不像广告那么明显。所以网络软文推广，除非投放量非常大，乍一看通常不会有太明显的效果。并且如果长期不进行优化，企业的品牌美誉度和转化率就会受到影响。

8.2 软文推广的作用

软文与广告一样，能够提高品牌知名度，但是软文还能做到广告做不到的：提高品牌的美誉度。当然，软文推广并不仅仅只是提高知名度与美誉度，笔者总结了软文推广的作用，供营销推广人员借鉴。

8.2.1 对于宣传的作用

宣传作用是软文推广基本的作用之一，软文推广宣传的范围可以包括对于商家、企业的宣传；更包括企业文化、活动事件的推广。而提及宣传，我们可以从对内和对外两方面进行介绍。

1. 对内：培养企业文化

软文推广宣传，通过对内推广，能够帮助新员工快速了解公司文化，接受公司运营理念。软文宣传是企业文化建设的基石和助力，也是提高员工思想素质的推手。通过培训能够培养员工的团队精神、执行力以及忠诚度，从而达到“上下同欲者胜”的境界。如图 8-2 所示，就是一篇企业内部的宣传软文。

品牌玩的就是细节（企业内部篇） [复制链接]

楼主　电梯直达

很多创业型公司对自己公司的品牌重视程度都严重不足，导致宣传和推广自己的产品和服务时障碍重重。为什么会这样?因为他们都觉得公司应该先把业务做好，先生存再说，品牌还是等企业发展到一定规模的时候再做比较好。但是现在是互联网时代，不再是货比三家的时代了，百度一下货比百家万家都可以。所以客户凭什么相信你，凭什么要购买你的产品和服务呢?这个时候就需要你的品牌为你说话了，在你建立品牌的时候，其实相当于跟客户建立信任度的过程，这可以让你在做业务的时候会更加顺利。

图 8-2　企业内部宣传软文

2. 对外：推广广告公关

企业对外宣传主要是以软文广告与公关软文为主，这两者主要目的都在于直接或间接地促进销售。企业对外宣传软文通常目的包括以下几个方面。

- 维护企业形象。
- 建设企业品牌。
- 优化传播质量。
- 放大传播效果。

除此以外，软文宣传还能促进提升产品知名度与口碑美誉度。美誉度对于企业和产品而言，意味着公众对产品的综合评价。如图 8-3 所示，是一篇对外宣传的企业品牌软文。

红罐王老吉品牌定位战略制定过程详解

品牌释名

凉茶是广东、广西地区的一种由中草药熬制，具有清热去湿等功效的“药茶”。在众多老字号凉茶中，又以王老吉最为著名。王老吉凉茶发明于清道光年间，至今已有175年，被公认为凉茶始祖，有“药茶王”之称。到了近代，王老吉凉茶更随着华人的足迹遍及世界各地。

20世纪50年代初由于政治原因，王老吉凉茶铺分成两支：一支完成公有化改造，发展为今天的王老吉药业股份有限公司，生产王老吉凉茶颗粒（国药准字）；另一支由王氏家族的后人带到香港。在中国大陆，

图 8-3　企业品牌软文

总而言之，在软文中提供充足的话语权，并打造有创意的广告营销策略，才能起到最好的营销效果，完美地塑造品牌美誉度和产品知名度。

8.2.2 对于销售的作用

软文推广的最终目的是提升销售而服务。如图 8-4 所示，为某房地产企业的促销软文，就是通过攻心之法，引起消费者的购买欲望，促进销售。

地产软文：买房送车！碧桂园凤凰城精装新品开始认筹

从初始的一片荒芜到现在的高楼林立、商贾云集，全国十强房企——碧桂园，四年时间，在南京城东打造了一座自成一体的综合性生活化社区。

碧桂园凤凰城，位于南京汤山旁，地处南京龙脉紫金山东麓，紧靠汤山温泉旅游度假区，周边自然景观资源丰厚。优越的外部环境让碧桂园凤凰城时刻拥有远低于市区的PM2.5，在凤凰城社区内部，2万㎡的苏州园林景观、8万㎡的滨湖湿地公园，围绕整个小区布局。

给孩子一个高起点的童年

碧桂园凤凰城倾全力打造双学区教育，包括碧桂园IB国际学校、社区中英文学校，让业主的孩子享受到与国际顶级教育比肩的高品质教育。2015年，IB国际学校首届国际高考即有两名同学获得"牛津大学"的录取通知书，高三年级同学世界名校录取率100%。

图 8-4　促销软文

除了从产品和服务出发以外，产品还可以从消费者的需求出发，通过需求引导消费者将视线投注到企业的产品上，进而促进产品销售。

根据不同行业的不同热点，写法也有所差异，但是共同点在于，都需要一个有经验的软文营销顾问来操刀或者把关。

8.2.3 对于信任的作用

在销售行业内，众所皆知，信任是销售的基石。比如说微信朋友圈营销，当朋友圈的微商将产品吹得天花乱坠时，相对于陌生人而言，我们往往更倾向于购买我们信任的熟人的产品。

而软文营销的功能之一，就在于打造信任。当消费者脑海中开始相信你和你的产品以后，在他有这方面需求时第一反应就会想到你。推广者如何利用软文赢得客户的信任，是软文推广的重点。

第一点，需要保证产品的实用性，产品要能够满足客户的需求，对客户有所帮助。

第二点，需要保证产品的真实性，产品必须真实可靠，有质量保证。尤其是餐饮医疗行业软文，软文必须与实际效果相符合，不能夸大其词。

第三点，需要保证广告的隐蔽性，广告植入要做到自然无痕迹，要自然引导读者进入软文营造的氛围，而不能生硬地插入广告。

8.2.4 软文的整合与互动

网络时代，是一个碎片化阅读的时代，遍布网页、邮件、博客、留言、问答、百科词条等地方的软文可以说无所不在。软文的整合，是通过将如图 8-5 所示的独立的营销工作综合为整体，从而产生协同效应的过程。

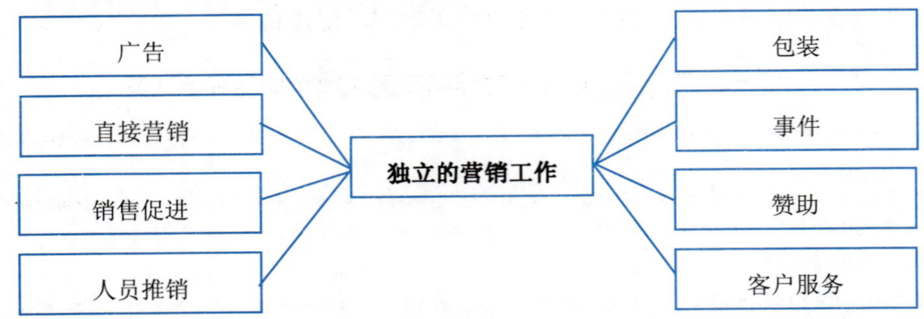

图 8-5 独立的营销工作

如图 8-6 所示为某家酒店整合营销实例。

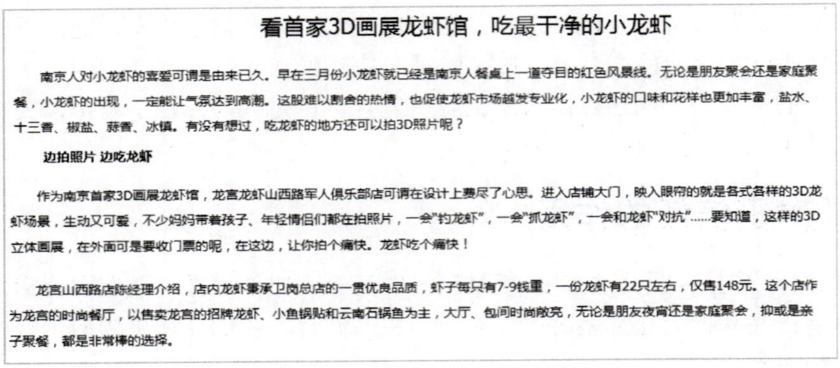

看首家3D画展龙虾馆，吃最干净的小龙虾

南京人对小龙虾的喜爱可谓是由来已久。早在三月份小龙虾就已经是南京人餐桌上一道夺目的红色风景线。无论是朋友聚会还是家庭聚餐，小龙虾的出现，一定能让气氛达到高潮。这股难以割舍的热情，也促使龙虾市场越发专业化，小龙虾的口味和花样也更加丰富，盐水、十三香、椒盐、蒜香、冰镇。有没有想过，吃龙虾的地方还可以拍3D照片呢？

边拍照片 边吃龙虾

作为南京首家3D画展龙虾馆，龙宫龙虾山西路军人俱乐部店可谓在设计上费尽了心思。进入店铺大门，映入眼帘的就是各式各样的3D龙虾场景，生动又可爱，不少妈妈带着孩子、年轻情侣们都在拍照片，一会"钓龙虾"，一会"抓龙虾"，一会和龙虾"对抗"......要知道，这样的3D立体画展，在外面可是要收门票的呢，在这边，让你拍个痛快。龙虾吃个痛快！

龙宫山西路店陈经理介绍，店内龙虾秉承卫岗总店的一贯优良品质，虾子每只有7-9钱重，一份龙虾有22只左右，仅售148元。这个店作为龙宫的时尚餐厅，以售卖龙宫的招牌龙虾、小鱼锅贴和云南石锅鱼为主，大厅、包间时尚敞亮，无论是朋友夜宵还是家庭聚会，抑或是亲子聚餐，都是非常棒的选择。

图 8-6 整合营销软文

软文互动实质上就是指，在软文营销的过程中推波助澜。比如，在论坛或者社区软文中，通过发帖回帖来与读者受众互动，从而引起读者的兴趣。互动的受众慢慢会引发讨论，从而形成话题。话题放大后成为事件，经过传播可能上升为新闻。

8.3 软文推广的技巧

要做好软文推广，首先需要进行妥当的内容策划与写作，还需要选择合适的媒体。但是，软文推广并非如此简单。下面笔者总结了网络上盛行的软文推广技巧，供

推广者们借鉴学习。

8.3.1 做好推广计划

所谓推广计划，是指一篇软文从主题确定、开始撰写，到最终的推广平台、效果统计的整体组织、实施以及修正。可以说软文广告操作的基础就是推广计划。软文推广的计划通常脱胎于企业的广告策略，大多数善于操作软文广告的企业都会讲求策略且擅长于低成本运营。

例如，良治电器洗之朗在新产品上市前留出了三个月的广告时间，其中就以软文推广为主。在全年推广计划中，占比 70%的软文广告做了大量的市场教育和观念引导宣传，更好地推广了“洗之朗”这一新兴产品。

如图 8-7 所示，就是洗之朗的部分软文节选。

洗之朗：专业人士称为智能化便后清洗器，也有人称其为洁身器、电脑便座，西安市场上的同类产品品牌有良治、圣洁宝、西陶、金陶等。洗之朗形同马桶座便盖，但具有座圈加热、座圈抗菌、便后清洗、女性清洗、暖风烘干、自动除臭、喷头自洁、压力开关、阻尼缓冲、音姬等多种功能（各品牌、型号的功能有所不同，请读者不要一概而论），是便后清洁方式以“洗”代“擦”的革命性产品。

非典初期，《华商报》在陕西媒体界率先开辟专版，普及预防知识，仅“科学洗手”就占据将近整版面积，并印刷“疾病预防知识手册”随报发行和深入社区、街头免费散发。一时间，“卫生习惯”成了热门话题。

良治电器快速反应，一边进行向部分医院、部分一线医护人员免费赠送，一边在终端市场特价销售，并请记者随同采访（笔者也在采访队伍之列），积累了大量来自医学界专家、家电协会市场委员、教师、消费者的访谈素材，并使记者在当时的“冷市场”中亲眼目睹了洗之朗的“热销”场面。

图 8-7 软文推广技巧

根据推广计划，在上市前，一个月的炒作周期内，需要按照顺序发布不少于 800 字的软文，上市推广周期为一个月，销售目标五十台。凭着这个详细的推广计划，洗之朗迅速占有了市场。

而后在“非典”时期，根据实际情况，洗之朗迅速调整计划，撰写一篇名为《一个被 99%的人忽视的卫生习惯》的软文，获得大量关注，销量未曾受到市场影响。

专家提醒

软文推广是广告目标软文化的具体表现。因此，软文推广也应遵循计划、组织、实施、修正的操作规律，才能达到树立形象与获取利润的目的。

8.3.2 精心雕琢标题

前文中就已经提到，标题对于整篇软文广告的重要性，所以，标题需要清晰明了、突出亮点，在第一时间吸引到读者的目光。

具体的标题撰写方式可以参考以下四点。

1. 标题使用夸张词汇

经过调查发现，在网上点击率高的文章中，标题平平的远远少于带有轰动性标题的文章。这就是人类对于悬疑、轰动类事件怀有好奇心，以及中国人围观热闹的习惯所引起的“眼球经济”。

2. 标题有创新性

标题的吸引力在于其独到之处，在铺天盖地的信息中广告标题要吸引读者视线一定要有创意有新意。但也要注意尺度，过犹不及，尺度太过，会让读者无法接受。

3. 关注热门时事

平日要多关注社会热点事件，网络流行词汇，了解人们的关注点。将软文的标题与人们所关注的事物相结合，才能起到吸引视线的作用，进而获得点击。

4. 标题生动描绘传神

如果把文章比喻成建筑物，标题就是文章的大门，因此，一个生动传神的标题对于软文的重要性不言而喻。所以说，软文要想吸引人，关键就在于要有一个出彩的标题，这样才能勾起受众的阅读兴趣。

8.3.3 正文结构合理

一个好的标题能够吸引到读者的视线，而要更多地将信息传递给读者，软文的结构至关重要。把文章比喻成建筑物，大门是标题，结构就是文章的梁，有梁柱的支撑，建筑物才不会倒塌。有结构，软文才能立起来。

一个合理的结构对于软文起到的作用具体体现在两个方面。

- 层次分明的结构：使得软文思路清晰，从开篇到内容到结尾，环环相扣，丝丝入缝。
- 有结构的软文排版美观：可以赋予读者愉悦的阅读体验，从而使软文的转载率得到提高。

8.3.4 词汇严谨官方

软文正文的撰写中，可以运用一些新闻惯用词汇，比如，时间、地点上可以使用“近日”“昨天”“在我市”等词汇，来引导读者对于该时间地点的联想。

如图 8-8 所示，为一篇在文中较多应用新闻词汇的顺丰物流的推广软文。

草原羊搭上顺丰车 快递助力农牧区羊肉外销

去年12月到今年2月，3个月的时间，顺丰在内蒙古做了一件意义重大的"份内事"。2014年12月至2015年2月，顺丰在内蒙古做了一件意义重大的"分内事"。说份内是分内事是因为顺丰只是利用顺丰的物流优势自己的优势做了一个寄递项目；说是意义重大，在去年的羊肉寄递项目中，顺丰在用了3个月内，从内蒙古向全国各地寄出了羊肉约1371吨，累计收寄养殖羊近7万68520只，羊肉总价5.4亿元。

这个惠及农牧区几百户牧民的项目在内蒙古自治区邮政管理局、内蒙古自治区商务厅等部门的协调指导下成为了2014年快递企业助力地方经济的一个亮点。

图 8-8　顺丰物流软文

除此以外，新闻词汇还包括以下两种形式。

1. 新闻来源词汇

比如"据调查""据了解""采访中笔者了解到"等词汇，给人一种信息真实有据可查的感觉。

2. 作者身份词汇

如"我""记者""笔者"等第一人称视角，给予读者身临其境之感。如图 8-9 为水乡周庄活动软文，大量运用"记者""采访中""对记者说"等身份词汇和语句。

活动软文：水乡周庄"中国旅游日"向游客免费开放

记者从昆山旅游发展有限公司了解到，"中国旅游日"当天周庄将向游客免费开放游览。

5月19日是首个"中国旅游日"，为庆祝这一节日的诞生，周庄将在这天真情回馈社会，古镇景区免费对外开放一整天，并将推出一系列精彩活动和优惠措施。

公司董事长任永东告诉记者，自国家旅游局宣布"中国旅游日"以来，周庄一直积极谋划，在全国众多景区中率先提出在"中国旅游日"当天实行免票开放政策。除免除古镇旅游大门票外，周庄还准备了丰富多彩的民俗活动：古牌楼前挑花篮、打连厢、荡湖船、舞龙舞狮等民俗表演欢腾热闹；水巷里白天摇快船、晚上华灯精彩不断；古戏台上昆曲佳段婉转悠扬……白天的古镇游势必会掀起世博后的又一波旅

图 8-9　软文中的身份词汇

8.3.5　淡化植入痕迹

电影电视中的植入广告已经被人们所熟悉，而随着植入手法从生硬直白到现在的自然无痕，人们的态度也从反感逐渐接受了电视电影中的植入广告。

事实上，软文中的植入广告，在很大程度上，与电视、电影的植入广告是殊途同归的，下面笔者就为大家奉献软文比较实用的植入广告的几种方式。

1. 善用举例说明

这种方式常见于平面媒体的软文中，可以适当展开几十字，将你要宣传的事物作为举例插入软文中。在撰写互联网类软文或者教程相关软文时，采用这种手法进行植入会显得极其自然且流畅。

2. 巧借他人之口

比如，文中引用某专家的研究、某网站的统计数据、某人的言论等，当然，所引用的内容与要宣传的内容是重叠的。这种方式常见于刊登在平面媒体上的软文，引用的文字篇幅不会太长，一来规避侵权风险，二来避免引用太多，读者反而忽略了撰写者要传递的内容。

3. 标题拟人形式

这种形式下，通常会将植入的关键词拟人，如图 8-10 所示，澳优美优高的软文中就通过拟人方式以“小美”自称。

图 8-10　澳优美优高软文节选

这种情况下，虽然没有太多地融入产品信息，但是因为关键词植入，可以达到传达理念且被搜索引擎检索收录的效果。除了微信公众号软文以外，这种情况更加常用于网络门户类软文。

4. 撰写揭秘故事

围绕需要植入的广告作为关键词或者结局来编撰故事，以此作为线索，层层展开，最后将广告展现出来，也不失为一个植入的好方法。其实读者很容易就能看透这是一个软文植入的小把戏，因此就特别考验撰写者的文字功底了。

如果故事新颖、创新，文笔生动、传神，往往能够吸引读者顾不上广告而一口气看完故事。而随着故事的展开，软文所要传递的广告，也就成功地传递给消费者了。

5. 标注版权信息

在操作上，这种方法比其他都要简单且实用。我们要做的只是找出潜在客户群体，根据他们感兴趣的话题，撰写相关话题的原创或为原创文章即可。软文不能刻意去植入广告，而且还要尽量避免广告的嫌疑。

而这一手法的关键，就在于文章末尾的署名中标注版权信息，留下自己的网站名称，潜在客户自然会随之而来。

6. 文内插入链接

大多数情况下，投稿网站会要求文章中不能带有广告性质的外链。但是，上有政策下有对策，我们完全可以利用其他的方法，在文章内部插入自己的网站链接。尤其是关于网店经营的微商，可以分享一些心得体会的文章供其他人学习，并在心得中附上相关的链接，这样可以降低他们的防备。

8.3.6 设计排版风格

除了标题与正文以外，软文的设计编排也有不少玄机。以下是笔者总结的软文排版设计经验。

- 字体：软文的字体必须与发布媒体惯用的新闻字体一致，从标题到正文，以及字体的底纹、立体、阴影等设计风格，都需要保持一致。
- 字号：与字体相应的，软文与新闻稿件也应该在字号上同样保持一致，才能达到给读者一种“像新闻”的感受。
- 分栏：在设计 800 字以上较长的软文稿件时，需要进行分栏处理。这时，我们需要考虑到发布媒体的分栏方式，参考它的标准来把握栏宽长度。通常来说大报每版分为每栏 6 厘米宽的五栏，小报则分为约 5.5 厘米宽的四栏。
- 边框：不同的报纸对于稿件的边框有着不同的固定风格，看报纸时留心就能发现这一点。有的报纸是粗线条边框，有的是细线条的灰色边框，有时候彩色版的报纸边框也会有绿色和蓝色的区别。在软文设计排版时，必须注意这些小细节，才能使软文真正融入报纸中，不至于引起违和感。

- 行距、字距：通常情况下，新闻正文的格式中，行距以 1 毫米为佳，差不多三行字占据 1 厘米的距离，而字距通常是要小于 1 毫米的，1 厘米内可以排下 3.5 个字。通过行距与字距的疏密，配合字体字号，能够将新闻稿模仿得惟妙惟肖。

仅以图 8-11 所示为例，介绍软文排版的设计，供大家参考借鉴。

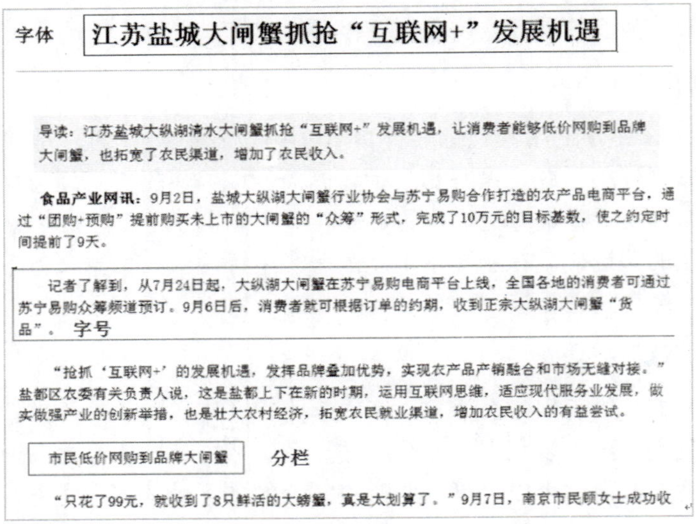

字体　江苏盐城大闸蟹抓抢“互联网+”发展机遇

导读：江苏盐城大纵湖清水大闸蟹抓抢“互联网+”发展机遇，让消费者能够低价网购到品牌大闸蟹，也拓宽了农民渠道，增加了农民收入。

食品产业网讯：9月2日，盐城大纵湖大闸蟹行业协会与苏宁易购合作打造的农产品电商平台，通过“团购+预购”提前购买未上市的大闸蟹的“众筹”形式，完成了10万元的目标基数，使之约定时间提前了9天。

记者了解到，从7月24日起，大纵湖大闸蟹在苏宁易购电商平台上线，全国各地的消费者可通过苏宁易购众筹频道预订。9月6日后，消费者就可根据订单的约期，收到正宗大纵湖大闸蟹“货品”。　字号

“抢抓‘互联网+’的发展机遇，发挥品牌叠加优势，实现农产品产销融合和市场无缝对接。”盐都区农委有关负责人说，这是盐都上下在新的时期，运用互联网思维，适应现代服务业发展，做实做强产业的创新举措，也是壮大农村经济，拓宽农民就业渠道，增加农民收入的有益尝试。

市民低价网购到品牌大闸蟹　分栏

“只花了99元，就收到了8只鲜活的大螃蟹，真是太划算了。”9月7日，南京市民顾女士成功收

图 8-11　软文排版范例

8.4　软文营销的法则

随着时代发展，营销方式开始多种多样起来，从电话营销、邮件营销到如今的网络营销和铺天盖地的软文营销。这些营销方式的出现，帮助企业在营销推广的道路上越走越远。

而为了更好地营销，企业也需要遵循一些技巧。特别是软文营销，掌握软文营销中的法则，会让企业获益匪浅。

8.4.1　学会自赞

当然，在使用“自赞”法则的时候，也还是需要遵循一定的原则的。

- 从整体营销的角度，系统而全面地考虑问题，而不仅仅关注“事件营销”本身。
- 从品牌战略与品牌管理的角度，长远地考虑企业的发展与后续，而不仅仅追求短暂的轰动。

- 从顾客的角度考虑问题，需要追求的是让顾客满意，而非一时半刻的哗众取宠，更不能有诱骗顾客的嫌疑。
- 任何营销方式都是有成本支出的，考虑问题是需要站在财务的角度进行思考，而不是没经过计算认为所有的方法都是低成本和高效益。

专家提醒

“自赞”法则随时都能应用在软文营销的操作中，只要以事实为依据，不违背伦理道德，就能有效地将企业的信誉度、知名度往高处捧。而且自赞的时候一定要注意一个度，不能太过分的“自赞”，否则反而可能适得其反。

1. 进行互动

互动可以拉近和消费者的距离，企业与目标人群通过互动的方式来实现销售的目的，在互动的过程中，很容易产生消费者对企业的赞美度。如果互动环节做得够好，可以迅速贴近消费者，从而了解消费者心理，增加消费者对企业品牌的好感度。

一般互动软文可以从活动、有奖征稿、免费获得会员卡等方面着手，利用奖励与受众进行互动，调动大家的参与热情。

例如，一篇名为“航企如何提升在线和机上互动的用户体验？”的软文，这虽然是一篇说明性的软文，不过还是证明了和消费者互动的重要性，就连航企都不例外，还特地将此作为很重要的一点，如图8-12所示。

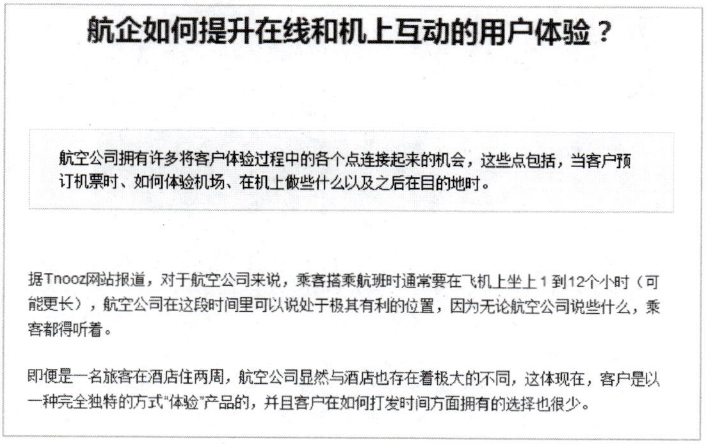

航企如何提升在线和机上互动的用户体验？

> 航空公司拥有许多将客户体验过程中的各个点连接起来的机会，这些点包括，当客户预订机票时、如何体验机场、在机上做些什么以及之后在目的地时。

据Tnooz网站报道，对于航空公司来说，乘客搭乘航班时通常要在飞机上坐上1到12个小时（可能更长），航空公司在这段时间里可以说处于极其有利的位置，因为无论航空公司说些什么，乘客都得听着。

即便是一名旅客在酒店住两周，航空公司显然与酒店也存在着极大的不同，这体现在，客户是以一种完全独特的方式“体验”产品的，并且客户在如何打发时间方面拥有的选择也很少。

图8-12　与消费者进行互动

2. 制造具有争议的话题

企业可以从自身产品、企业行为等角度，策划事件或观点，以其争议性引发公众的关注与讨论。然后通过各方面操作与策划，将争议事件变成美化企业的事件。在软文中，这也是一种引导读者进行讨论并且进行夸赞的手法，制造争议性的话题，引起讨论。

不过，需要注意，话题绝对不能对企业不利，争议的议论点最好是和企业没有直接性的关系，而且在争议中，企业要始终站在正面。

8.4.2 一句话软文

在不少人心目中，软文营销就应该是长篇大论，抑或是精简的小片段，而那些一句话、几个字的与图片搭配在一起的是广告语或者宣传语。其实这是一种错误的思维，这种一句话的字符，仍旧是软文营销的一种，而且这些简短为一句话的软文营销，才是让消费者牢记在心的一种方式之一。

因为软文是品牌呈现的一个载体，一个核心的载体，它在营销中起到非常关键的作用。事实上，无论做什么类型的软文，包括媒体软文、网络广告等，最重要的是必须符合品牌或企业的定位。

“一句话”法则定义是，在产品的精准定位上提炼出一句简洁有效的传播口号。

王老吉通过营销，“怕上火，就喝王老吉”这句广告语已然让人们耳熟能详，如图 8-13 所示。

图 8-13　王老吉

短短 7 个字，在朗朗上口的同时，把王老吉的品牌定位“清热解暑，预防上火”给表达得清晰明了。

现代化的生活快节奏，给了都市人极大的压力，加上麻辣等重口味菜肴的流行、夏天的高温，人越来越容易“上火”。抓住“去火”这一功效的王老吉，由此以“怕上火，喝王老吉”作为口号推向全国，从而打开了全国的市场。

专家提醒

因为软文在很多时候，是品牌主张的一个载体，一个核心的载体。软文营销在各种营销手段中起着非常关键的作用。

事实上，无论写什么类型的软文，包括网络软文、平面软文等，定位都是最优先的。在明确了定位的基础上进行各项表现，只有准确地定位再结合营销法则，做出的软文营销才会发挥最大的效用。

而以产品的定位为基础，将之进行二次创作与提炼，从而打造一句简洁有力的传播口号，才是一句话软文的精髓。

8.5 营销推广软文三种境界

如果将市场营销看作一个武侠世界，“招式”是广告，“内功心法”则就是软文。从“招式”中产生“内功心法”，从“心法”中演练出“招式”，是二者的最高境界。

而有了“心法”与“招式”，更关键的是还需要一个“神兵利器”，而营销活动就是市场营销的最佳“兵器”。能够将“内功心法”“外功招式”与“神兵利器”兼收并蓄，就是“武功大成”之时，也是营销最终境界。

软文境界通常从低到高分为垃圾广告、正面报道和“三赢”做法三种，企业不妨对号入座，来确定今后的努力方向。

8.5.1 垃圾广告

垃圾广告式的软文以房地产行业为主，常见于报纸的广告专版，特点主要有以下4点。

- 文字加边框、鲜少有图片。
- 王婆卖瓜吹嘘产品的质量功效等。
- 标题老道无创意。
- 文后明显标注地址、联系人、电话。

由于报纸方面将这些版面作为广告版面销售，这类软文多数为付费软文，推广成本较高。

而这些版面，实际上并不会有太多的阅读量，得不到太多传播。企业花费了高昂的推广成本，收效却不能与之匹配，事倍而功半。企业要解决这个问题，首先是软文撰写者需要理解软文的定义以及软文与广告的区别。

不同于广告可以通过别具匠心的设计，或者富有冲击力的图片搭配诗意短句来感染观众，软文的特点在于，读者需要逐字阅读文字来获得软文撰写者所要传递的信息，这是软文与平面广告的本质区别。

软文能否见效，关键就在于读者有没有产生阅读兴趣。因此，在撰写软文时，必须充分注意到软文与广告的差异，扬长避短，而不能将二者混为一谈。

8.5.2　正面报道

营销推广软文的中等境界是正面报道的软文，这类软文以篇幅短小、新闻形式作为特点，出没在报纸的正文板块。

软文内容通常以媒体记者角度来报道企业相关活动、产品等，在赞扬企业方面较为含蓄，由此对企业进行“客观”的宣传。由于这类软文通常以新闻形式呈现，所以阅读量还是比较高的。

企业要切记，不可以把所有事情都交给他人来做，不论是报社的编辑还是网站的编辑，是不可能逐字逐句去修改编辑的。所以软文稿件在交出去以前，需要自己进行推敲。

8.5.3　“三赢”做法

软文的最高境界在于：读者无论从什么角度，都难以确定它是不是软文。这样的软文，能够让读者、媒体、企业三方获益，因而得名为“三赢”做法。

最高境界的软文通常分为两类。

- 免费软文，企业提供有价值的软文，代替宣传费用。
- 付费软文，是指企业通过付费请媒体撰写，关于企业的正面或中性的报道。

最高境界的软文特点在于：

- 企业通过宣传获得了知名度与美誉度。
- 媒体发布了有价值的软文，获得了口碑。
- 读者获得了有益的信息。

软文操作人员所梦寐以求的营销结果，大概就是这种“三赢”的境界吧。但是，要达到“三赢”的境界，对于目前的大多数软文撰写者来说，还需要具备以下两个必要的条件。

其一是经验的累积。软文是企业与媒体互动的结果，因此软文的撰写者需要充分了解媒体的运作特点与软文的传播规律，并且要有较强的新闻事件的操作意识。

其二是悟性。悟性主要体现在软文撰写者是不是在用心写这个软文。当然，除了经验的累积与悟性以外，软文也是有方法、技巧可循的。只要认真钻研，每个人都会在软文营销这条路上，走出自己的风格。

第9章 发布平台：掌握发布策略技巧

如今企业都开始重视软文推广的作用，而软文推广中的关键一环就在于软文的发布。

寻找合适的软文发布平台也不是一件容易的事，要知道选择优秀的平台，是可以让软文的营销价值无限放大的。

发布平台：掌握发布策略技巧

- 了解软文发布平台
- 软文发布的策略
- 常见软文发布平台

9.1 了解软文发布平台

随着软文营销越来越被企业所重视，软文发布平台也逐渐进入了人们的视野，企业会经常在网络上撰写软文进行营销。软文发布平台根据载体形式可以分为以报纸杂志为主的传统媒体，以及以网络为载体的新媒体。

9.1.1 软文发布平台的类型

新媒体软文发布平台根据平台收费与否，可以分为以下两种类型。

1. 付费类型

在付费类型网络软文发布平台发布的软文按篇收费，网站权重高，软文中通常不可带链接。如图 9-1 所示，为常见的一些付费类型网络软文发布平台。

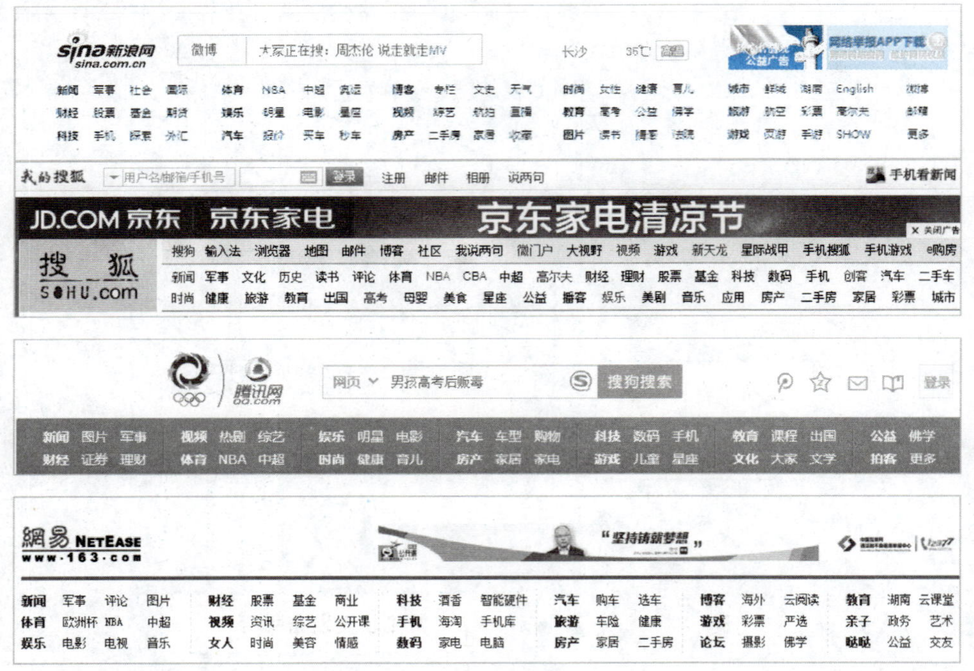

图 9-1 付费类型网络软文发布平台

2. 免费类型

常见的免费类型的网络软文发布平台主要有论坛、博客、微博、SNS 个人主页等

自媒体。这些软文发布平台的特点是：发布软文无须推广费用，成本低，可带链接，可操控性强。如图 9-2 所示，为一些常见的免费类型网络软文发布平台。

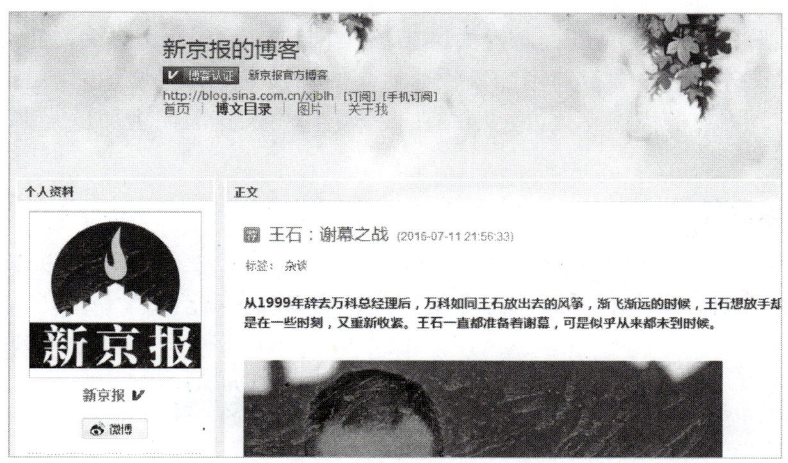

图 9-2 免费类型网络软文发布平台

9.1.2 软文发布平台的优势

软文发布平台的优势是很明显的，不然也不会有那么多的企业或者个人，对各大软文发布平台青睐有加了。选择合适的软文发布平台，在外链、网站权重、网站流量和关键词排名 4 个方面都有极大的优势。

1. 外链持久有效的增长

软文外链最大的特点就是能够不断地增加流量，并且这是一个长期而非一次性的过程。而且只要软文不被删除，软文里面的外链就会一直存在，它将随着软文被用户不停地阅读点击或者转载。

2. 快速提高网站权重

通过将软文第一时间先发表在自己网站，而且搜索引擎喜欢原创的东西。因此，写好的软文，要第一时间发布在自己企业的网站，其次再考虑其他的软文发布平台。

3. 流量的增加是必然

用户在看过之后，如果感兴趣，就会尝试搜索软文中提到网站、产品或者浏览网页，从而增加了流量。并且大多数用户都会分享给亲朋好友，好友再进行尝试与分享，对于流量的增加是如同滚雪球一般增加的。

4. 提高网站关键词排名

软文推广的目的是什么？塑造企业品牌、推销产品、弘扬企业文化还是增加企业流量？这些都不对。

软文推广的最终目的在于，提高网站关键词的排名。而选择合适的软文发布平台，能够保证外链的持久有效增加，快速提高网站权重，并且增加网站的流量。随着流量的增加，用户的点击率提高，网站在搜索引擎中的排名的增加也就是自然而然的事情了。

专家提醒

企业可以通过软文主动向报纸杂志等媒体，“暴露”一些自己需要宣传的事件，从而提高企业知名度、美誉度进而实现产品营销。

9.2 软文发布的策略

企业或网站营销的最终目的都是推销自己，软文或者广告都只是为这个目的而服务。所以企业或者网站软文的发布，都需要遵循一定的策略，从而让软文发挥出最大的价值。

下面，笔者总结了软文发布的 4 项重要策略。

9.2.1 明确推广目的

产品种类成千上万，软文的数量也越来越庞大，形式越来越丰富多彩。但是无论怎么变化，最重要的一点是，必须要确定软文推广的目的。

提升网站流量、给企业做广告或者为个人做宣传，不同的目的需要采用不同的推

广方法。比如，提升流量需要通过在论坛发布讨论帖，或者在微博、SNS 等社交媒体上发布信息。而企业口碑与品牌的打造和推广，则需要借助电视媒体，门户网站撰写新闻稿等方式。

9.2.2 明确目标客户

当有了明确的推广目的后，接下来就需要寻找推广的目标用户了。

如果把软文推广比喻成一场旅行，软文推广的目的就是旅行终点的风景，而不同类型的软文则可以看作是不同的交通工具。对于软文推广来说，重要的不是目的地或者交通工具，而是人。软文推广最重要的是推广对象，也就是软文受众。如果连推广受众都没有，软文推广则毫无意义。

寻找目标客户的方式，最常用而且有效的方法就是通过搜索引擎来寻找，比如，通过输入长尾关键词来判断用户经常去的地方。还有哪些人会搜索到这些长尾关键词，这些关键词就是推广的产品或者目标。

9.2.3 分析不同用户的特征

企业在明确了目标客户群体以后，需要做的就是根据自己的推广目的来分析用户的基本特征。

用户的基本特征包括以下 5 点：年龄阶段、文化程度、职业、地域、上网时间。

根据用户不同的特征，分别推送不同的内容，精准定位有针对性的推广，会比广撒网的方式来得有效果。这样的推广，更容易让不同类型的用户接受，并且转化为流量或者销量。

9.2.4 将用户转化为企业营销目标

软文推广目标的达成，关键在于能否将用户转化到实际目的中，也就是，能否将传播力转化为销售力。

而营销目标的实现，需要做到分析潜在用户的需求，这样才能有针对性地向用户进行不同的推广。为了达到企业的营销目的，我们需要在推广过程中时刻谨记，以用户为中心，充分考虑用户的需求与痛点，为他们提供实际的帮助。

从而培养用户对于企业品牌的好感与信任，一步步在潜移默化中加深企业品牌与产品在用户心目中的地位，从而慢慢让用户自己转变成企业推广的用户。只有能够做到以用户为中心而不是以企业为中心的软文推广，才是有价值和有意义的软文。

9.3 常见软文发布平台

软文营销的优势使得它开始受到企业重视，因此，软文发布需要选择好软文发布平台。笔者对目前常用的软文发布平台进行了整理，排名不分先后。

9.3.1 百度

百度平台上，可以用作软文发布场所的，无外乎百度文库、百度知道、百度贴吧三处。

1. 百度文库软文发布平台简介

百度文库以资料库庞大著称，撰写者在发布软文的同时，亦可对相关资料进行查询。而以其丰富资料库引来的庞大点击率，促进了软文的传播。

如图 9-3 所示，为百度文库主页。

图 9-3 百度文库主页

2. 百度知道软文发布平台简介

百度知道是一个答疑解惑的平台，受众会在百度知道上提出他们的问题，有能力的人在看到问题后对此进行解答。这种问答形式，反而比之百度文库更适合进行软文营销，但百度知道对于答案审核较为严格，问题与答案最好都不要带链接。

如图 9-4 所示，为百度知道主页。

3. 百度贴吧软文发布平台简介

百度贴吧属于社区类社交平台，用户通过注册 ID，即可在贴吧内发布或回复帖子与吧友进行交流。而每一个不同的贴吧，吸引着不同的受众，营销人员可以分门别类对症下药进行不同的软文推广。

图 9-4　百度知道主页

如图 9-5 所示，为百度贴吧的发帖版块。

图 9-5　百度贴吧

9.3.2　站长之家网

站长之家网正是由于众多的站长支持才发展起来的，因此在站长之家网中发布软文很容易，审核也宽松得多。站长之家网的主页版头如图 9-6 所示。

只是目前不允许软文内加链接，但是作者可以在署名时，以标注版权信息的形式来链接到网站，如图 9-7 所示。

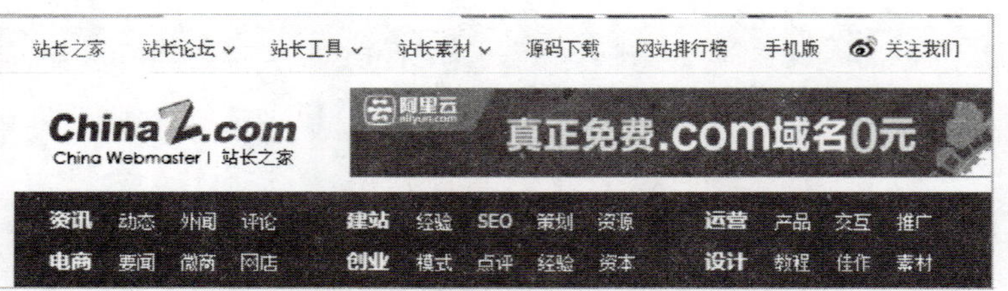

图 9-6　站长之家网主页版头

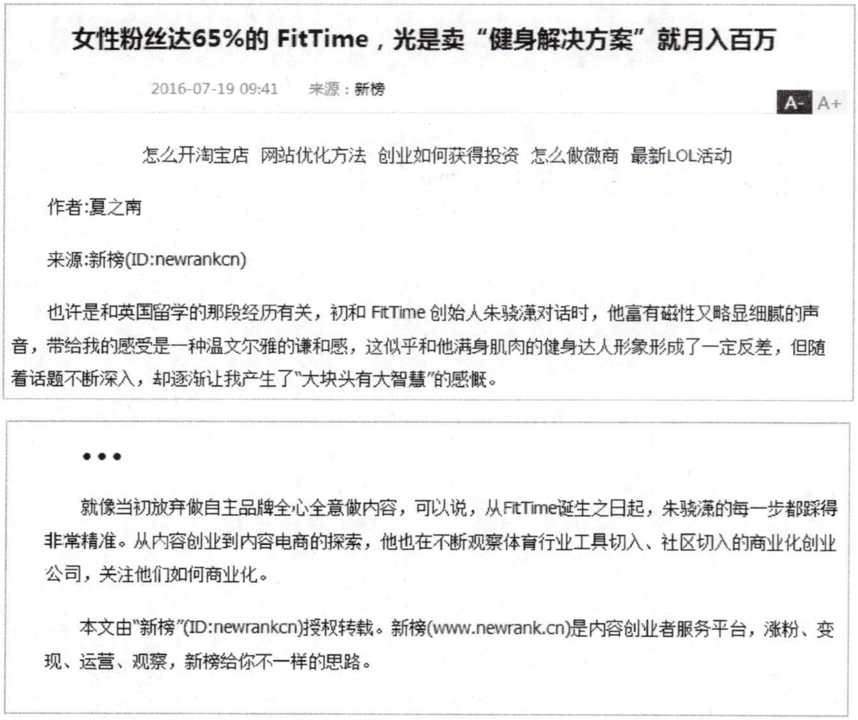

女性粉丝达65%的 FitTime，光是卖“健身解决方案”就月入百万

2016-07-19 09:41　来源：新榜

A- A+

怎么开淘宝店　网站优化方法　创业如何获得投资　怎么做微商　最新LOL活动

作者:夏之南

来源:新榜(ID:newrankcn)

也许是和英国留学的那段经历有关，初和 FitTime 创始人朱骁潇对话时，他富有磁性又略显细腻的声音，带给我的感受是一种温文尔雅的谦和感，这似乎和他满身肌肉的健身达人形象形成了一定反差，但随着话题不断深入，却逐渐让我产生了“大块头有大智慧”的感慨。

• • •

就像当初放弃做自主品牌全心全意做内容，可以说，从FitTime诞生之日起，朱骁潇的每一步都踩得非常精准。从内容创业到内容电商的探索，他也在不断观察体育行业工具切入、社区切入的商业化创业公司，关注他们如何商业化。

本文由“新榜”(ID:newrankcn)授权转载。新榜(www.newrank.cn)是内容创业者服务平台，涨粉、变现、运营、观察，新榜给你不一样的思路。

图 9-7　站长之家网

9.3.3　艾瑞网

如图 9-8 所示为艾瑞网主页，同样也是常用的软文发布平台之一。

图 9-8　艾瑞网主页

艾瑞网作为百度的新闻源，网站的搜索权重很高，加上建立初期审核不是很严格，成为许多企业与站长青睐的软文发布平台之一，如图 9-9 所示。

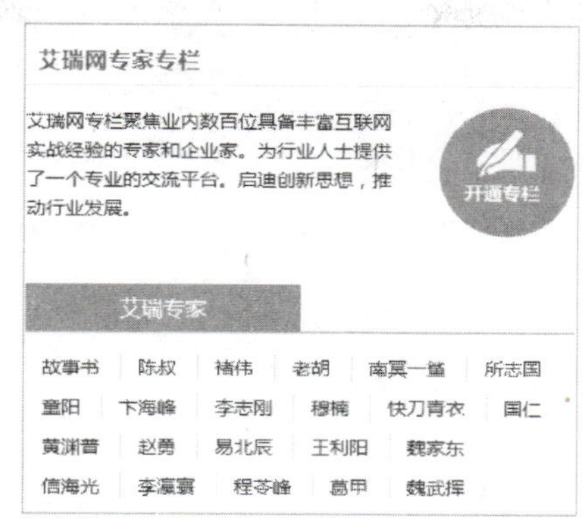

图 9-9　艾瑞网专家专栏

目前艾瑞网对于软文的审核开始严格起来，当然，对于质量较高的软文，往往会被推送到首页，如图 9-10 所示。

图 9-10　艾瑞网首页

并且艾瑞网允许在软文中插入链接，专栏作者也可以直接通过注册申请，因此总体来说艾瑞网还是较为不错的，如图 9-11 所示。

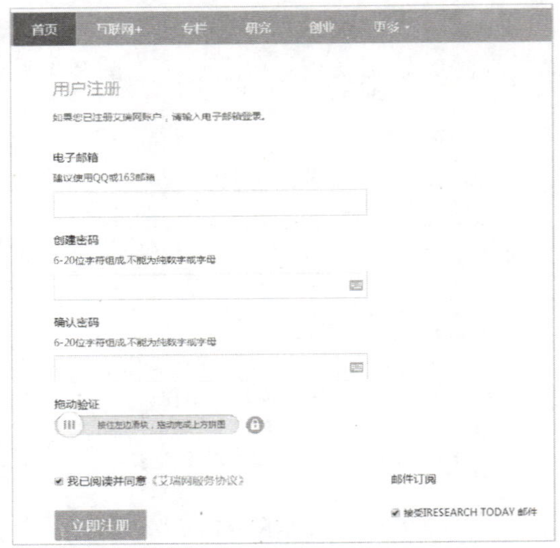

图 9-11 艾瑞网专栏注册页面

9.3.4 SNS 类站点

20 世纪以来，SNS 类站点有一个火爆时期，尤其当时有大量媒体从业人员的热衷。因此这类网站的用户非常多，对于以放置软文推广产品为目的的企业，当然不能放过。SNS 网站的典型代表有腾讯网、开心网、人人网、海内网等。

(1) 腾讯网：以即时通信为基础的 SNS 平台，如图 9-12 所示。

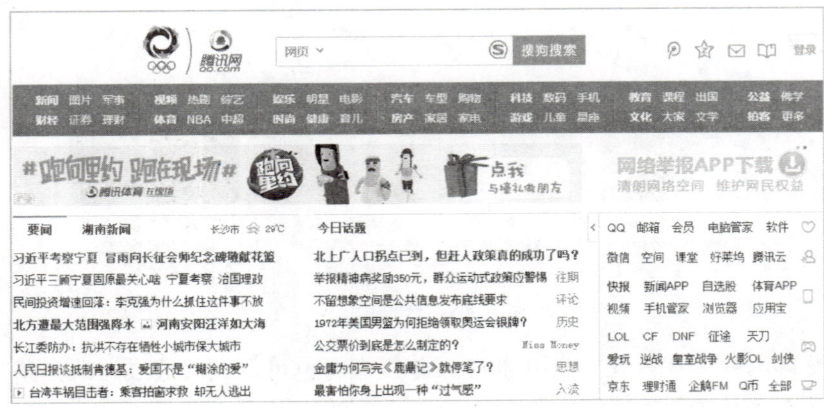

图 9-12 腾讯网

(2) 开心网：由北京开心人信息技术有限公司创建的开心网，是一个集合了照片分享、在线聊天、互动游戏、信息分享等功能的大型社交网络服务网站，如图 9-13

所示。

图 9-13　开心网

(3) 人人网：人人网是一家服务整个中国互联网用户的 SNS 社交网站，如图 9-14 所示。

图 9-14　人人网

(4) 海内网：海内网与饭否、校内网是同一个创始人团队，海内网目前看上去风格与 Face book 类似，如图 9-15 所示。

图 9-15 海内网

9.3.5 论坛代码网

论坛代码网也是一个常用的软文发布平台，不过它更具有专业局限性，主要内容与论坛行业相关，包括有论坛代码、风格、模板、插件等。

如图 9-16 所示，就是论坛代码网的主页。

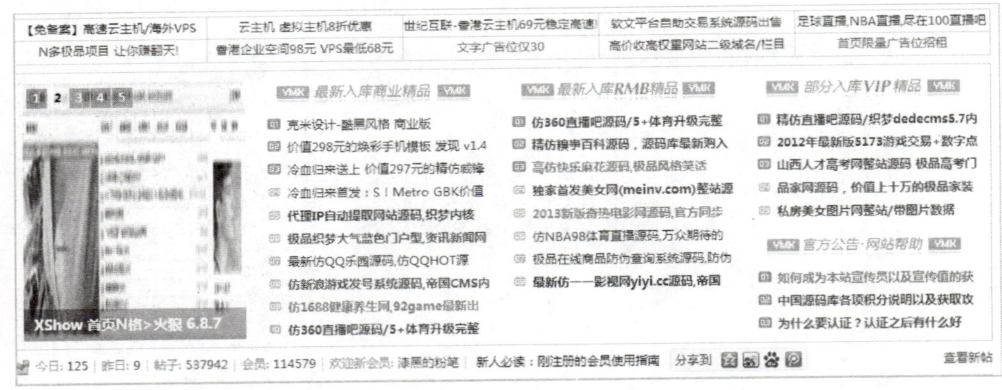

图 9-16 论坛代码网

目前，论坛代码网通过与不少大型网站进行资源合作，获得较高的权重，已然成为论坛站长们认可的一个新兴平台。

9.3.6 Donews IT 社区

Donews IT 社区创立于 2000 年 4 月，发展到现在已经是行业内比较优秀的 IT 写作社区。如图 9-17 所示，为 Donews IT 社区网站的首页。

图 9-17　Donews IT 社区网站

该社区现在已经拥有了数万名论坛用户，其中包含各行各业，比如 IT 业从业人员、编辑、记者、自由撰稿人等。

Donews IT 社区与艾瑞网一样，是百度的新闻源，但是申请专栏要比艾瑞网麻烦，需要进行实名认证，过程相对较为缓慢。如图 9-18 所示，为 Donews IT 社区的专栏界面。

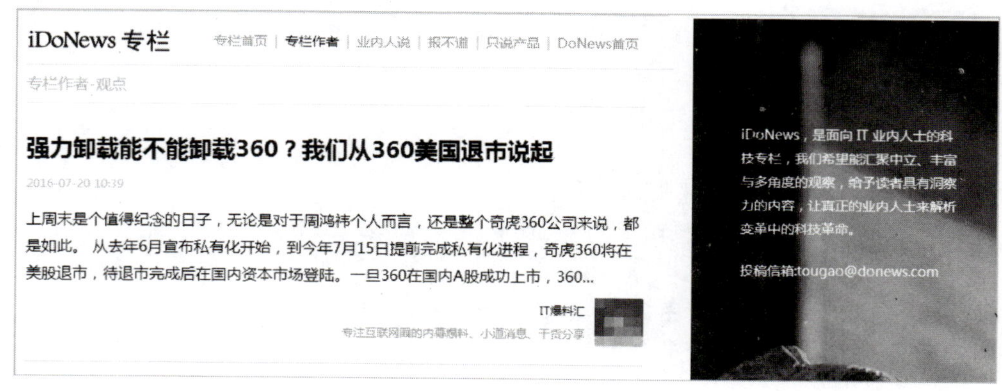

图 9-18　Donews IT 社区专栏

9.3.7　TechWeb

TechWeb 也是一个较为常见的软文发布平台之一，它的创建者是一群热爱互联网的资深网络新闻工作者，也是这群工作者在对网站进行维护。如图 9-19 所示，为 TechWeb 的主页。

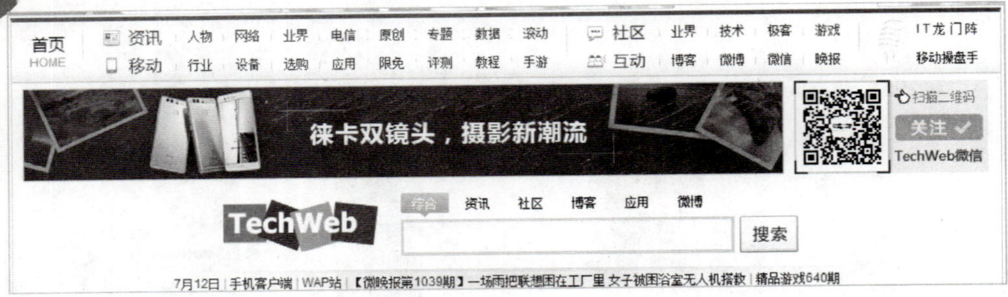

图 9-19　TechWeb 主页

TechWeb 的主要针对方向也是 IT 行业，但这里只有博客，没有专栏，且申请速度略慢，因此知名度相对来说不如 Donews IT 社区。如图 9-20 所示，为 TechWeb 的博客申请界面。

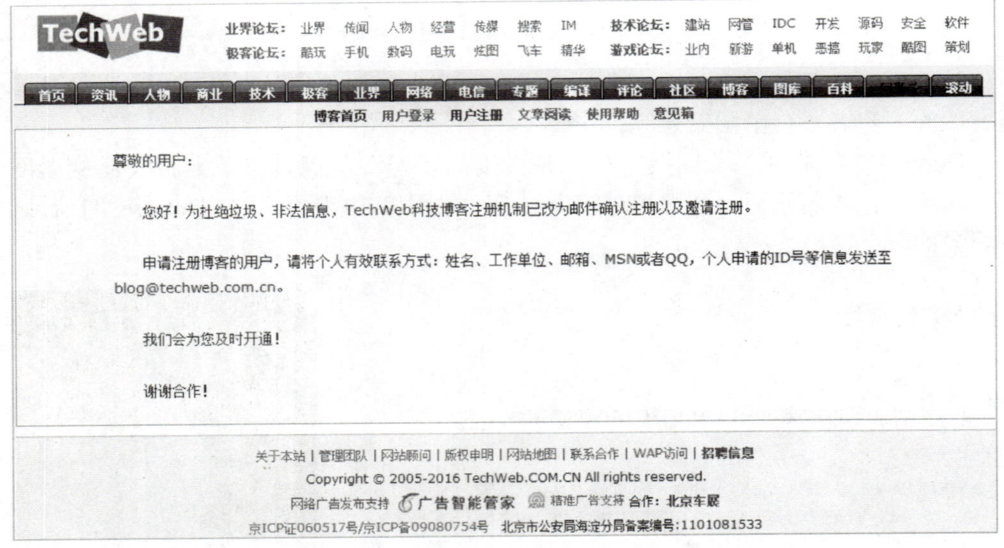

图 9-20　TechWeb 博客申请界面

第10章 淘宝软文：促销产品提高流量

众所周知，现在开淘宝店非常方便，只要有一部能上网的智能手机就成，特别是随着智能手机的普及，淘宝店在手机端也越来越普及。赶上这股狂热的势头，顺势而为，才能有机会赚钱，不过很多人不知道的是，如果能把淘宝店和软文结合在一起，效果更佳。

淘宝软文：促销产品提高流量
- 淘宝领跑电商行业
- 淘宝软文的写作技巧

10.1 淘宝领跑电商行业

淘宝网由阿里巴巴集团创建于 2003 年 5 月，经过十几年发展，从规模到注册用户到商家店铺再到每日成交额，淘宝网已经成为电商行业的领跑者。淘宝网主页如图 10-1 所示。

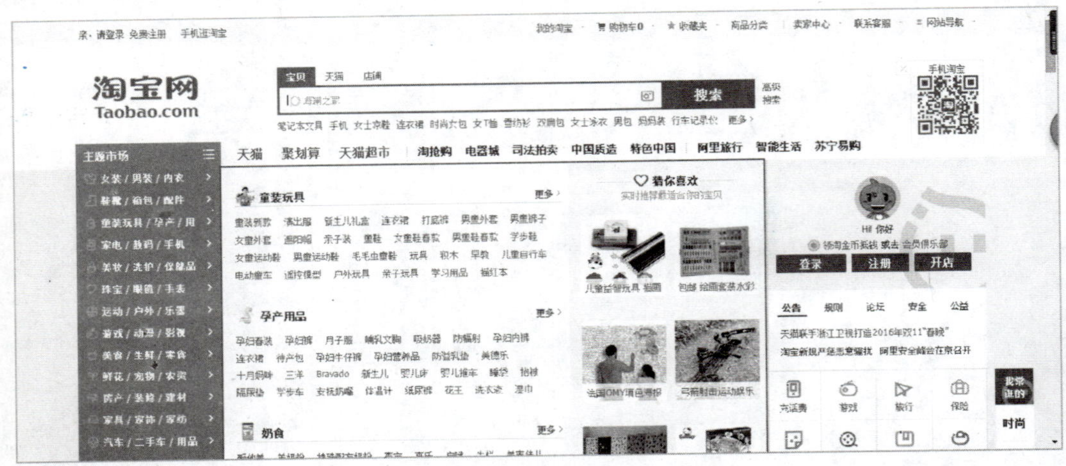

图 10-1　淘宝网主页

10.1.1 淘宝主要产品

淘宝网一直提倡诚信、活跃、快速的网络交易文化，坚持“宝可不淘，信不能弃”的企业文化。也正因为如此，才使得淘宝网中各大板块都受到消费者的热烈追捧。

淘宝网的主要产品极多，比较热门受欢迎的，包括阿里旺旺、淘宝店铺、快乐淘宝和淘宝电影等。

1. 阿里旺旺

阿里旺旺是淘宝网官方推荐的一种通信软件，用户可以使用自己的淘宝账号登录阿里旺旺进行交流通信。

淘宝旺旺是买家与卖家沟通的基本软件，淘宝交易承认且只承认淘宝旺旺的聊天记录作为凭证。淘宝网交易中，认可的就是淘宝旺旺交易时的聊天记录，聊天记录会被保存为电子证据。

如图 10-2 所示，为阿里旺旺的主要界面。

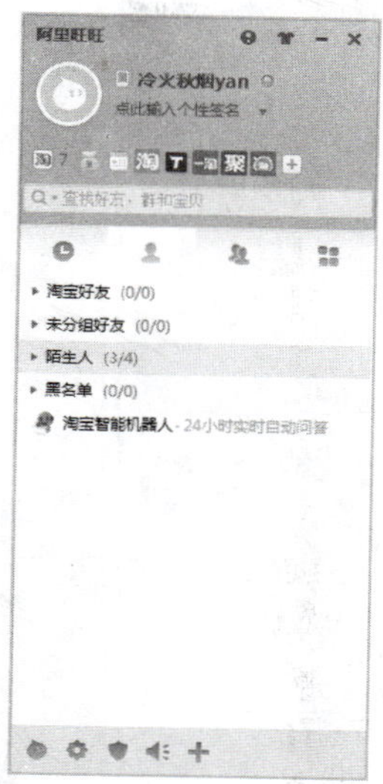

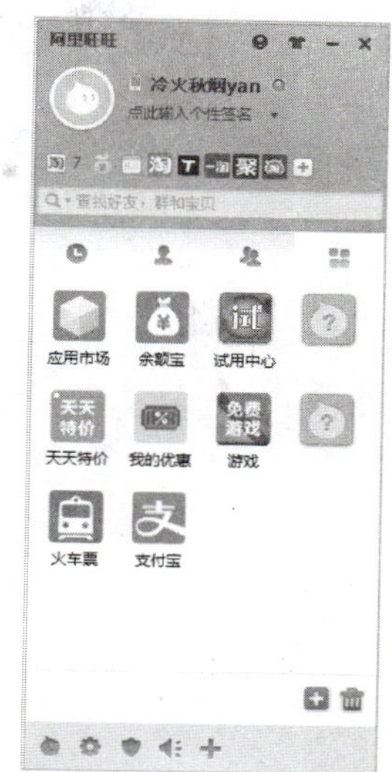

图 10-2　阿里旺旺的主要界面

2. 淘宝店铺

淘宝店铺是淘宝卖家在淘宝商城中展现自己产品的场所，淘宝店铺分为店铺和旺铺两种形式。在卖家开店申请通过以后，所拥有的都是系统默认产生的店铺界面，也就是我们所指的普通店铺。

淘宝旺铺在店铺页面展现与功能方面都是独特的，如图 10-3 所示，是制作精美的淘宝旺铺。

图 10-3　淘宝旺铺

图 10-3　淘宝旺铺(续)

淘宝旺铺是相对于普通店铺而言的个性化店铺。淘宝网向卖家提供计算机和网络技术等服务，使得卖家能够通过这些技术来装饰网页，从而实现区别于一般店铺的个性化淘宝旺铺。

3. 快乐淘宝

“快乐淘宝”是湖南卫视和淘宝于 2009 年 12 月合作，为联手拓展电视网购新市场而组建的公司。2010 年 4 月，快乐淘宝公司在湖南卫视推出“快乐淘宝”节目，后更名为《越淘越开心》。

同时，淘宝网上开辟了名为“快乐淘宝”的子频道专区和外部独立网站。快乐淘宝这一电视电脑双屏互动，创建了电子商务与电视传媒相结合的全新商业模式。如图 10-4 所示，为淘宝论坛中的快乐淘宝子频道以及越淘越开心节目。

图 10-4　快乐淘宝

图 10-4 快乐淘宝(续)

4. 淘宝电影

淘宝电影又名淘票票，是阿里巴巴旗下的一个联动线下电影院的网站，用户可以通过淘票票网站购买电影票，然后直接去影院取票进行观影。

淘票票操作比较简单轻松，根据网站的提示就可以完成购票流程，可以省去用户在电影院选择影片与排队购票的时间。如图 10-5 所示，为淘票票的主界面。

图 10-5 淘票票主界面

10.1.2 淘宝网站特色

淘宝网的特色明显，也正因为如此鲜明的特点，才让淘宝网的发展势头无可阻挡，下面来看看淘宝网的特色都有哪些吧！

1. 初期营销

由于国家对于短信的规范力度加强，大量中小型店铺、个人店铺失去了流量来源难以为继，淘宝网在初期营销阶段是以“农村包围城市”为特色。淘宝网将广告都放在了小淘宝网站的上面，通过广告宣传，让消费者了解这些 C2C 电子商务网站。

接下来，淘宝网通过与 MSN 等网站进行联盟，扭转人们最初对于淘宝网的成见与看法。此后，淘宝网开始进行战略联盟的组建，利用传媒进行市场宣传。

2. 网站质量

除了营销手段以外，淘宝的网站质量也是一大特色。淘宝网的网站界面设计非常用心，经过不断的改进和创新，使得画面更加简洁。除了高质量的网站界面，淘宝客服中心的服务质量也是一个品牌。用户遇到任何疑问都可以到客服中心页面寻求解决方式。

淘宝的客服中心包括如图 10-6 所示的 4 个板块。

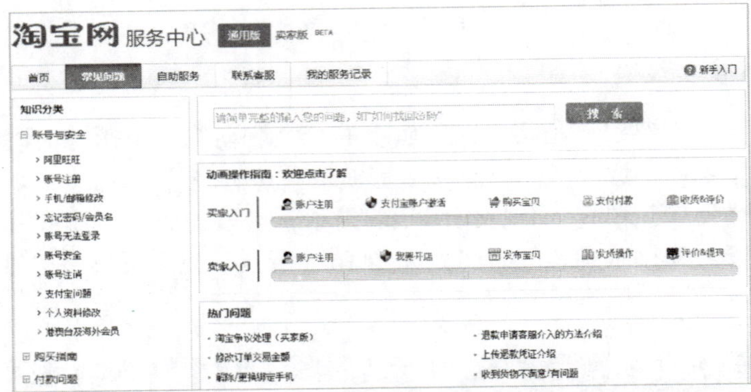

(a) 淘宝客服中心常见问题板块

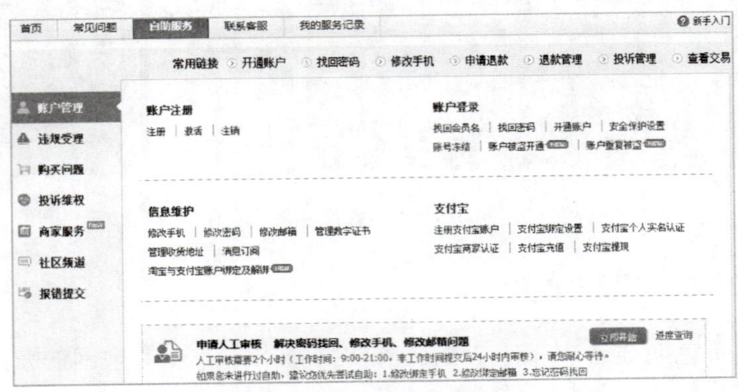

(b) 淘宝客服中心自助服务板块

图 10-6 淘宝客服中心

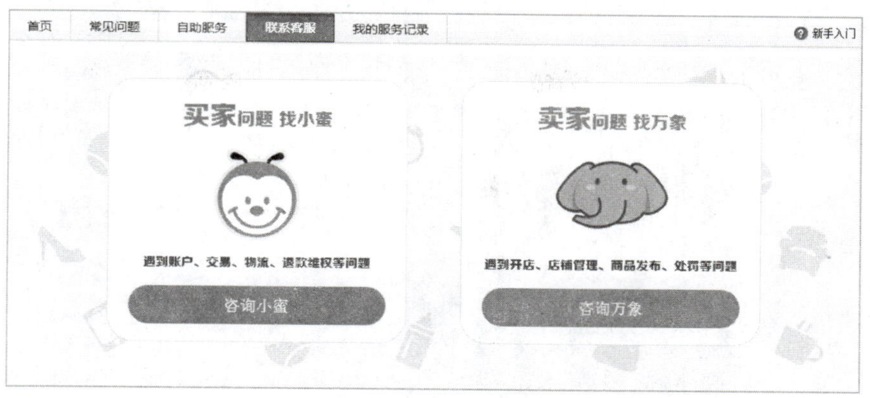

(c) 淘宝客服中心联系客服板块

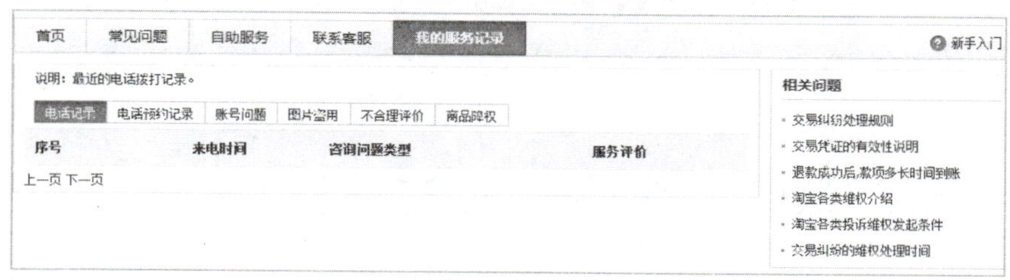

(d) 淘宝客服中心服务记录板块

图 10-6　淘宝客服中心(续)

除此以外，淘宝网成功建立的虚拟社区也帮助淘宝网赢取了消费者的信任。虚拟社区的板块如图 10-7 所示。

图 10-7　淘宝虚拟社区

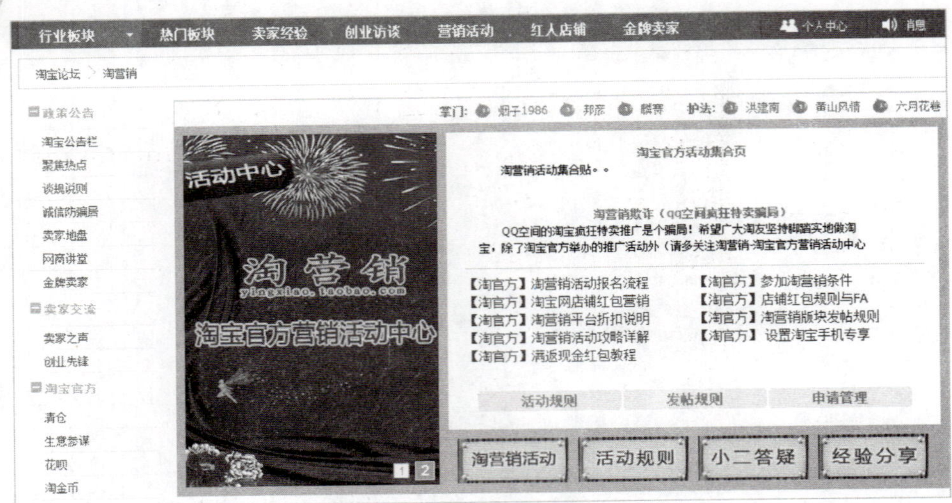

图 10-7　淘宝虚拟社区(续)

10.2　淘宝软文的写作技巧

很多人以为淘宝网和软文的联系并不大，其实这种观点是不正确的，在淘宝网中，软文是无处不在的，只不过并不是太明显，这也是其高明之处。

下面来看看淘宝中的软文，都是如何体现的吧！

10.2.1　宝贝描述中的软文

在淘宝店铺中，一款产品很有可能在同一秒钟内被上万个的买家同时点击浏览。营业员喋喋不休地推销可能会引起顾客的反感，而一个好的宝贝描述，却能改变顾客的态度，形成购买行为。

因此，做好宝贝描述，是决定淘宝店转化率的重要因素之一。宝贝描述的关键在于介绍产品的功能，也就是产品的价值点，以及产品与众不同的地方。

简单来说，你的产品描述要让顾客感觉到，这个产品能够解决问题，或者购买产品会有所帮助，进而产生购买行为。除此以外，宝贝描述还可以适当关联一些其他商品或者类似商品，同一类型的商品，在宝贝描述中详细展现各自的优点与侧重点；或者几个产品搭配起来更能起到意想不到的作用。

这样就增加了顾客购买其他商品的可能性，从而让客户有更多的选择机会，可以留住客户。如图 10-8 所示，就是一个比较精彩的宝贝描述。

图 10-8 宝贝描述界面

10.2.2 取个有吸引力的标题

在淘宝网开店，要想让宝贝被顾客搜索到，应该重点优化宝贝的标题，具体应该怎么做呢？

影响淘宝站内搜索系统排名顺序的诸多要素中，最关键就是宝贝标题；顾客在淘宝搜索引擎搜索时，第一眼看到的也是产品的标题。因此，设计一个生动、可爱的宝贝标题来吸引眼球是至关重要的。那么，在标题的设计上有哪些技巧呢？

1. 利用宝贝中心词提升搜索权重

宝贝中心词，指的是在发布宝贝时所使用的名称词语或者类目词语。比如，店主发布一款裙子作为商品，那么，在标题中的中心词就是裙子，而中心词之前加上比较热搜的关键词，比如，女装、连衣裙、清凉等。

2. 留出必要的空格

在设计标题时，务必要留出空格，比如，标题中的“西服长裤”和“西服 长裤”这是两个不同的词。一个关键词，通过一个空格便变成了两个关键词，不仅有利于淘宝搜索引擎收录店铺，而且更适应消费者的搜索习惯。

3. 宝贝标题绝对不允许有特殊的符号

在搜索过程中发现，有不少的视频、减肥店铺在宝贝标题中使用了“★”“〓”等特殊符号，如图 10-9 所示。

店主的目的是吸引眼球或是塑造风格，我们不得而知，然而可以确定的是，在使用了这些特殊符号以后，产品的浏览量和成交量反而是寥寥无几。

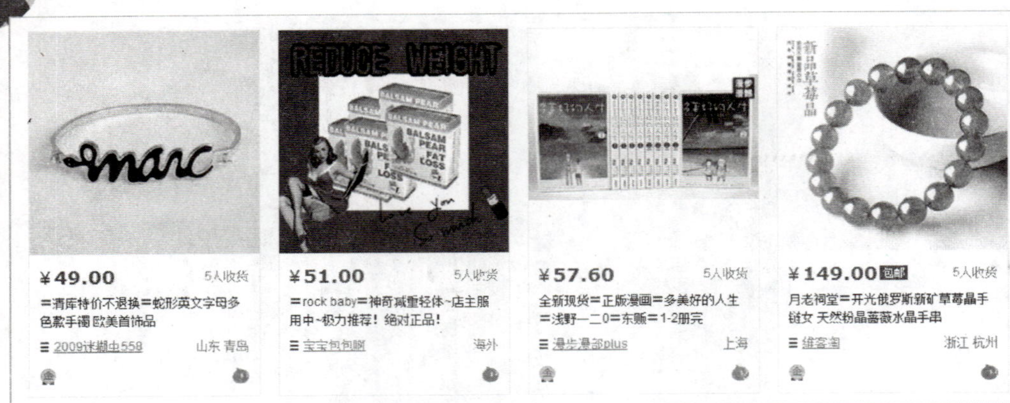

图 10-9　不合适的产品标题

在宝贝标题中，可以正确使用的符号包含“/”“|”“空格”或者“+”等。

10.2.3　注意宝贝关键词

宝贝标题的核心就是宝贝关键词，这个关键词，与店家使用的中心词某些方面有些相似，但又有不同的地方。

宝贝中心词来自卖家的设置，而宝贝关键词则是买家根据自己的需求所搜索的名词。这个名词可能是单字或者词语，甚至是一个短语。比如“鞋子”“帆布鞋”“手绘帆布鞋”等，关键词不同，搜索的结果便会有区别。

宝贝标题的关键词需要做到吸引点击率，但一个商品仅仅有高点击率是不够的，还需要成交量作为支撑。因此，店主在上架新品时，需要精准找到宝贝的关键词，商品关键词的设定，对商品的浏览量点击量乃至于销量都有决定性的作用。

在设置关键词时，不妨参考同行的做法，通常来说，对于商品关键词的设定有以下几种方式。

- 活动、功能、定语+关键词。
- 产地+品牌+宝贝关键词。
- 宝贝品牌型号+促销力度+产品功能+定语+关键词。
- 店铺全名+产地+宝贝关键词。
- 品牌+活动促销+宝贝功能+定语+关键词。
- 信用级别、好评率+店铺名称+促销、特性、形容词+商品关键词。

如图 10-10 所示，为常见的宝贝标题。

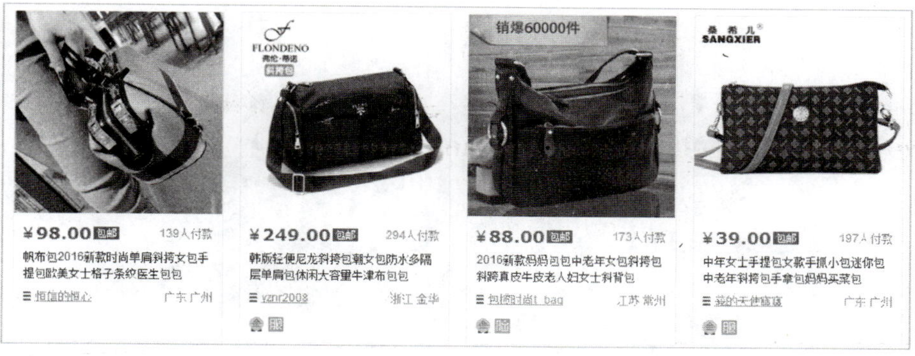

图 10-10　常见的宝贝标题

10.2.4　宝贝描述软文要图文并茂

在进行淘宝店宝贝描述时，可以采用图文结合的方式，展示宝贝详情，具体应该怎样做呢？

淘宝店铺不同于实体店，用户无法触摸到产品，因此，产品的标题和宝贝描述就显得尤为重要了起来。网购通常会由第一印象而激发购买欲望，宝贝标题吸引浏览量，而促成交易的，还是要靠产品的宝贝描述。

对于淘宝的大多数买家而言，在淘宝上仍然要面对大量文字说明会产生抗拒感，买家更享受图片的直观与简单。图文结合的方式，既全方位展现了宝贝，也使得图文并茂的展现方式，不会产生太大的阅读压力。

因此，宝贝描述中采用图片、文字与表格相结合的展现方式，会显得更加直观，也更容易激发顾客的消费欲望。如图 10-11 所示，就是一个图文并茂的宝贝描述。

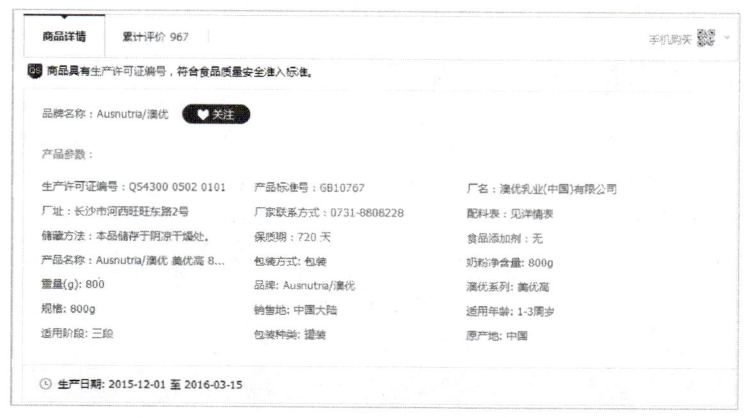

图 10-11　图文并茂的宝贝描述

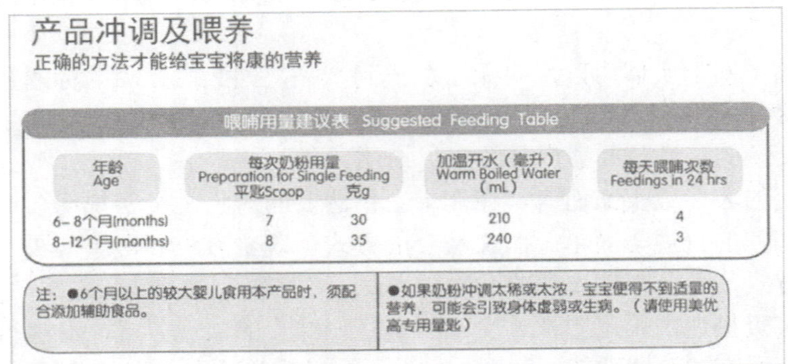

产品冲调及喂养

正确的方法才能给宝宝将康的营养

喂哺用量建议表 Suggested Feeding Table

年龄 Age	每次奶粉用量 Preparation for Single Feeding 平匙Scoop	克g	加温开水（毫升）Warm Boiled Water（mL）	每天喂哺次数 Feedings in 24 hrs
6－8个月(months)	7	30	210	4
8–12个月(months)	8	35	240	3

注：●6个月以上的较大婴儿食用本产品时，须配合添加辅助食品。

●如果奶粉冲调太稀或太浓，宝宝便得不到适量的营养，可能会引致身体虚弱或生病。（请使用美优高专用量匙）

图 10-11　图文并茂的宝贝描述(续)

10.2.5　软文中展示买家好评

电商不同于实体店，所展示给买家的只有产品的图片规格，买家却不能亲手触碰。常言道：眼见为实，因此消费者对此往往有所犹疑。而此时，就需要其他购买者的评价作为借鉴与参考。

“羊群效应”原本是一个股市术语，指的是股民在看见别人购入股票且获利之后会进行模仿跟风购入同一只股票。而这一从众心理，在淘宝、京东等电商网站上，同样适用。同类型的店铺，所获得的评价，尤其是好评多的商品，往往会更为热销。

卖家在提供商品信息时，通常措辞较为夸张，可能让消费者认为“王婆卖瓜，自卖自夸”。其他购买过商品的买家留下的评价，往往会显得更加真实，从而促使正在犹豫的顾客下定购买的决心。这就是社会学家所说的“羊群效应”，是人们所共有的

从众心理，好评率对于网店就显得尤为重要。

为了好评率，不少店家在专心致力自家产品质量与服务之余，会通过推出优惠活动来希望购买者能够给予五星好评，如图10-12所示。

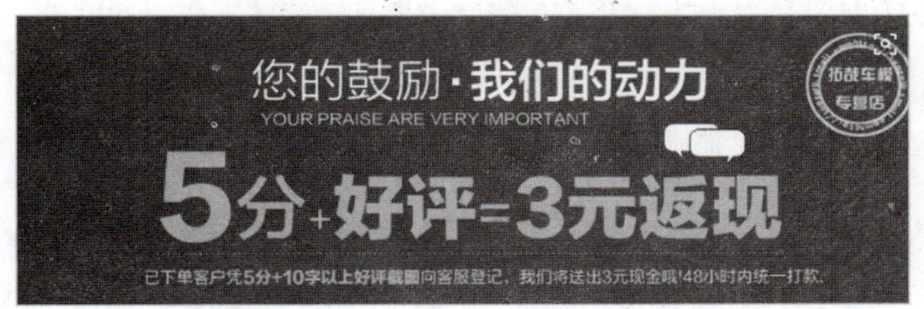

图10-12 商家开展好评返现活动

这些活动的目的就在于，尽量规避产生中差评，从而影响到新顾客的购买决定，由普通买家的好评，刺激犹豫中的买家下单。同时，不少店家会在商品详情页展示买家好评吸引买家购买。

10.2.6 淘宝软文要有保证语

在淘宝店经营中，消费者难免会因为对产品质量以及售后服务等有所疑问，店主应该如何打消买家的顾虑呢？

一般除了商品的详细情况以外，买家还会关心商品的售后服务以及质量保证，如什么情况下可以退货、什么情况下可以换货，以及退货产生的邮费由谁承担。而除此以外，更重要的就是，在软文中如果明确提及宝贝有厂家质量保证，能够给予消费者信心，从而正面推动商品的销售，如图10-13所示。

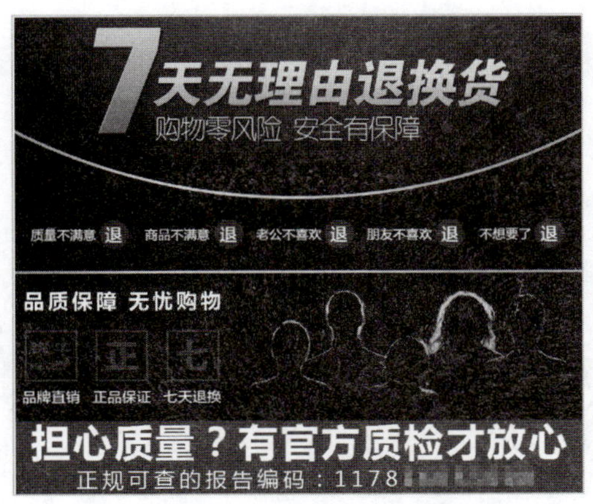

图10-13 售后服务以及质量保证的淘宝软文

10.2.7 淘宝软文发布的技巧

撰写完成之后的淘宝软文，就要进行发布，由于淘宝软文和其他类型的软文之间存在着很大的差异，所以淘宝软文发布的方法也有一些区别和不同的技巧。

1. 分析竞争对手

中国有句古话叫作“他山之石，可以攻玉”，随着电脑和网络的普及，每一家淘宝店铺，都会有无数的竞争者。

当然，良性竞争是前提，我们可以通过软件来查找与分析较为成功的竞争对手的推广路径。并且结合自己店铺的实际情况，模仿竞争对手的发布途径。比如，对方在哪里发布了软文、哪个论坛发了软文，我们也采用一模一样的发布路径进行推广一遍。

2. 增加细节内容

随着技术的发展，当图文的方式显得单调乏味时，店家开始在店铺中加入以宣传产品的真人录音作为背景音乐，打造独特的店铺形象。除此以外，也有店家通过动漫设计，来为店铺打造产品动画和形象宣传片。精美的美工图片和听觉视觉盛宴，大大地刺激了消费者的购买欲望，如图 10-14 所示。

图 10-14　软文搭配精美的动漫设计美工图片

专家提醒

这类录音和美工设计有不少提供者，但店家在选择时亦需要进行甄别，选择最适合店铺风格的设计。在店铺插入录音的目的是对产品进行简单说明，引起消费者的购买欲望，而不能引起消费者的反感。

3. 微博推广

微博作为一个完全免费的社交工具，已经逐渐被淘宝商家重视起来。通过在淘宝

红人、店铺首页和宝贝描述中附上微博链接，可以获得店铺微博的第一批粉丝，如图 10-15 所示。

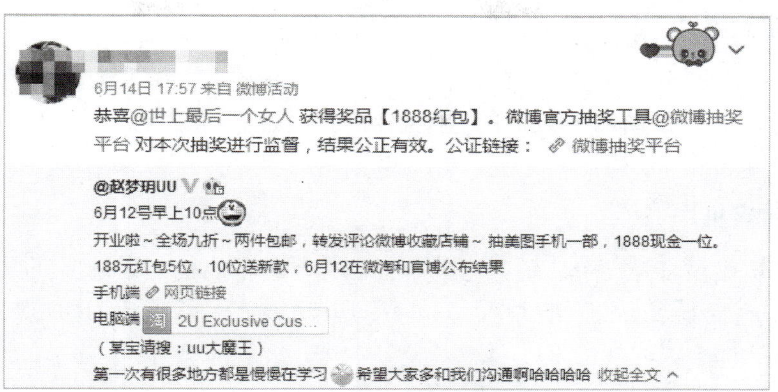

图 10-15　淘宝红人中的微博链接

商家在店铺上新或者举行促销活动时，需要费时费力地联系曾经交易过的顾客，而通过微博，只需要简单的一条微博就能够即时通知到大家。微博减少了店主与顾客的沟通成本，并且经营得当的微博，往往能够为店铺赢得更多的流量与销量，甚至能够培养出一批忠实的粉丝群体。

4. 增加店铺权重

消费者往往对于权威的报纸与主流媒体有一种“迷信”，因此，为了提高店铺在消费者心目中的权威性，店主可以通过主动联系纸媒与门户网站合作。

店主将店铺的荣誉与新闻事件整理递交给主流媒体，而后将主流媒体发布的新闻通过图片、视频等格式上传到淘宝店铺。如图 10-16 所示，为世友地板天猫店铺中的视频介绍。

图 10-16　世友地板天猫店铺中的视频介绍

由这种主流门户权威媒体上的新闻报道，赋予店铺一种权威可信赖的感觉，扩大店铺知名度，促进成交率。

5. 病毒式推广

店铺可以通过设计有传播性的营销小段子，再联系名人微博或主流门户网站对营销段子进行转载。借助名人微博的大量粉丝与主流门户的受众，结合段子的有趣幽默，打造病毒式推广的效果。

6. 淘宝客推广

淘宝店铺仅仅只是一个店铺，它的单一功能导致了店铺如果想要获得更多流量，就需要通过引入外链的方式进行推广。如图 10-17 所示，注册成为阿里妈妈中的淘宝客，就是一个很不错的外链推广方式。

图 10-17　淘宝客的优势

7. 编辑宝贝关键字

淘宝系统规定了宝贝标题的字数限定为 30 字，因此，店主需要充分利用这 30 字，将产品的信息尽可能地展现出来吸引顾客的视线。比如，有的店家会在每一个商品的标题中加入自己的店铺名称，搜索关键词的买家看到这样的商品，往往会受到极强的心理暗示，从而点进网页，甚至产生购买欲望。

除此以外，在宝贝的标题中加入产品打折信息、促销活动等作为吸引眼球的手段也是不错的方法。

第11章 传统PC：宣传企业打造口碑

随着科技的发展，已经越来越多的人习惯将营销分为 PC 端和手机端。那么当软文营销与传统 PC 等互联网终端结合之后，又会碰撞出什么样的火花呢？

传统 PC：宣传企业打造口碑

- 软文营销+论坛
- 软文营销+微博
- 软文营销+百度

11.1 软文营销+论坛

论坛推广的定义：是指企业通过利用文字、图片、视频等方式，将企业的产品和服务信息发布在论坛这一网络交流平台。

使用“软文营销+论坛”进行企业推广，可以向更多潜在客户传播企业的产品和服务信息，从而实现宣传企业品牌，加深市场认知度的效果。

11.1.1 论坛推广的定义

论坛的本意是指供公众发表议论的地方或场所，随着电脑的出现，论坛这个词被赋予了新的意义。网络意义上的论坛指的是 Bulletin Board System，简称 BBS，译为电子公告板，是基于因特网的电子信息服务系统。

最早期的论坛相当于提供一块公共电子白板，每个用户可以将自己要展示的信息或者看法书写在上面，通过 BBS 站点进行信息发布、讨论聊天等。常见的论坛，如图 11-1 所示。

综合论坛				
开心网	水木社区	天涯社区	大洋论坛	百度贴吧
豆瓣网	猫扑	人人网	Chinaren社区	凤凰论坛
搜狐社区	京华论坛	新浪论坛	西祠胡同	红网论坛
QQ论坛	网易论坛	大旗网	西陆社区	新华网发展论坛
华声论坛	青青岛社区	19楼论坛	818社区	瑞丽论坛
大众论坛	河南大河社区	猫扑贴贴	豆瓣	泡泡俱乐部
手机玩社区	天极群乐			

图 11-1 常见论坛一览

论坛推广的表现形式包含文字、图片与视频等，操作方法为在网络交流平台上发布帖子，从而推广企业，达到对于企业的品牌口碑、美誉度等的提升的目的。

11.1.2 论坛推广的流程

随着微信和微信公众平台的出现，软文营销中论坛营销所占据的比例已经相较于以前小了很多，不过仍旧不要小看论坛的力量，下面来看看论坛推广需要了解的流程。

1. 选择要推广的论坛

论坛推广的成功关键在于帖子能不能“火起来”，而决定帖子火爆程度的首要因素就在于论坛的人气。软文帖子只有被更多人看到，才能引起讨论与关注，一篇软文写得再精彩，发布在冷清的论坛上，无异于衣锦夜行。

那么如何来筛选人气论坛？企业可以通过网上一些数据侧面了解哪些论坛比较好，或者可以通过百度、搜狗等搜索引擎进行了解，不同的文章主题选择的论坛或论坛板块也是不一样的。

2. 首先要注册论坛账号

现在，很多论坛都采用 QQ、微信、微博一键登录，当然也有原始的注册登录方法。企业在做论坛推广之前，首要任务是多注册几个账号，这些账号可以为以后暖帖、顶帖做基础。

下面以注册新浪论坛为例，介绍具体的操作方法。首先，在百度搜索关键词“新浪论坛”，找到新浪论坛官网并单击进入，如图 11-2 所示。

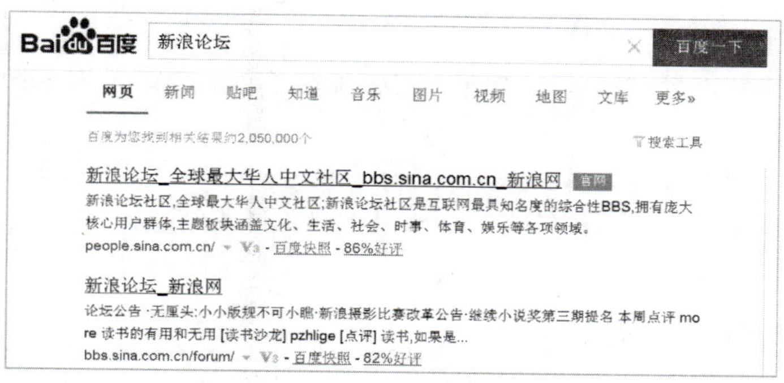

图 11-2 找到新浪论坛官网并点击进入

其次，单击新浪首页上的“登录”按钮，弹出一个对话框，找到“立即注册”按钮并单击，不妨多注册几个，以便“顶”帖子。除此之外，还可以利用扫二维码、新浪微博、博客、邮箱账号直接登录。然后，单击邮箱注册，按照新浪给的资料，一步步填写注册信息，注册界面如图 11-3 所示。

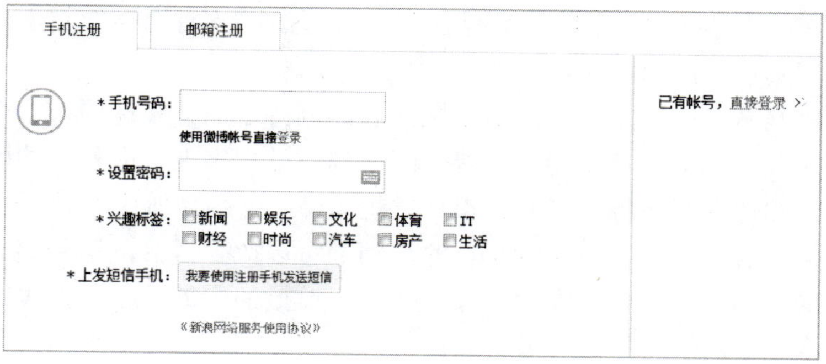

手机注册 邮箱注册

已有帐号，直接登录 »

*手机号码：

使用微博帐号直接登录

*设置密码：

*兴趣标签：新闻 娱乐 文化 体育 IT 财经 时尚 汽车 房产 生活

*上发短信手机：我要使用注册手机发送短信

《新浪网络服务使用协议》

图 11-3 新浪论坛的注册界面

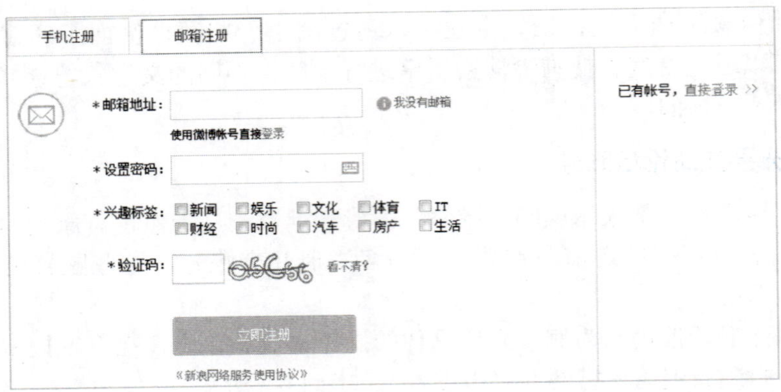

图 11-3　新浪论坛的注册界面(续)

如果邮箱不够，可以在 163 邮箱、126 邮箱、新浪邮箱等 E-mail 网站多注册几个，它们注册门槛不高，利用注册字母邮箱连续注册好几个都没有问题。不建议用手机注册，手机注册账号的数量主要取决于你手机号码的多少，不太方便。

最后，就到填写的注册邮箱去验证账号信息，进入邮箱，点击新浪发的链接，跳转到新浪通行证，这时就证明注册完成，接下来就靠自己完善资料了。

3. 设置自己的个性签名

论坛个性签名，是指在某个论坛里，用户在帖子底部显示的文字、图像、链接，签名可以发挥自己的想象力，在签名处放置自己喜欢的文字、图片作为自己的签名。论坛个性签名可以用来彰显个性，吸引其他用户的注意，也可以放置外链，链接到自己的网站，还可以免费地推广自己的网站和产品。

论坛签名一般有文本签名档、图片签名档、链接签名档这三种模式。

- 文本签名档：是指直接用文字写成的签名，你可以把它写得幽默风趣、浪漫文艺、情感丰富、恶搞、诗情画意，通过这些带有个性的文本，或多或少地增添其他用户的关注度。
- 图片签名档：就是用图片做个性签名，还可以加文字标题，如今是个快节奏的时代，很多人都不愿意花费时间放到一堆文字上，而相反的图片更容易接受，图片做得恶搞、可爱、漂亮一些，可以更容易抓住网民们的眼球。
- 链接签名档：顾名思义就是在签名档处可以放置链接，这种签名档要注意描述的措辞，用一些幽默的辞藻描述一下链接的去处，指引网民点击，注意不要太过于露骨，不然会适得其反。

如图 11-4 所示，是常见的签名档举例。

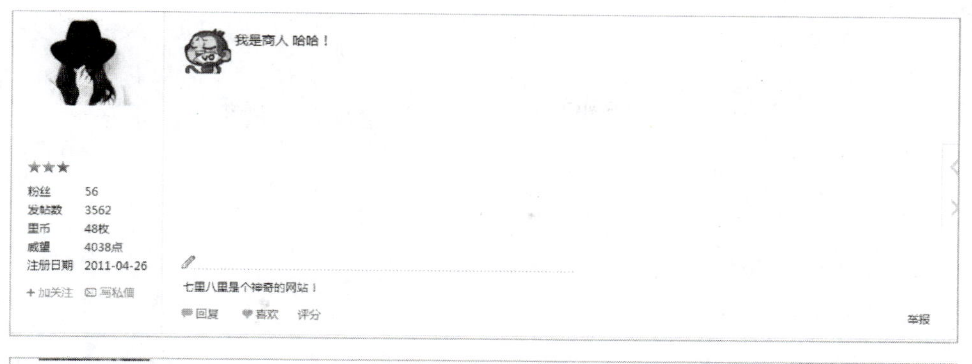

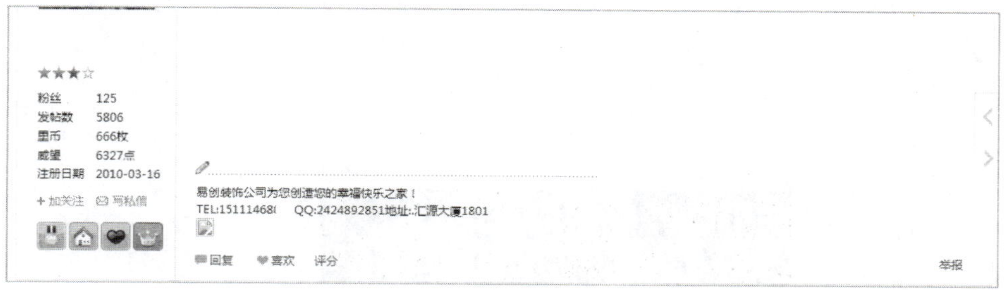

图 11-4 论坛常见签名档举例

专家提醒

不同的论坛对于链接签名档有不同的功能限制，部分论坛会要求账号获得一定的等级或积分才能设置链接签名档。

当账号到达了一定的等级时，就可以在签名中使用编辑器放置链接了，有些论坛的签名处没有使用超链接的那个符号，可以直接添加锚文本或者是超链接，这时就需要了解一些基本的签名代码。

4. 论坛中的新人报到

新注册的账号可以在论坛的新人区发帖子进行简单的自我介绍，这个被称为“新人报到”的行为，旨在帮助新人迅速融入论坛，交到第一批朋友。

而企业利用这一点，在帖子里对自家产品进行简单且自然的介绍，由此在认识第一批论坛中的朋友的同时，可以给他们留下一个简单的关于品牌的印象。

例如，企业可以去“百度贴吧”里面的“新人吧”，如图 11-5 所示。这是专门给新注册的人发帖子的地方，新人们可以互粉、互相学习，就算广告意图非常明显，也不会有那么大的讲究，出现被删帖之类的情况。

图 11-5　百度贴吧“新人吧”

11.1.3　论坛软文帖子写作方法

论文推广的重点就在于发帖，网民的生活重要组成部分就是进论坛看帖子，可以说帖子是维持论坛活力的关键。因此只有帖子写得好，才能吸引网民阅读、回帖，甚至是转发。

软文可以看作是推广的“血液”，而在论坛上推广，就得发帖子软文，在这个眼球经济的时代，网民就是企业决定在论坛上炒作软文帖子的重要因素。该如何把软文帖子写得有吸引力呢？笔者总结了以下 4 种方法。

1. 用标题吸引眼球

如今，是一个快节奏的时代，大部分网民上网的初衷就是在互联网上寻求一些放松，不可能花费大量的时间在互联网这个海量资讯媒体上，把所有的文章都看完，那是不现实的。网民对于互联网中获得的信息的新奇度有非常高的要求。因此，只有足够新奇的标题，才能换来网民的高点击率。

例如，某品牌面膜产品活动营销进行帖子炒作过程中，帖子标题由“史上最有效的面膜”改为“面膜使用方法，你知道吗？”“你还在用面膜杀手吗？”后，点击率由每天 400 多飙升至每天 8000 多。

可见，标题措辞很重要。在选择标题的时候，要忘记你推广产品的身份，用你是

在网上逗留的网民思想来选择标题。笔者总结了以下写标题的注意事项。

- 标题与文章内容紧密相连。
- 击中浏览者内心诉求。
- 注意数字与字母的格式。
- 尽量不在标题中使用英文。
- 尽可能省略新闻标题中的标点符号。
- 标题中绝对禁止出现国家、论坛敏感词汇。

2. 自己顶帖

在论坛里有些帖子会出现高点击、低回复的情况，这样帖子很容易沉底，没有多大的用处。发帖者要自己学会跟自己回帖，利用自己其他的账号，在不同 IP 的情况下，给自己的帖子回复不一样的东西。

要知道“自助者天助之”，只要不露出太多的马脚，不要让每个账号回复的评论语气都是一个感觉，就差不多可以让自己的帖子“火起来”。从而得到人流量，吸引网民大片“围观”，当然这是在账号足够多的情况下，才能得到这种效果。

如果没有几个账号，在自己“暖帖”这一过程中，就会无法动弹，只能放弃论坛推广。

3. 软文帖子中加入关键词

很多人写软文时，是随着灵感的到来，进入创作的自然流露状态，只注重软文如何吸引人，一气呵成，往往忽略了关键词的密度分布。就算软文写得再好，没有几个关键词是很难被搜索引擎收录的，就算收录了，也只会与靠前位置无缘。

发帖者不能只守着论坛里面的网民，应该要扩大网民的阅读人数，可以利用搜索引擎来实现，只要关键词被搜索引擎抓取，网民阅读人数就会越来越多。有人说过，一篇好的软文，不仅是那种用华丽的辞藻堆积而成的，应该是关键词贯穿于整篇软文，却不让网民在阅读时很明显地发现。

4. 注意企业广告的嵌入

尤其在发布宣传企业品牌的软文广告帖时，帖子极其考验技术含量，需要满足大众看帖需求，然后才是企业本身的宣传需求。尤其要注重植入广告的手段，要做到巧妙无痕，不引人反感。

11.1.4 发帖时间中的技巧

选对了论坛以后，一篇帖子如何获得关注与讨论，就和发帖时间脱不开关系了。比如，软文如果选择在午夜过后发表，那么软文推广效果比之白天就要大打折扣了。因为该时间段论坛的在线人数相比白天少之又少，千万不要指望。

经过调查与统计，对大多数网民的上网习惯进行了总结。用一星期作为周期来说，周一到周四网民人数较为稳定，周五到周日网民人数逐渐增加。

在周末这个时间段，网民对于论坛的反馈积极性明显高于工作日，并且由于网民对于周末的期待，相对于评论而言，简单的转发操作更多。如果细化到每天，工作日的营销黄金时间是18:00～23:00，这时候大多数工作者都已经下班。

周末则是13:00～14:00和17:00～20:00这两个饭后时间段更容易获得用户积极的互动，在周末用户对于评论与转发操作都比较积极。并且周末休息较晚，23点之后用户依旧活跃，企业可以利用以上时间点，更新软文与网民互动。

11.2 软文营销+微博

软文营销这个概念广为消费者熟知是从微博上的“营销号”开始的，微博营销是随着微博的发展而新兴的营销方式。

通过利用140字的文字内容或者加入长微博图片、链接等方式，在微博上传递企业、产品的信息，从而达到树立良好企业形象与产品口碑的营销目的。随着微博的火热化，越来越多的人注意到微博微营销背后的巨大商业价值。

11.2.1 微博营销的定义

微博营销包含两个定义。

- 商家或个人通过借助微博平台进行营销，创造价值。
- 商家或个人通过借助微博平台发现并满足用户需求。

相对于博客而言，微博只需要简单图片搭配文字，不需要进行排版与太多界面设计，技术门槛更低。并且对于语言组织，相比较于博客的书面语、文献感，微博更加倾向于口语化，拉近与用户的距离。

在微博平台上，用户只需要使用很短的文字就能反映自己的心情或者发布信息的目的。这样便捷、快速的信息分享方式使得大多数企业与商家开始抢占微博营销平台，利用微博“微营销”开启网络营销市场的新天地。

专家提醒

现在，国内有4大主要微博平台，分别是新浪、腾讯、网易和搜狐，如图11-6所示。其中用户基数最多，流量占比最庞大的微博平台是新浪。新浪凭借着其强大的用户量，成为微营销的最佳选择。

其中，新浪微博是相当大的一家门户网站——新浪网于2009年8月推出的微博服务类网站，在新浪微博的测试版推出后，便以极快的速度进入中文主流上网人群的视野，并且迅速发展壮大。

图 11-6　4 大主流微博

微博是从一个单纯的社交和信息分享平台转化而来的，在网络营销时代，微博凭借其巨大的商业价值属性成为企业重要网络营销推广工具。微博营销的特点主要体现在以下几个方面。

- 借助先进技术手段，微博通过文字、图片和视频多方面展现展品，带给消费者更立体的信息。
- 微博营销的发布信息主题，无须经过反复的行政审批，从容快捷地节约了大量的时间和成本。
- 一条关注度较高的微博在互联网及与之相关的手机平台上发出后，短时间内互动性转发就可以抵达微博的每一个角落，达到短时间内的目标人数。
- 粉丝对于微博的传播有重大作用，名人效应加上粉丝的病毒性传播能够获得非常广泛的传播。

11.2.2　微博营销的流程

微博营销要提高转化率，首要的因素是诚信，要上传真实的头像，资料设置要完善，才能如愿以偿。

1. 设置一个个性的昵称

昵称是基本信息中和微博定位关系密切的一个内容，只要把握好其设置原则和技巧，就能随意地想到适合微博营销的昵称。

首先，在设置昵称前企业要搞清楚 4 大原则。

- 微博设置昵称时字数不要超过 7 个字，最好压缩到 4 个字。
- 让消费者知道你是做什么的。
- 让消费者知道从你这能买到什么。
- 让消费者看到你的名字以后就能知道你们公司到底有什么。

然后，要注意以下两点技巧。

- 微博昵称的设置需要突出企业名称与产品关键字。
- 在设置昵称时，可按照“姓名+行业+产品”来取名。

专家提醒

总之，微博的昵称设置首先考虑到搜索的需要，设置起来就要注意用户的搜索习惯，因为用户搜索一般是搜行业或者产品，不会直接搜你的名字的，这样能保证你被其他消费者尽早地发现。同时兼顾目标全体的搜索习惯，并尽量增加关键词的密度，以便获取更多被检索的机会。

2. 让头像与众不同

微博头像需要独特有辨识度，并且需要有个人特色，能够让人一眼就看出来是你，并且对你的企业有所认知。头像是个人或企业都需要设置的，而营销者在设置微博头像时，可以根据情况进行甄别。

比如，品牌微博适合使用品牌标识作为头像，一目了然；店铺微博则可用店铺招牌或商品照片；连锁品牌则可以使用连锁品牌名称，或是最近主打的产品等。

3. 让人印象深刻的简介

简介是微博账号设置基本信息里的最后一项内容。企业可以根据自己的产品准备很多词组，去掉个人标签用掉的几个，剩下的就写到这里来。注意，不要真写成一句话，更不要写浪漫诗情画意的话，励志的东西写在这里是没用的。

简介的内容还是要考虑搜索概率来写，需要注意的是词语之间要用空格隔开，不要用任何标点符号，其次写完后要加一个自己的联系方式。

简介中的联系方式电话号码或者微信、QQ 号都可以，但最好不要写网址，因为对于手机用户来讲写在简介中的网址是无法直达的。

4. 记得完善基本资料

微博可以在个人界面里对于基本信息进行设置，其中个人标签、个人介绍与头像

是营销者必须关注的重点，其次需要关注的则是工作信息与职业信息。完整的信息有利于用户在搜索关键词时发现你的微博，并且能给人一种真实感，增加用户信任值。

另外，为了能够充分利用微博的高级功能，最好绑定手机。

5. 活用微博里的广告牌

在开通会员以后，新浪微博可以通过模板设置自定义背景，由此可以将二维码、电话号码、网店地址、QQ 号码等都放在这张背景图上，可以让用户点进你微博主页时，受到强烈的心理暗示。

微博最好申请认证，企业认证微博通常只需要提交企业营业资格照即可。认证微博所赋予消费者的权威可信度要高于普通微博。此外微博有一次申请个性域名的机会，最好将之设置为官方网址，或者品牌英文名、微信号等。

11.2.3 微博营销的技巧

微博营销的成功，不仅局限于头像昵称设置等简介内容，更重要的在于后续的内容更新及推送技巧。

微博营销同样是软文营销，需要注重软文发布的频率，当作摆设不更新是必然不可，但是一天发 100 条微博，并不会有更好的推广作用，反而可能引起刷屏，引发粉丝反感，取消关注。微博发布需要有频率有规划，每天发布二十多条微博就行，数量不在多，重要的是内容的质量需要吸引人。

微博如果来来去去的都是同样的内容，枯燥无趣，只能慢慢消磨掉粉丝的兴趣。因此，营销者需要尽可能多地在微博每天更新新颖有创意的内容，吸引粉丝的关注，从而提升粉丝对于微博的忠诚度。并且，无趣乏味的微博，比不上有趣的微博所能获得的传播量与关注，从而获得病毒性的传播。

就如一组简单、搞笑的动态图，就能引起广大网友的转发、评论和点赞，它没有软文华丽的辞藻，只是以让人们放松为目的而发的微博就能吸引网民的注意。

下面介绍一些微博内容推广技巧。

- 适当地转发热门内容吸引眼球，同时坚持原创内容建设。
- 当利用时光机网站通过定时发送一键配图等方式降低工作量，有规律的发布频率有利于增进微博活跃度。
- 相比较于文字，图文并茂更吸引视线；为了促进推广，可在图片上打水印。
- 对于突发事件进行直播报道或现场直播，吸引网友视线与关注。
- 内容要做到有用处、有知识，贴近现实、生活、新闻热点等；也可以适当转发参与用户较为关注的热门排行里的内容。

专家提醒

时光机是微博的一款应用，在发布微博的功能上与微博一般无二，文字、表情、图片、视频皆可添加。

时光机的玄机在于定时发送微博，微博使用者可以按照频率设置好定时发布微博的内容，避免因为忙乱而出现意外等。

1. 微博标签的设置技巧

微博个人标签能让用户搜索时快速找到你，还能增加在搜索结果中排名靠前的概率。

个人标签的设定很讲究，可以通过10大关键词的设置来体现。

- 设置 6 个完整的关键词，如美容类的标签站在消费者的角度，可写下“美白”“养颜”“祛斑”“消痘”“瘦身”“去疤”等。
- 设置 4 个拆分的关键词，例如，美、白、痘、消痘等，这样的目的是让一个字能匹配到自己，俩字也能匹配到自己，三个字还能匹配到自己。

总之，微博标签词的匹配度越高，被用户搜索并曝光的概率就越高。当然微博个人标签设置还是有一定的规则的，不能盲目地去设置。

下面是总结设置微博个人标签的 5 个规则。

- 有频率地调整标签词汇：企业需要提前准备十几组标签词汇，定期去看用户搜索习惯，根据被搜索最多的词汇来调整自己的标签。
- 微博关注有概率：微博作为一个媒体平台，不可能所有搜索到的人都去关注自己，有百分之一的关注就已经很不错了。
- 根据热点节日更换标签：标签词最好一个月换一次，如果遇到节假日就更换与之相关的标签词，如“情人节”，就把“情人节”写进标签里，当人们搜索关于情人节的词汇时，就可以搜索到自己的微博了。
- 合理排序标签：选好了标签词，就要合理的排序，进行优化，前面的 6 组词都用 4 个字的词语，从第 7 个词开始，按照 4、3、2、1 个字的顺序来写，如“美容瘦身”“美容瘦”“美容”“美”。
- 尽量采用 4 字标签：在产品比较多的时候，标签能写出 4 个字的就尽量写 4 个字的词语，如买衣服就可以用“服装女装”“服装裤子”“服装男裤”等，这样的好处是可以写更多的词，在用户搜索的时候会自动匹配到自己的关键词。

2. 微博增粉的技巧

微博营销是一种基于信任的用户自主传播的营销手段。企业在发布微博营销信息时，只有取得用户的信任和兴趣，用户才可能帮企业转发、评论信息，使信息产生较

大的传播效果与营销效果。

企业想要提高粉丝量，首先得要知道自身微博的状况，自己微博的粉丝量决定了微博的不同阶段，每个微博账号最多只能加 2000 个关注。因此，企业当粉丝还没到 1000 的时候就诚信互粉，到了 1000 的时候就开始清理关注的人了，把那些粉丝量少的清理掉。

随后，可开始进行微博定位，同时每天要有计划地发布内容，发一些原创的有趣、高质量内容，长此下去，粉丝量将迅速增长。当然想要提高粉丝量还需要掌握以下几点技巧。

- 坚持原创，吸引志同道合的人关注。
- 多多更新微博，不要半途而废。
- 有频率地组织活动来吸引粉丝，从而在实践中锻炼自己的话题策划能力，提升微博传播力。
- 多与粉丝互动，积极@别人并参与回复、转发、评论、点赞。
- 积极向知名微博投稿，推荐自己，利用微博积极推广自己，争取活跃粉丝的关注与支持。

3．微博品牌营销的技巧

企业除了对于微博进行维护与更新，同时还可以通过微博平台的关键字搜索功能，查找到在微博提及自家企业或产品的大部分微博，从而快速了解到用户对于产品的质疑或求助。

通过微博，企业可以对这些质疑与求助进行收集，并且及时为受众解惑答疑。从而避免用户因为不满而在互联网上大规模传播不利信息。对于消费者意见的收集，可以帮助企业进行设计与质量上的方向调整，从而帮助企业形成良性循环。

微博营销的出现，帮助企业快速解决了用户的问题，提高了客户满意度，实现了品牌真诚度的累积。

4．与粉丝互动的技巧

进行微博互动营销，最主要的一点就是要主动与别人进行互动。当别人点评企业或者个人微博后，博主就可以和他们进行对话。还可以去创办一些热闹的活动，让别人去参与，这样才会有客户和潜在客户愿意进行交流，从而分享这个微博的内容。

微博通常举办的活动有抽奖活动与促销活动两种，在吸引用户眼球，促进企业营销效果上，是两把利剑。

抽奖活动可以由企业规定规则，用户按照一定的格式对企业营销信息进行转发，就有机会中奖。通过抽奖信息的转发，传播企业信息，在奖品足够吸引人眼球时，甚至可能引发病毒效应，从而获得意料之外的效果。

促销活动相比较于依靠转发作为抽取资格的抽奖活动，在传播上略弱一筹，但却能精准营销直接吸引店铺的浏览量、点击率，进而转化为成交量。

因此，为了扩大传播范围，促销活动的折扣和优惠一定要足够大。在文案上，需要撰写有诱惑性的文字，配合精美宣传图。此外，通过邀请粉丝众多的人气博主帮忙转发，也是最大化发挥活动效果的重要手段。

11.3 软文营销+百度

现在百度已经嵌入了人们的生活，若出现了什么难题，人们都会随口来一句“有问题，找度娘”。百度已经与人们的生活密不可分了，每天都有很多人在百度上查找信息。因此企业通过在百度注册产品相关关键词，就能够在用户的搜索中，被动地进行一次营销。

11.3.1 百度推广的定义

简单便捷的网页操作可以给企业带来大量潜在客户，有效提升企业知名度。利用百度搜索引擎在主流中文上网人群中的广泛使用率，百度公司推出了百度推广这一国内首创的搜索引擎网络营销推广方式。

企业通过购买服务，注册并提交相关关键词，企业信息便能优先出现在相应搜索结果中。简而言之，就是用户在检索某一关键词时，当出现的页面带有“商业推广”的字样时，就是购买了百度推广的商家，如图 11-7 所示。

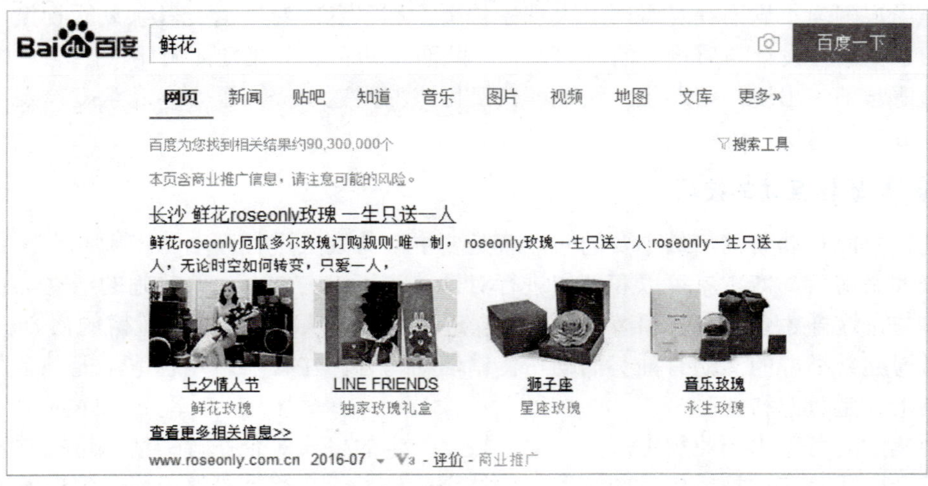

图 11-7 百度推广

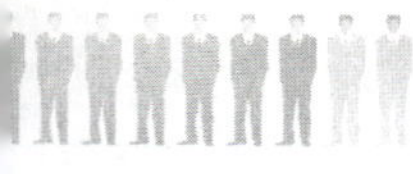

11.3.2 百度推广的三种方法

互联网时代，传统企业纷纷转型选择了网络营销，而越来越多的企业在网络营销时选择了百度。在为网民提供搜索服务的同时，百度还为企业提供了不错的推广方式。下面是三种常用的百度推广方式。

1. 百度竞价

随着百度推广的发展，百度竞价开始在网络营销中崭露头角。百度竞价是指企业的产品、服务以关键词形式在百度搜索引擎平台推广，按照不同的付费模式，获得不同的推广力度。

企业在搜索引擎的排名，取决于企业对于百度竞价付出的价格，关键词的推广，决定了百度竞价的高效与精准。但是百度竞价对于“门外汉”来说，是烧钱的机器。

如果盲目跟风做百度竞价，估计企业只赔不赚，如果企业把关键词设为广泛匹配，成交率大大降低不说，在推广方面的费用就特别多，长久下去，企业很有可能垮掉。那么怎样才能做好百度竞价呢？

- 结构要清晰，一个结构清晰的推广计划、推广单元可以提高关键词的质量，做过百度竞价的人都知道质量的重要性。
- 区域不同价格也就不同，不同地区竞争程度不同，关键词排名也是不一样的，在进行竞价推广时，可以建立不同城市推广计划，从而设置不同价格和区域，节约成本。
- 搜索页面位置，事实上，按照用户搜索习惯，排名前五的搜索结果，在没有特殊偏好时是一视同仁的。因此，相比较于第一的高昂成本，更推荐商家争取第三、第四的排名。
- 创意标题，营销终归是为了点击率，而吸引视线的关键，并不是排名或结构，而是一个有创意的标题。

2. 百度优化

百度搜索引擎优化指的是 Search Engine Optimization，简称 SEO，所针对的是搜索引擎自然排名。前人通过不断尝试总结了搜索引擎的收录和排名规则，从而对网站进行各方面优化，帮助网站被搜索引擎收录。

百度优化有以下 4 个特点。

- 覆盖面广，企业针对百度进行的优化排名，能够在无形中影响到其他搜索引擎上的排名。
- 稳定性强，网站在优化后，只要维护得当，排名往往能保持极强的稳定性。
- 认知度高，随着百度推广的发展，网民开始对于“推广”字样的广告无动于衷，反而更倾向于看重自然出现在排名的广告，无形之中提升企业品牌

形象。

- 价格低廉，百度优化推广几乎不需要花费成本，除非全无头绪的新手需要找网站优化服务商帮忙代理优化。

3. 免费的百度推广

百度之所以声势如此浩大，全靠它全心全意为网民服务、细致入微地照顾网民的情绪与需要。

就拿网络营销来说，百度不仅仅提供企业有效的付费推广，还提供了很多可以免费做推广的平台，充分给企业创造出了零基础的推广舞台。百度所提供的免费推广平台主要包括：百度百科、百度知道、百度贴吧、百度图片等。其中百科、知道与贴吧都在前文详细解说过。

百度图片作为世界最大的中文图片搜索引擎，能够在数十亿中文网站中提取图片进行收录，赋予了受众方便与快捷。而商家也可以利用这一点，在图片中加入企业信息，上传到大型网站、论坛、博客相册上，以得到百度的收录。

第12章 风险防范：规避风险深思熟虑

随着越来越多的企业注意到软文营销的力量，软文营销的市场越来越火热，不过软文营销的一些风险也就随之出现，学会规避这些风险，才能让软文营销发挥最大的价值。

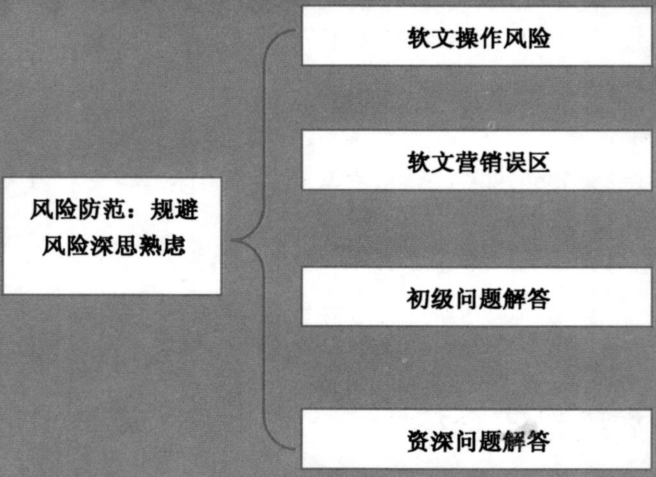

风险防范：规避风险深思熟虑

- 软文操作风险
- 软文营销误区
- 初级问题解答
- 资深问题解答

12.1 软文操作风险

操作风险的定义是在实际操作中，由于内部操作过程、操作人员、系统或外部事件的缺陷或问题而引发直接或间接损失的风险。

软文营销在操作上的风险主要集中在软文的撰写创作以及发布投放上，下面进行详细解释。

12.1.1 产品宣传不符

作为本质目的是推荐产品或服务的软文营销，为了能够吸引消费者的关注，会在软文里竭尽全力地对产品效果和产品卖点进行详细的说明甚至是夸大。如此一来，软文营销难免会落得“王婆卖瓜，自卖自夸”的嫌疑，而且还容易引发消费者的质疑与反感。

例如，某款保健品在最初的营销中，所使用的宣传语是“孩子个子长高不感冒！老人腰好腿好精神好！女人面色细腻红润有光泽！×保健品补足钙铁锌硒维生素！”但是实际上，专家检测证明这款保健品并不足以做到这些，因而引发了消费者的投诉与质疑。

又如，有教育机构提供不出资质证明，却宣称“全国第一专业技术培训学校”“全国每年新入行的 10000 名建筑师就有 7000 名出自××技术培训学校”等杜撰内容，经查实以后被处以罚款。

专家提醒

针对这类营销风险，营销者或是推广团队应该如何避免呢？可以从以下三点做起。

(1) 对产品或服务有清晰的认知。

(2) 对国家行业标准与行业相关法律法规的熟知。

(3) 经过试用或者网络搜索了解产品或服务实际效用。

12.1.2 软文质量不合格

这个“风险”是普遍存在的，营销费用的不足使得企业软文撰写质量不高，并且，一些低质量软文站点也占据着一大部分市场，中小企业尤其要注意这个风险。

那么，企业应该如何做呢？办法有两个。一是加强学习，了解软文营销的流程，掌握软文撰写的基本技巧。二是聘请专业的软文营销团队，因为他们不像广告公司和公关公司业务范围比较广，他们专注于软文撰写，软文质量很高。

12.1.3 软文投放力度不够

很多企业都会出现一个问题，那就是软文投放力度不够，尤其是指在进行软文推广时放弃组合和变化，因为企业推广的偏好性，只认准一个平台或方向。例如，有些老牌企业对报刊等实体渠道比较偏爱，便会仅仅通过该媒体进行营销，而放弃其他营销方式。

其实，软文的投放同样是需要组合和变化的，因为我们都知道，产品宣传的根本目的在于寻找目标客户，最终完成产品销售，因此就需要让尽可能多的目标客户看到软文。

但很明显的是，软文投放很难做到覆盖所有媒体。这就需要营销者通过明确地了解营销目标的需求定向，从而在投放软文时进行组合变化，以覆盖最大范围，从而达到营销的最佳效果。

专家提醒

营销者通过使用多种定向投放软文，能够大面积覆盖不同途径，从而将信息传递给通过不同途径的目标需求人员。

同时，这种方式也可以扩大企业信息的传递范围，以及时满足有需求的人群，从而获得更多的转化。

12.1.4 软文中爆料太过分

软文撰写方法中有一招就是爆内幕，这种方式主要是利用人们的好奇心，吸引人们的目光，因为心理学研究表明：人们对于隐私性的内幕总是充满极大的兴趣。

有企业通过切入撰写爆料类软文，获得了不少关注度。但是，在揭秘行业内部爆料时，不能以诋毁同行为目的。否则，便容易闹得像蒙牛与伊利一般不可开交，如图 12-1 所示。

关于行业内幕爆料，我们不得不提伊利和蒙牛之间的那场“诽谤之战”，两家企业利用新闻软文以及网络媒体，进行了一场品牌大战。2010年8月初，有媒体报道“圣元奶粉被疑致女婴性早熟”，一时间，圣元乳业遭千夫所指，在百般澄清后，卫生部介入该事件，并于当年8月15日公开宣布调查结果：湖北三例婴儿性早熟事件与圣元奶粉无关。可是因此造成的负面影响难以消除，这次事件被称为“圣元时间”。在事发的2个多月后的2010年10月19日晚，一篇标题为《圣元奶粉事件幕后黑手是蒙牛》的帖子开始疯传于网络。蒙牛和伊利由此展开攻击。10月25日，某报刊记者分别登录蒙牛和伊利官网，两家网站在显要位置均贴出了大量有关此次诽谤事件的声明及相关报道，并分别将自己掌握的证据、资料公布出来，指责对方利用恶性口碑营销陷害自己，两家同城兄弟的“相煎”公开化，而通过两者的不断爆料内幕，对双方造成的伤害也逐渐增大，如此通过“打击同行业”的营销手段也渐渐脱离了市场的本质。

图 12-1 爆行业内幕之战

软文中进行爆料时要慎重，为了规避弄巧成拙，害人害己的风险，需要坚持以下爆料原则。

- 保证自身产品质量，不至于反被对手或消费者“打脸”。
- 适度爆料，避免引起行业公愤。
- 切记对面不对点，切忌点名批评。

12.1.5 软文中出现书写的错误

为了保证文章的正确性和逻辑性，报纸杂志在出版之前，都需要经过严格审核。尤其是涉及重大事件或国家领导人时，一旦出错，就要追回重印，对于人力、物力都是极大的损失。

软文书写错误包括文字、数字、标点符号以及逻辑错误等方面，其中最常见的莫过于文字书写错误与数字错误。为了防止出现校对风险，软文撰写者必须严格校对。

1. 文字书写错误

在软文撰写中，常常出现的文字错误多数为错别字，例如，包括企业名称、人名、商品名称、商标名称在内的名称错误。而这些错别字，对于软文，尤其是营销软文而言，很可能是致命的！

一篇连自己要营销的产品、企业、品牌的名称都能搞错的软文，我们还能奢求它有什么说服力！软文的质量、说服力、权威性，都会被这种错误破坏，尤其出现在报纸上时，破坏力尤为巨大。

2. 数字形式错误

软文中使用数字时的书写格式需要参考国家《关于出版物上数字用法的试行规定》《国家标准出版物上数字用法的规定》等规定。

规定要求数字写作时分为以下 3 种使用情况。

- 必须使用阿拉伯数字形式表达。
- 必须使用汉字形式表达。
- 必须保持整体一致性的原则下，汉字数字可通用。

其中最常见的错误就在于，第三种情况时，因为两种形式都能用，往往会出现混用的情况，因此，文章作者需要进行详细核查。

12.1.6 软文习惯抄袭

有些企业奉行“天下文章一大抄”，软文营销时一味抄袭成功范例，不顾软文原创性，无形中损失了大量客户。目前的软文创作中，常见的抄袭行为包括以下几种。

1. 版权修改

在一些开放性的软文网站，例如，A5 站长网，软文大多是原创性的，但是经过百度文库或是豆丁网的转载之后，文章后边的链接就会被消除。更有甚者连“转载”二字都不注明，对于原创者的创作是极大的不尊重。

2. 段落修改

这种情况也相当常见，尤其出现在网站的优化时，站长往往会将网络上找到的精彩文章，修改标题结尾，进行简单的段落修改。标题与开头不一致的情况下，搜索引擎往往会将之看作一篇新文章。

3. 创意分享

创意分享的意思就是用自己的理解去解释所看到的文章的想法，这种抄袭，就是抄袭一篇文章的主题部分了，这是最常见，也是原创者最恨的一类文章。知识产权保护文字形式，但是不保护意识形态。

因此，同样的创意，被人翻来覆去替换词汇以后，明明是抄袭，却抓不到小辫子。但即便能够逃脱法律的束缚，往往这类软文会在道德上遭到唾弃。

12.1.7 社会道德风险

对于企业来说，高知名度是营销的目的，但是炒作需要有度。如果是与社会相悖的营销案例，例如，一些低俗、色情、暴力、贪欲等，企业应该尽量避开，不能一味追求吸引网民的眼球，而忽略了企业的美誉度。

1. 恶意炒作不可取

公共关系与营销策略之间的巧妙结合，衍生出了炒作。炒作以新闻作为载体，传播产品信息和品牌形象，从而提高企业知名度、美誉度，最终目的是促进产品销售或塑造企业品牌。

炒作以新闻作为核心事件，将商业时间中的新闻要素强化，从而适应媒体运用，使受众在获取新闻的同时，不知不觉地接受某种商业信息。也就是说，真正的新闻事件才能成为新闻炒作的前提，一味使用“有偿新闻”“软文”等进行新闻炒作，就是一种不道德的行为。

2. 软文内容不可恶俗

软文营销不能违背社会道德，文章不能与社会良俗相悖，这一风险主要集中在以成人用品、内衣行业等边缘企业中。而实际上，这些行业的软文，完全可以另辟蹊径，避开可能会打擦边球的部分，从其他方面入手，既对产品进行了宣传，又不至于引起读者反感。

12.2　软文营销误区

凭借高收入低成本的性价比，软文营销成功成为继 SEO 营销之后，广为站长与商家青睐的营销方式。然而，随着软文营销的流行，许多营销的误区也是层出不穷，下面就针对软文营销过程中常见的误区进行分析应对。

12.2.1　三天打鱼两天晒网

不少用户对软文推广有所误解，他们认为软文带来的直接客户少，只能塑造产品口碑，因此可能一年只发一到两次软文。而有的客户，每天都发数十篇，在收效甚微之下，往往也选择了罢手。

营销者需要明白的是，软文营销是一个长期的过程，不能抱着“立竿见影，一篇软文就留下显著作用”的心态。软文营销不能毫无规律，想起来了才发软文是不可取的。软文是一个有规律的、长期的、无形的营销过程，不能三天打鱼两天晒网。软文营销并不能直接促成推广，而是通过长期有规律的软文发布，在消费者心中累积企业品牌形象，提高潜在客户的成交率。

广告能够帮助客户认识企业品牌，而促进用户购买的往往是长期的软文催化。用户在长期接触品牌软文的过程中，会不知不觉在潜意识里留下对品牌的良好印象，从而在需要时，产生购买行为。

12.2.2　盲求门户网站

一般来说，相较于行业网站和区域门户，门户网站的影响力要大得多，但是媒体方案需要取决于实际市场与需求，来选择合适的软文发布平台，而不是盲目强求门户网站。

相比较而言，如果是做影楼或者本地服务类的客户，区域门户因为其地域特征，营销受众更为精准，显然更适合推广。当然，如果在文章内容做好限定，锁定住目标人群，投放到权重高的门户自然也是可取的。

如图 12-2 所示，就是在区域门户上发表的一篇推广软文。

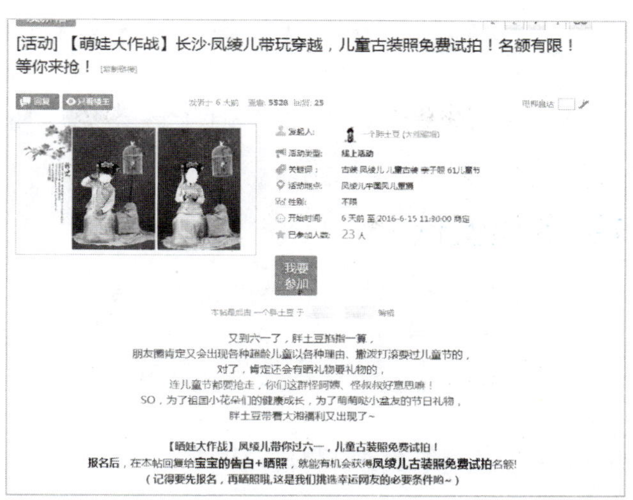

图 12-2　区域门户网站上的影楼推广软文

12.2.3　软文营销就是发软文

如果把软文营销比作一顿晚餐，那么软文发布就是一筐萝卜、青菜、猪肉等原材料。没有软文发布，软文营销毫无意义，只是软文发布，也称不上软文营销。

发布软文，只需要利用各种媒体资源，将软文发布到网络新闻媒体中，或是传统纸质媒体上即可；而软文营销，远远不止这些。成功的软文营销需要一个整体的策划，根据企业的行业背景和产品特点策划软文营销方案，根据企业的市场背景做媒体发布方案，文案创意人员策划软文文案等。

12.2.4　成本压得过低

企业既想做软文营销，又想要压低成本，这个想法是人之常情，但是市场往往是一分钱一分货，太便宜的营销服务，往往不会有太好的效果。

营销者需要明确的是：妥善选择软文的发布平台是软文营销中最重要的一环。并不是在任何网站上发布软文都能达到效果，有的搜索引擎不会收录，媒体也没有流量，虽然版面便宜，但是没有任何价值。

12.2.5　软文发得越多越好

相对于其他营销方式来说，软文营销具有成本低、持久性高的特点。通常来说，除非软文发布的网站倒闭，一篇发布成功的软文，将会始终存在并有效。

而始终有效并不意味着马上见效，于是有客户每天向门户网站投放数十篇新闻软文，殊不知，这种行为，一来无形中提高了营销成本；二来，容易引起目标受众甚至门户网站的视觉疲劳。

事实上，软文营销“贵精不贵多”，精心雕琢打磨一篇高质量的软文，所能起到的作用，要远胜于十几篇质量平平的文章。

12.2.6 发布平台随便选

目前，互联网上旗下有各种软文发布资源的专业网站数不胜数，为了吸引用户，这些网站往往会推出各种套餐，比如，捆绑发布四大门户和其他地方门户，由此降低商家的整体推广费用，看似有利于商家，但是这里面猫腻不少，若不谨慎选择，反而有可能会带来反作用。

如图 12-3 所示，就是某软文发布网站提供的优惠套餐。

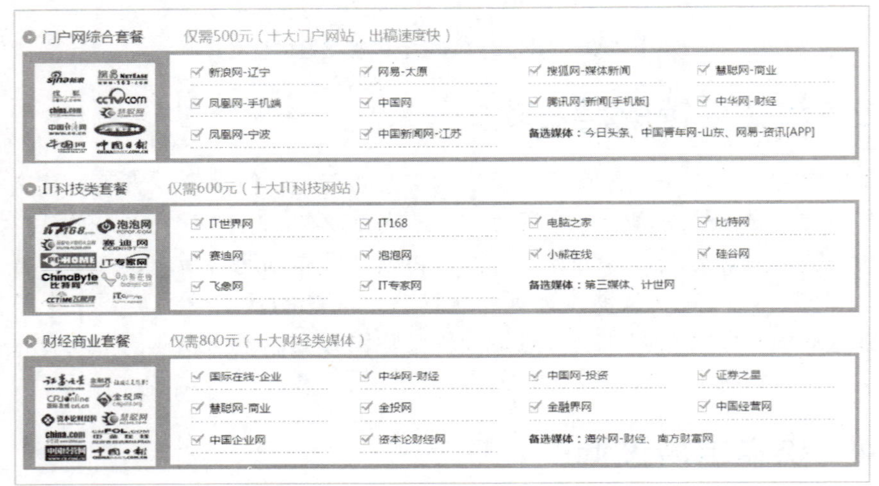

图 12-3　某软文发布网站的优惠套餐

而这些捆绑了不同权重的网站的套餐，问题往往出现在很多 PR(PageRank，网页级别)为 6 级以上的高权重网站上。很多这样的网站，尤其是某些区域新闻门户，往往只花了几个月就把权重提升到了 6 级以上。

这些短时间提升权重的地方网站，猫腻很大，如果是通过作弊搞上来的，那么发布在这些网站上的后果是非常严重的。

软文平台很可能在这些网站上发布软文，然后再捆绑到其他高质量的门户网站上进行发布，商家在不察之下，很容易陷入误区。

12.3 初级问题解答

软文营销的初入行者，由于对于软文营销的不熟悉，往往在操作时会产生很多基础的问题。这些问题虽然看上去不是特别重要，可是如果处理不当，还是会给软文营销带来一系列的不必要的麻烦。

12.3.1 软文多少字最合适

专家指出软文营销写作字数的考虑需要从两方面出发，考虑用户体验的角度，以完整表达内容所需求的字数为准。

而站在 SEO 的角度，软文字数不能少于 200 字，原因有两个。

- 如果只有几十个字，搜索引擎很难判断出这些文字的主题是什么，因此也判断不出与哪些关键词有关。
- 正文篇幅太短，尤其行业相关软文，相同的专业术语太多，会让搜索引擎判断为抄袭或复制的内容。

普通软文的字数在 400～800 字之间比较合适，这是在满足 SEO 的同时，不至于因为字数太多引起用户反感。

12.3.2 软文营销的周期是多久

软文营销通常以一年为周期，前期需要定制策略，中期对于软文效果需要进行监测，后期进行效果评估。软文营销又大多需要沉淀，因此，一年周期是最合适的。在特殊情况下，也可以适当缩短。

12.3.3 软文营销有什么用

软文营销的作用包括进行口碑宣传与潜在客户引入，通过软文营销对消费者进行潜移默化的营销，宣传品牌。并且，软文在转载传播过程中，会生成很多高质量外链，从而为网站带来更多流量等。

12.3.4 软文营销有没有效果

软文营销有效这一点，是毋庸置疑的。但是，软文营销结果的关键点在于软文要言之有物。太多企业，知其然不知其所以然，撰写的文章与其说是软文，不如说是硬广，垃圾营销，徒惹反感。软文的效果考验操作与技巧，做得不好反而容易带来负面影响。

软文的作用是一个润物细无声的过程，软文营销要精心编辑，营销过程也不能急功近利。单纯为了获得大量流量的软文，只是链接的诱饵，短时间内获得流量，反而会引发消费者的反感。

12.4 资深问题解答

当软文营销进行到一定地步的时候，就会出现一些更加复杂的问题，这些问题不是初入软文营销的人就能发现的，下面来看看都有哪些问题吧！

12.4.1 企业做软文营销外包还是建团队

企业在接触了软文营销，获得了好处以后，就会出现这样一个问题：企业软文营销应该外包还是自建团队。

外包指的是通过与专业的软文营销公司合作，由他们帮助企业进行软文营销；自建团队则是企业自行构建营销团队。

自建软文营销团队需要专业人员，并且对于资金要求较高，因此对于中小企业而言，操作难度较大，建议做外包。

大型企业可以适当培养自己的软文编辑，进行公关和事件营销。

12.4.2 哪些行业适合做软文营销

软文营销的应用已经非常广泛，大至跨国集团，小至个人网店，都做软文营销。不过软文营销虽然效果好，可是并不是所有的行业都适用。

那么，哪些行业更适合做软文推广？软文的概念是随着营销来的，其实软文的外在表现就是新闻，新闻营销和软文营销现在已经很难分辨了。

下面来看一些更适合做软文推广的行业。

1. 教育培训行业

教育培训行业的产品服务，通过广告或许可以吸引人们视线，但人们难以通过广告了解具体服务，此时则需要求助于信息量大、可持续推广的软文。

2. 电子商务行业

基于网络平台的电子商务行业，是无法离开软文营销的。一来基于网络平台，利用网络进行软文营销，直接、针对性强。二来，销售平台所需要与消费者建立的信任感，是广告所无法培养的。

3. 信息技术行业

时常推出新兴产品的信息技术行业，同样需要新闻软文。产品对于用户有什么体验、产品的作用与解决的问题，这些关键内容，不能通过简单的一两句话表达清楚。

而通过撰写软文，在详细介绍产品的同时对顾客进行潜移默化的心理暗示，既介绍产品，又宣传了品牌。

第13章 微商推广：巧借东风软文助力

基于强大关系网络的微信营销，逐渐凭借它及时有效、成本低廉等优势成为广受青睐的营销方式。

通过使用微信这一互动工具，回归到最真诚的人际沟通，才是微信营销的真正意义。

- 微商推广：巧借东风软文助力
  - 微商营销，“软文+微信”更高效
  - 4大优势，微信助力微商软文营销

13.1 微商营销，“软文+微信”更高效

微信营销的操作方式是指微商或企业，以图片、文字、视频、语音等形式，通过微信朋友圈或者微信公众号等方式，向客户发布推送消息和广告。

微商营销的目的是以此来提高微店的知名度，树立微商品牌及产品形象的一种微营销方式。

13.1.1 微商软文营销的特点

微信品牌营销，是移动互联网时代的一种新型的基于即时通信 APP 微信的营销模式。

当客户注册微信账号后，可根据自己的爱好订阅喜欢的公众号，主动获取相关信息等。而商家利用微信公众号平台向客户提供有帮助的信息，同时进行软文推广，实现点对点营销。

微信公众号对于企业品牌的宣传和推广能够起到很好的作用，原因在于微信品牌营销具备实时推送、形式多样、成本低廉、一对一查看、百分百到达率等特点。微信公众号从 2013 年推出以来，三年来已经出现了数十亿公众号，其中较为受欢迎的微信公众平台，如图 13-1 所示。

最受欢迎的微信公众号

新闻微信	每日精选	全球热点人物	中国新闻网	中国高速交通广播	全媒派	参考消息	华商报	中国之声	更多
财经微信	职场那些事儿	财经头条	央视财经	华尔街见闻	财经记者圈	点拾	娱乐资本论	21世纪经济报道	更多
科技微信	互联网创业笔记	哲想动画	哲想软件	精品手机app	互联网那些事	DoNews	极客公园	ZEALER订阅号	更多
阅读微信	精读	智慧人生	草民一介	一句话签名	分享精华	美图志	趣书屋	大象公会	更多
搞笑微信	冷笑话精选	papi酱	新闻哥	糗事百科	冷笑话	万万没想到	奔波儿灞与灞波儿奔	爆笑gif图	更多
趣玩微信	野史秘闻	爱稀奇有趣	揭秘人性的弱点	视觉志	同道大叔	图图xxx	蜂鸟网	名车志Daily	更多
时尚微信	养生美颜小知识	星座密语宝典	时尚COSMO	海报网	1626潮流精选	YOHO潮流志	男人装	商务范	更多
生活微信	生活小常识	衣食住行	动物世界	她他社	下厨房	大众点评网	宠物中国	一条	更多
健康微信	爱瑜伽爱生活	腾讯健康	寻医问药	人鱼线vs马甲线	脉脉养生	天天饮食	健康生活百科	99健康	更多
旅游微信	环球旅行	面包旅行	十六番	携程旅行网	同程	穷游网	一块去旅行	去哪儿网	更多

图 13-1 较为受欢迎的微信公众号平台

1. 实时推送

与其他社交工具相比，通过微信推送的消息到达客户的手机后，客户能够在第一时间获得手机的消息提醒。

如铃声、信息栏停驻、APP 角标标注等，如图 13-2 所示，从而保证微信消息推送的实时性。

图 13-2　微信收到新消息提醒

2. 一对一查看

客户查看微信公众号推送的信息时，一次只能看一家企业推送的信息，从而保证客户在查看信息时的专注度。

3. 形式多样

微信营销的渠道非常多样化，除了最常用的微信公众号，还有诸如漂流瓶、摇一摇、扫一扫、朋友圈等其他营销渠道。如图 13-3 所示，为漂流瓶、摇一摇、朋友圈等的入口。

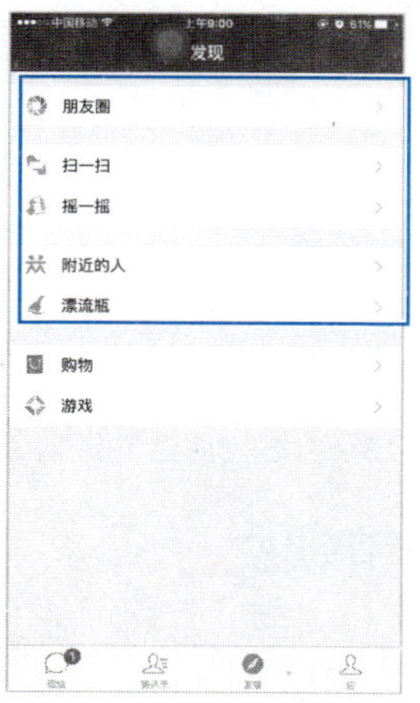

图 13-3　个人微信常见营销方式

商家企业在营销时可以根据自己的企业特点和资金状况，来选择适合自己的营销方式。

4. 百分百到达率

微信的这种实时推送以及一对一查看的方式，确保了每个客户都能看到企业推送的信息，从而实现百分百的到达率。

而到达率在企业宣传中，就是信息传播率的保障，决定了营销的范围与结果。微信营销，可以说是市面可见的营销方式中，到达率最高的一种。

5. 成本低廉

微信账号注册和腾讯官方认证都是免费的，由此可以看出，微信营销几乎不用太多的成本。虽然如此，但是对于大型品牌企业来说，想要将微信品牌营销做好，还是需要一定的资金来维护客户的。

微信公众号的注册需要登录官方网站 https://mp.weixin.qq.com 来操作，点击官网右上角的“立即注册”，跳转后根据系统提示进行即可，如图 13-4 所示。

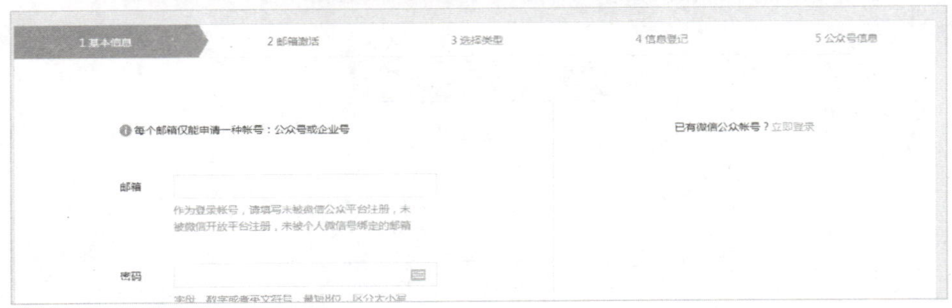

图 13-4　微信服务号注册方式

13.1.2　微信朋友圈营销软文

随着技术发展，微信从最初的寥寥无名到如今的全球数十亿用户；微信公众号平台也拥有了数亿公众号。无论是想要通过微信来推广产品服务或者建设品牌的大型企业，还是想要通过创业赚钱的个人，都已经开始重视微信营销。营销人员希望通过微

信营销获得更好的营销结果，那么，朋友圈到底应该如何经营呢？

1. 借势热点，引发讨论

朋友圈已经成为很多人了解新闻热点的途径，新闻软文以其独有的热点价值，以及简单的操作方式，获得了营销者的广泛青睐。撰写者通过复述新闻事件，结合行业进行适当点评，就能将一个新闻事件应用为一篇行业营销文章。如图 13-5 所示，就是一篇以借助热点新闻事件作为主题的品牌推广软文。

2. 整理内容，汇总知识

做品牌营销时适合使用这种方法，通过整理本年度行业大事件，在其中融入知识点，往往能够引起朋友圈的分享传播。并且通过发布这样的内容，能够在朋友心目中塑造你的可靠形象，在下一次遇到相关问题时，朋友第一反应会找到你咨询。

而当你成功为他解答了困惑，会大幅度地提升其对你的信任感。信任，就是销售的第一步。如图 13-6 所示，就是整理内容类型的微信公众号软文推送。

图 13-5　热点事件类软文

图 13-6　整理类软文

3. 叙述故事，引起共鸣

在营销圈子里，有一句话叫作：“故事讲得好，销量不会少。”并不是去编造一个起源欧洲的贵族品牌故事搭配一个国外注册的皮包公司就叫讲故事了，那只是自欺欺人。

真正的故事，就藏在创业时的酸甜苦辣里，在于客户打交道时的有趣互动，在辛勤工作时同事之间的互相支撑。真实地记录这些故事，发掘其中的营销价值，用生动而富有感染力的语言描写下来，更能打动人心。

4. 巧用图片，生动形象

分享图片，可能会达到远超于软文的效果。个人微商通过分享产品、库存图片，或者分享发货流程图，都是不错的获取顾客信任的图片营销方式，企业也可以借助图片来打造企业形象。

比如，分享忙碌的工作场景，借助真实感人的素材直击用户内心；又如，分享企业活动图片、传递企业文化等。如图 13-7 所示，就是通过分享广告宣传片拍摄花絮的图文并茂的方式来进行企业品牌推广。

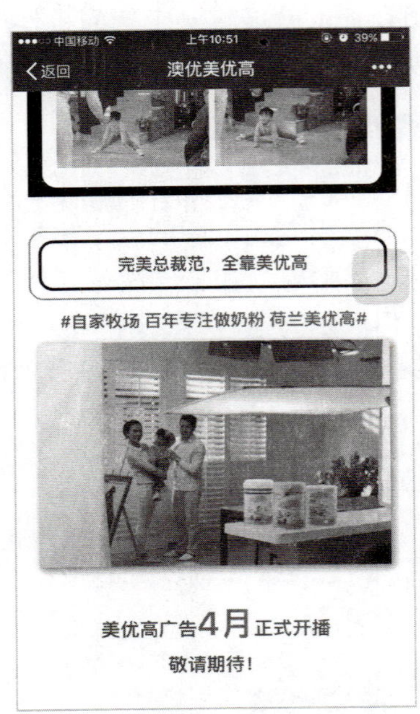

图 13-7 图文并茂类软文

5. 分享经验，塑造大拿形象

在一个行业做久了，自然而然就积累了不少关于行业的经验。通过撰写行业经验分享为主题的软文，例如，家电销售业，就可以撰写面向新手的《资深家电店主手把手教你宣传话术》等。从而吸引到关注者的追捧与分享，获得更多粉丝，塑造一个可以被信任的大拿形象。

13.1.3 微信公众号平台营销软文

微信能够在其他社交工具中脱颖而出，成为人们最常用社交工具的关键，除了朋友圈可以进行分组外，还有就是内容非常丰富的微信公众号平台。而正是人们对于朋友圈和公众号平台的依赖，使得商家越来越重视微信营销。那么，在撰写微信公众平台营销软文时，又需要注意哪些技巧呢？

1. 集中精力做一个号

2013 年 1 月上市的微信公众平台，微信公众号已逾十万。微信公众号实际上有三种分类：服务号、订阅号、企业号，三者在内容上各有侧重，统称为微信公众平台。

很多企业在面对微信公众号这个完全陌生的领域，因为摸不着头脑，一股脑注册好几个，却一个都没有做好。微信公众号平台的账号分类，如图 13-8 所示。

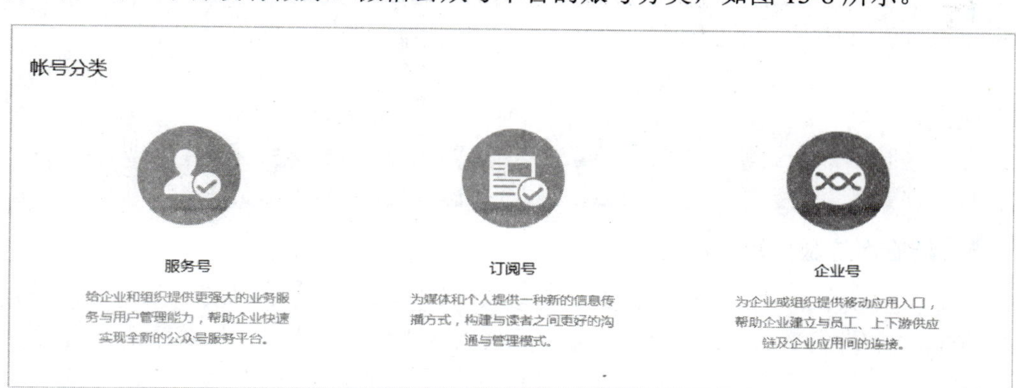

图 13-8　微信公众号三个分类

中等规模的企业，最佳建议是专注一个服务号，这样做的好处如下。

一来企业规模不大，对于企业号的需求不强，因此不建议做企业号。

二来服务号与订阅号相比较，订阅号的难度要更大，并且不是每一个企业都适合用订阅号做自媒体。

在公众号平台的选择上，企业需要根据自身业务与实力做决定。

2. 关注互动而非数据

在移动互联网时代，互动营销远比关注用户数据更重要。对于微信公众号来说，关注粉丝数据的意义其实并不大。微信公众号营销的关键在于软文的传播范围，这需要的是有互动的高质量粉丝，而不是一群“僵尸粉”。

企业需要努力将老客户转化为服务号的粉丝，并通过奖励设置激励他们参与活动并分享软文。

3. 吸引注意引发分享

当你撰写了一篇非常满意的软文，或者软文需要互动时，你会发现，这篇软文只有关注了企业服务号的粉丝能阅读。而这个数据太少，怎么办？

这就需要学习煽动情绪了，在软文中加以暗示，促使粉丝主动分享软文。但这种手法需要做到隐蔽不着痕迹，公开要求转发的公众服务号可能会被腾讯处以屏蔽或封号的惩罚。

4. 自我回复引人注意

企业在推送软文后，常常会出现一个尴尬的现象：没人回复。这种情况可能是软文不够吸引人，或者发布时间不是粉丝使用手机的黄金时间等原因导致的。

但不管怎么样，为了不显冷清，我们可以自己留几条评论，比如“感谢大家的热情支持”之类，公众平台收到的评论可以由服务号的管理员选择是否展现出来。因此，通过自说自话，能够让人误以为软文底下很热闹，引发读者评论的欲望。

而这种“统一回复”的手法，还可以用在做软文广告上，当企业推出了新产品，为了保证软文的“软”，文章以产品为主要内容，因此文章里通常不能出现购买方法及渠道。这时候，企业就可以回复一条类似于“询问购买的人太多啦，这里统一回复一下购买方式哦”之类的内容。不会显得太过突兀，又提醒了消费者购买。

5. 精心提炼微信软文标题

标题对于软文的重要性已经强调过很多次了，而微信软文的标题，有一个特别的地方在于：微信提醒的时候，除了部分屏幕较大的手机，大多数手机只能看到前面13个字。因此，为了能够获得更多点击从而获得传播，软文标题的前面 13 个字需要尽量写得吸引人眼球。如图 13-9 所示，就是软文推送时在手机上的显示，这决定了，软文推送消息的打开率。

图 13-9　软文标题前 13 字很重要

6. 图文并茂生动形象

软文的点击率首先取决于标题，其次则是软文的摘要与首图，这三者相辅相成，互为依托。如果这三者没有配合好，再精彩的软文，也难免受影响。

专家提醒

软文讲求图文并茂，大篇幅的文字容易引起审美疲劳，加上如今 Wi-Fi 的普及，在软文中插入大量的图片已经不成问题了。

在拿捏不准软文配图时，可以选择搭配一些漂亮的风景图，优美的风景图片在阅读间隙可以让读者心旷神怡，增加阅读体验。

7. 链接分享至朋友圈

公众号平台是由管理员进行操作，因而在公众号推送了软文以后，管理员可以将之分享到朋友圈。其中，分享时可以配上总结文章主要内容的文字，从而帮助朋友圈好友更好地了解文章内容，并且当你的朋友对你的文章进行分享时，可以直接复制你的内容。

8. 发布系列原创文章

原创的系列文章是微信公众号吸引粉丝、增加互动的利器，粉丝被文章吸引，会期待下一篇。当粉丝将文章分享出去，被吸引的新粉丝往往会想要阅读前文，从而前来关注公众号。

9. 多向涉猎内容丰富

微信公众号通常是以企业为单位，而大多数企业都是单向行业涉猎。但如果每天微信公众号推送的文章都是行业相关，内容单一，枯燥乏味。那么，必然会引起消费者的审美疲劳。

因此，为了保证内容的多样性，微信公众号需要圈定主题，但是围绕主题又有更多方向的细小延伸。通过增加不同的适当内容，不偏离主题即可。

10. 情感互动塑造小编形象

就如同前文说的，公众号平台是由管理员操作的，在互动和撰写软文时，管理员就可以将自己的性格带入公众号里。

例如，公司举办有奖活动时，管理员可以这样说："老板本来只给了 10 个中奖名额，小编软磨硬泡才增加了 10 个，大家要积极参与哦。"

又或者，管理员可以这样说："哎呀，小编最近看了一个电视，哇，好羡慕里面不用上班四处旅行的女主角啊。但是还是要努力工作的小编表示，我们公司推出的新产品，在旅游途中绝对用得上哦。"

通过这样的手法，塑造一个有血有肉，和粉丝站在一边的小编形象，比冷冰冰的微信公众号所起到的作用要大很多。如图 13-10 所示，就是一个塑造小编形象的典型案例。

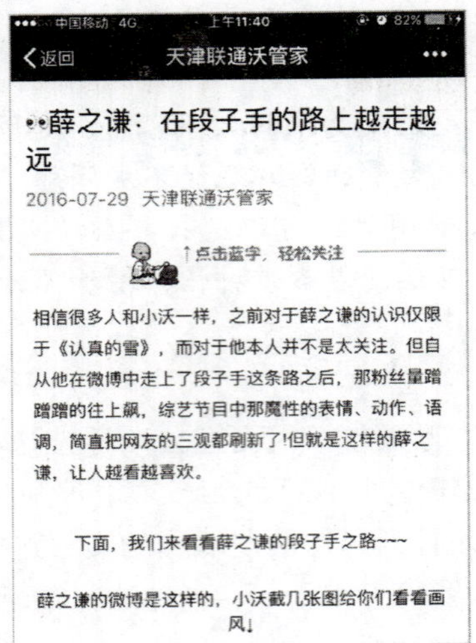

图 13-10　塑造小编形象的公众号

13.2　4 大优势，微信助力微商软文营销

软文营销对于软文的到达率、曝光率、接收率和受众的精准度都有极高的要求，这四者越高，软文营销的效果也就越好。微信凭借其无可比拟的优势，当之无愧地成为软文营销的首选应用，助力微商软文营销。

13.2.1　高到达率

营销的效果很大程度上取决于所传递信息的到达率，这也是所有营销工具都会关注的方面。与手机短信群发和邮件群发被大量过滤不同，微信公众号群发推送的每一条的信息，都可以准确无误地发送到终端手机，达到 100%的高到达率。

13.2.2　高曝光率

衡量信息发布效果的另一个指标便是曝光率了，信息曝光率可以理解为信息点击率，相较于其他方式，微信发布的信息拥有更高的曝光率。

微信是以手机作为载体的即时通信工具，因此在收到新消息时会有铃声、通知中心信息栏、APP 角标等方式提醒用户未读信息，曝光率高达 100%。

13.2.3　高接收率

腾讯于 2011 年 1 月推出微信 APP，2013 年 1 月推出微信公众号平台，到现在使

用微信的用户已经上亿，微信已经超越短信和电子邮件成为广受欢迎的主流信息接收工具。

微信的广泛应用和普及性成为其营销的基础，奠定了微信营销的高接收率。微信公众号是由用户主动订阅关注，从而主动获取信息。因此，微信公众号推送的软文，不会遭到抵触。

13.2.4 高精准度

大多数的公众号平台都是以行业作为主题，因此用户群体高度集中，粉丝大多是行业从业人员或者消费者或对行业有兴趣的消费者。

而这样精准的粉丝用户，就相当于一个个自行转发微信的平台和潜在客户。从而奠定了行业公众号平台炙手可热的营销资源和推广渠道的地位。

第14章 微信营销：最真诚的人际沟通

微商在营销中，通常更为青睐基于强大关系网络的微信营销。而微信营销需要时刻考虑用户感受，精心撰写软文，借用微信这一主流互动工具，回归最真诚的人际沟通，才是微信营销的成功秘诀。

- 微信营销：最真诚的人际沟通
  - 微信营销对微商的好处
  - 微信软文的撰写技巧
  - 微信软文的营销策略

14.1 微信营销对微商的好处

微信营销在种类繁多的营销方式中能够成功占有一席之地，与它表现明显的特征是分不开的。

微信营销对微商的好处，如图 14-1 所示。也正是因为这些优势，才让微信营销有了发展的潜力。

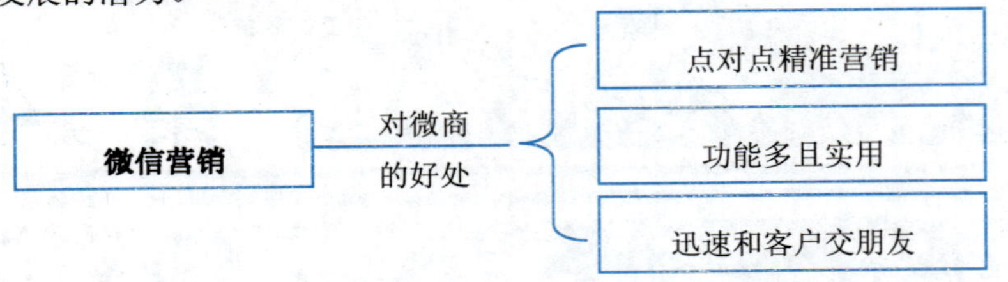

图 14-1 微信营销对微商的好处

14.1.1 点对点精准营销

微信需要借助移动终端来运行，这一点赋予了它在社交与位置定位上的天然优势，而且微信具有庞大的用户群，在推送信息时极其便利。并且，由于微信的特殊性，使得微信的交流是精准的、点对点的沟通，而不是其他通过微博、门户网站等广撒网的营销方式。

但包括微商在内的营销人员需要明了的是，互联网营销时代，广撒网固然能“多捞鱼”，但也容易有很多“漏网之鱼”。而微信的点对点营销，能够精准地争取每一位用户。微信能够将企业软文精准推送到每一位用户的客户端，保证每个用户都接收到商家所传递的信息。

14.1.2 功能多且实用

作为一个新兴的应用于移动客户端的即时交流通信工具，微信能够在短短 5 年之内，成功取代短信邮件等方式，成为主流用户使用的生活、工作交际工具，成为微商们赖以生存的营销的空间，是因为它的诸多实用功能。

目前，微信较为常用的功能有诸如：漂流瓶、位置签名、二维码、开放平台、公众平台等。

1. 漂流瓶

漂流瓶是微信的一个应用，可以选择“扔一个”或者“捡一个”来进行漂流瓶的

投递或者捞取，如图 14-2 所示。

图 14-2 微信漂流瓶

微商可以通过漂流瓶进行软文营销推广，虽然每天只能扔 20 个漂流瓶，收到回应的可能性极其渺茫。但优势在于成本低，除了微商以外，小规模企业也可以通过采取这样的营销形式，说不定能收到意想不到的效果。

最初微信用户在捞到漂流瓶后，可以选择不回复，这时漂流瓶就会在用户的瓶子列表中，停止了传播。而微信改版以后，捞取上来的漂流瓶只能选择回复或者扔回海里，漂流瓶要么收到回复，要么在“海上”漂流，等待下一个捞取者，保障了漂流瓶的传播，是微商借此营销的一大助力。

2. 位置签名

微信添加好友的方式除了添加熟悉好友的手机通信录导入、扫描二维码、搜索手机号/微信号码以外，摇一摇和搜索附近的人，都是不错的选择。

在附近的人列表中，可以显示昵称与签名。商家抓住了这一点，通过设置修改自己的微信昵称与签名档，从而在“附近的人”当中进行宣传。通过设置资料，个人的签名档和昵称都会在微信的“附近的人”里体现出来，如图 14-3 所示。

图片中第一位就是采用了昵称作为广告位，当附近微信用户打开“附近的人”，都能够看到他的头像，从而对于他的产品留下印象。而对于一部分没有给微信好友备注昵称习惯的用户，在通信录中常常看到这样一个名字，潜意识里也会留下对品牌的印象。

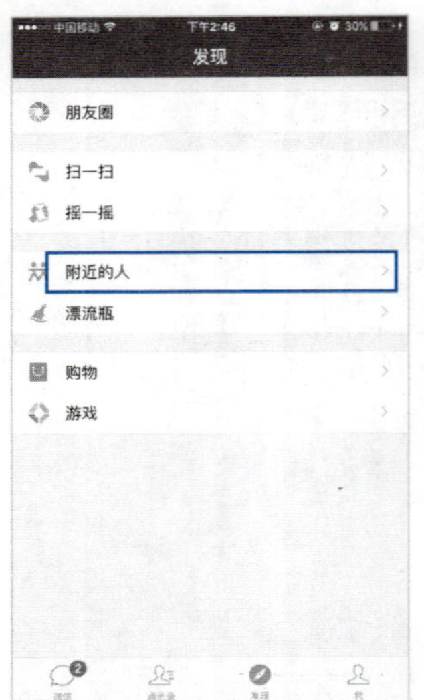

图 14-3 微信附近的人

3. 二维码

微信的二维码，不仅可以帮助微商更好地添加好友、关注公众号，还能用来设置为品牌的二维码，利用优惠折扣等吸引关注。企业通过借助二维码，有助于拓展市场，开辟新的营销方式，从而开拓 O2O 营销模式。

如图 14-4 所示，为某企业举办的优惠活动，通过二维码送优惠的方式，吸引粉丝利用微信进行扫描。

图 14-4 扫描二维码送优惠

4. 开放平台

而一些手机软件，如美丽说、艺龙网、滴滴出行等应用，应用开发者通过借助微

信开发平台，能够将手机应用接入微信。从而做到帮助用户在不下载应用的情况下，方便地在会话中调用第三方应用进行内容选择与分享。

如图 14-5 所示，为第三方应用平台的进入方式与举例。

图 14-5 微信开放平台

5. 公众平台

微信公众平台是微信的特色，并且微信平台的注册方式非常简单，通过 QQ 号即可申请，当然如果需要申请认证，就需要提交审核了。

微信公众平台是微信研发的一个交流平台，可以实现和特定群体进行文字、图片、语音等全方位沟通与互动。凭借强大的推广功能，微信公众平台一出现就成为各大企业营销人员与微商所青睐的营销方式。

14.1.3　迅速和客户交朋友

微信的点对点沟通方式，让人与人之间的交流回归到最真诚的人际沟通。帮助企业或微商迅速与客户发展亲密关系，从而产生更大的价值。微信通过互动的形式联系商家与客户，这种互动，可以是答疑解惑，可以是情感沟通，还可以是撒娇卖萌。

通过互动，商家能够迅速地与客户产生友谊，客户对于陌生人很难相信，但是一定会相信朋友。

14.2　微信软文的撰写技巧

软文是营销中的利器，微信软文同样是微信营销中有效的方法之一。企业通过深度分析产品的特点与概念，用深入浅出的语言撰写成进一步引导阅读者产生消费欲望的微信软文。

微信营销软文所能够起到的对于消费者的心理引导作用是非常大的，因此软文在微信营销过程中有着举足轻重的地位。

那么微商如何才能写好一篇微信推送软文呢？下面就来分享 6 条撰写微信营销软文的方法，如图 14-6 所示。

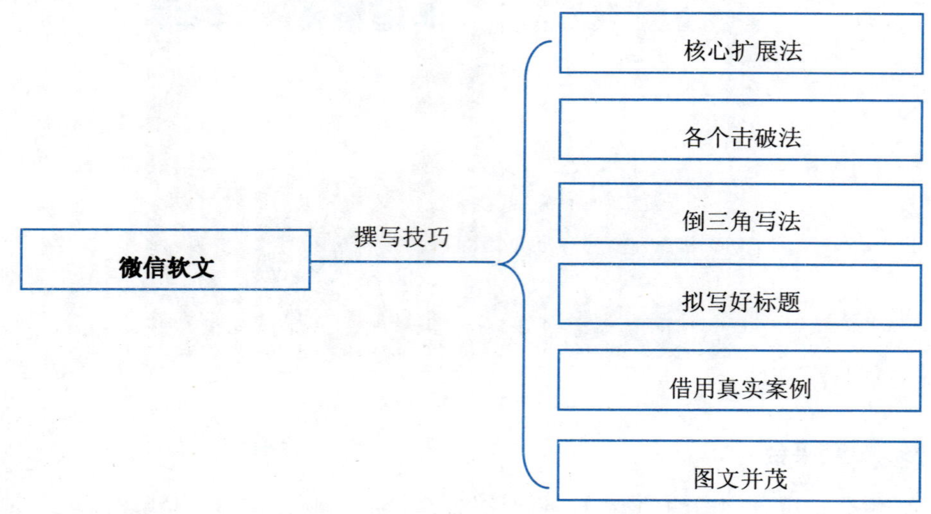

图 14-6　微信软文的撰写技巧

14.2.1 核心扩展法

核心扩展法，顾名思义就是指将核心产品作为中心，从产品特点、效果销售方法等方面进行扩展延伸。这样写出来的软文逻辑分明，井然有序，围绕一个中心来进行表述，不至于显得杂乱无章，能够起到最大的引导力。

大多数微商都青睐这种写法，在确定了主题以后，凸显中心来进行描述，新手也能够撰写出一篇不离题的软文。而对于熟练的营销高手来说，这样的软文层次清晰，较好上手。

如图 14-7 所示，洋河 1 号微信公众号的这篇软文所采取的写作手法就是以微商作为核心，从三大底牌来扩展说明，最终目的是为洋河 1 号进行宣传。

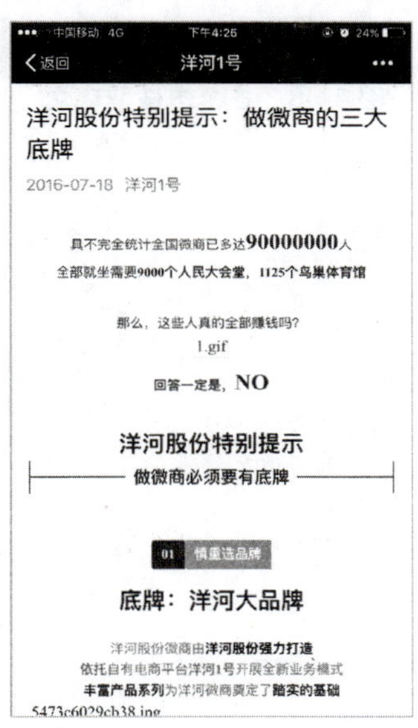

图 14-7 洋河 1 号软文

14.2.2 各个击破法

各个击破法采用的是罗列产品的所有特点并分别介绍的手法，翔实的文字说明配合直观的图片，突出产品功能与特征。

这种写作手法能够充分介绍产品卖点，从而帮助微商吸引用户，因此虽然略显老套，但还是极为常用和实用的。如图 14-8 所示，就是一篇典型的罗列特征、各个击破的软文。

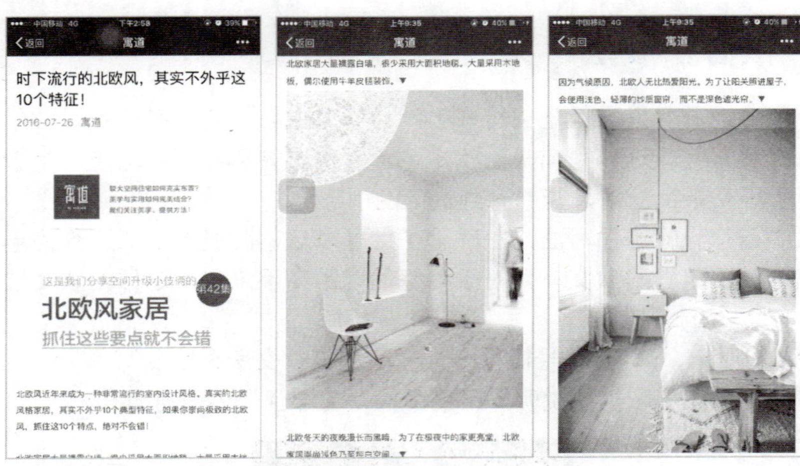

图 14-8　各个击破型软文

14.2.3　倒三角写法

消费者阅读习惯的改变，使得篇幅太长的软文会难以存活，消费者往往没有耐心看一篇很长的软文。所以，微商在撰写微信软文时，一定要注意软文的篇幅，不能引起消费者的反感与排斥，太过冗长的软文是会被中途关闭的。

如果软文必须要长篇大论才能完整表述，那么务必在将文章重点浓缩在第一段，使得读者一眼就能明白软文大意。或者使用倒置型写法，把最精彩的部分放在首段，将读者的胃口吊起来，在下文中解释这篇软文的意义，最后在结尾处强调产品的优势，进一步促进客户的购买欲。

14.2.4　拟写好标题

一篇优秀的营销软文，标题也是很重要的。软文标题的写作技巧也有很多，不同类型的标题会拥有不同的效果。但终归来说，微信软文的标题，既需要做到在前面 13 字内吸引读者视线，同时也需要包含产品的关键词。

因此，有时候为了拟写一个合适的软文标题，微商甚至可能要花费远超撰写软文的时间和精力。

14.2.5　借用真实案例

大多数中国消费者在购物时，往往会遵循两个原则：一个是货比三家；另一个是听取购买过的人的意见。相较于卖家的宣传，消费过的用户给出的意见总会显得更有分量，能够影响其他用户的判断。

就像淘宝商家会把买家好评放在宝贝描述里，从而吸引消费者一样，撰写微信软文同样可以进行这样的操作。微商在撰写微信软文的时候，就要迎合客户的这种心理，在软文中加入买家秀或者买家心得来做引导。

如图 14-9 所示，就是一篇用买家秀来宣传店内服装的服装店软文。

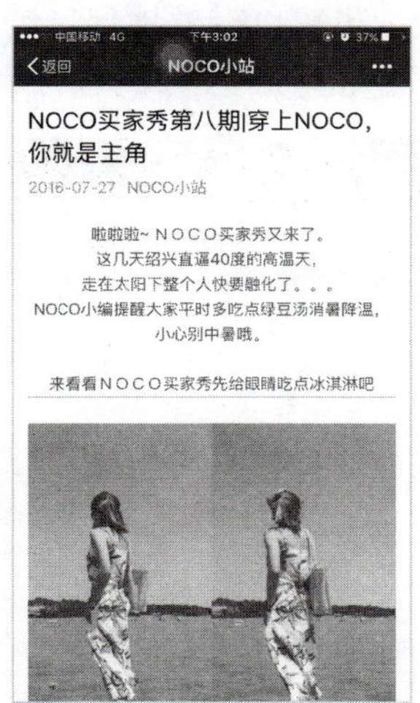

图 14-9　商家利用公众平台推送买家秀

14.2.6　图文并茂

从人类目前的阅读习惯来看，长篇大论的文字容易引发审美疲劳失去耐心，因此，在微信软文中搭配精美图片，是一个非常不错的选择。

事实证明，一篇图文结合的软文能够给人的大脑以休息时间，比纯粹的文字内容拥有更好的吸引力。

14.3　微信软文的营销策略

微信作为一个一对一的交流工具，具有良好的互动性。能够帮助微商推送软文，同时也可以为微商的粉丝们营造一种友好的氛围。

而正是因为微信的种种优势，微信公众平台受到了微商的广泛青睐，已经成为继微博之后的又一新兴软文营销渠道。

14.3.1　用领袖的力量来引导

企业中的高层管理人员，通常是企业的意见领袖，甚至在行业中也有一定的地位，这些人对于大众言辞有着重大的影响作用。他们极具辐射力与渗透力的观点往往能够在潜移默化中改变人们的消费观念，影响人们的消费行为。

应运而生的“意见领袖型”营销策略，就是通过在软文中运用意见领袖的影响力，结合微信强大的传播能力刺激需求，激发购买欲望。除此以外，这些意见领袖也都是名人，在营销时利用名人效应也可以有效地促进销售。

如图 14-10 所示，就是一个利用企业 CEO 的领袖力量所撰写的软文。

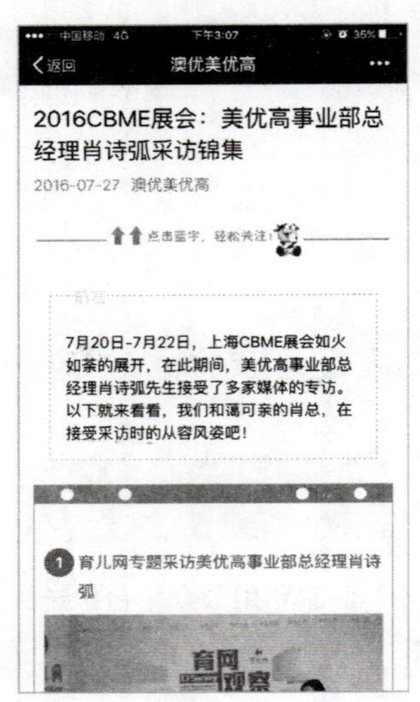

图 14-10　领袖意见型软文

14.3.2　“病毒式”营销策略

由于微信的即时性、互动性强、可见度高、影响力大以及无边界传播的特质，微信成为特别适合病毒式营销策略的 APP。

微商可以将拍摄的视频、制作的宣传图文，通过微信平台的群发功能发送给微信好友，还能通过二维码形式来发送折扣优惠信息。而由于微信的强大传播能力，这些信息往往会在受众之间进行好友传播，从而使得顾客主动为企业做宣传，激发口碑效应形成病毒式营销。

微信平台上的病毒式营销，传播范围更广，传播速度更快，因此微信营销成为很多微商与企业青睐的经济实惠且有效的促销模式。

14.3.3　“视频，图片”营销策略

微商在开展微信营销时，首先需要做的便是在与粉丝的互动和对话之中，寻找可利用的市场。微商需要对于微信营销的本质有一个清晰的认知，微信营销，本质上是

需要借助微信平台来服务客户。通过利用微信的一对一精准营销特质，使得商家可以提供个性化、差异化的服务，从而更加吸引特定客户。

除此以外，为了提升企业的竞争优势，微商需要借助各种互联网技术，来向潜在客户传递企业的产品与服务信息，打造优质品牌。

第15章 手机QQ：精心打造的自媒体

基于腾讯 QQ 庞大的用户群，QQ 营销自从诞生之日起就被各大企业和商家所青睐。无论是 QQ 群还是 QQ 空间又或者 QQ 邮件，都给企业带来了相当大的传播效益和实际的销售利润。因此，微商也开始重视手机 QQ 这一营销方式。

手机 QQ：精心打造的自媒体

- QQ 营销的推广技巧
- QQ 群软文营销
- QQ 邮件软文营销
- QQ 空间软文营销

15.1 QQ 营销的推广技巧

QQ 营销可以说是为企业用户量身打造的，基于腾讯 QQ 即时通信平台的在线客服与营销平台，如图 15-1 所示。

图 15-1　腾讯企业产品主页

腾讯 QQ 以海量 QQ 用户为基础，一直致力于建立客户和企业之间的桥梁，从而成为商家青睐的营销手段。

腾讯 QQ 的出现，更加方便了客户和企业之间的交流沟通，从而为企业实现客户服务和客户关系管理提供解决方案。为了提高在线沟通效率，拓展商机，企业可以根据需求，定制腾讯网络上的在线客服与网络营销工具，从而在 10 亿 QQ 用户中拓展并沉淀新用户。

自从有眼光长远的营销人员发掘了 QQ 营销起，QQ 营销就迅速成为各大企业非常重视的一种营销手段。而正是基于腾讯 QQ 庞大的用户数量，让 QQ 营销也顺风顺水，为企业带来了巨大的收益。

当然，QQ 营销也是有很多的技巧和方法的，下面就一起来看看吧！

15.1.1 QQ 营销人员的专业素养

在专业的技术 QQ 群中，总有人会提出相关专业的问题，这时 QQ 营销人员就可以根据自己所知或者所查，来详细地解答。通过专业地答疑解惑来赢得 QQ 群友的信

任，然后不露痕迹地把群友介绍到相关网站中。

营销人员在时间不允许的情况下，也可以通过诚恳的语言解释，而后留下相关答案的链接，让群友去站点上找。

尤其对于化妆品、健身和服装时尚类的微商来说，在QQ群进行营销的时候，抓住时机展现专业素养，通过给出几个小建议，是可以简单迅速地获得群员信任与好感的手段。

专家提醒

但是值得注意的是，QQ营销人员的所作所为必须赢得别人的信任，不要什么问题都去解答或者引到站点之上。以免让群友产生敷衍的感觉，如果答非所问，那只会起到反作用。

其次，营销人员需要具有极高的专业素养，从而保证能够及时解答群友的疑惑，遇到答不上来的，可以如实告知，表示会去查询一下再做解答，而不能直接让群友去站点查询或者敷衍了事。

15.1.2 一对一的推广法

一对一推广最好的方法是，如果有人在群里提问相关话题的时候，QQ营销人员可以在群里先解答一段，展露自己的专业素养，得到对方和群成员的信任感，之后营销人员便可以提出私聊的请求。

一来群聊天是大家聊天讨论的场所，借此讨论你们的话题不太合适；二来也是防止群友们的聊天导致对方不能及时看到你的解答。在私聊的过程中，微商就可以在利用专业知识为群友答疑解惑的同时，不露痕迹地推广自己的产品，这样的技巧可以避免别人对产品产生反感。

在推广的过程中，不能直接对群友进行推广，应该通过一个话题来转出来，这就需要营销人员在交流中掌握一些技巧。

15.1.3 病毒式推广法

病毒式营销的传播速度与范围都是令人叹为观止的，但大多数企业与微商都以为病毒式营销需要天时地利人和的配合。其实并不是，病毒式营销的操作非常简单。

例如，在QQ营销的过程中，营销人员或微商可以将收集到的好资源与自家广告打包上传到QQ群或中转站，分享给群友。而当群友下载文件或者转存到群友的中转站供好友下载时，无意中就给企业做了宣传。

如果资料确实是有帮助的，能够符合绝大多数人的需求，在一传十、十传百之中，病毒式营销已然形成了。

专家提醒

采用病毒式推广法的前提是文件中必须有真正的资料，而不是只有资料的名字，里面全是广告，这样的欺诈行为只能引起反感。除此以外为了方便用户的下载，也方便大家转载资源，资料包的内存最好不要太大，能够保证大多数人的网速都可以迅速完成下载和转存操作。

15.1.4　QQ 群图片推广法

QQ 群里有群图片相册库，通过点击上传照片，根据提示操作，即可将图片上传到相册里。因此想要进行 QQ 群营销的微商与营销人员利用这一点，就可以通过借助 Photoshop、美图秀秀等作图软件，设计制作能够吸引人视线，并且尺寸足够在群聊窗口就能够看清楚内容的图片，并上传至群相册中。

营销人员将图片上传至群相册，即可展示在 QQ 群聊天窗口，吸引群成员的点击与讨论。而这种营销方式的优势在于，即便营销人员被管理员踢出了群，群相册的图片是会一直存在的。

在相册中上传照片，会在群聊天窗口里提示显示照片，如图 15-2 所示。

图 15-2　群相册上传图片

为了避免泄露隐私等原因，本节有关 QQ 群的截图，都是笔者单独建立的一个 QQ 群进行截图。

15.2 QQ群软文营销

在中国，互联网信息搜索入口和电子商务入口分别被百度与阿里巴巴占据，而社交和通信入口则非用户量最多的腾讯莫属了。

目前，QQ用户量已经达到了10亿，同时在线人数更是超过1.9亿，可谓当之无愧的互联网霸主。腾讯QQ推出的QQ群功能，是通过关键词来聚集有共同需求和爱好的用户，供他们聊天讨论的场所。而QQ群的这一特效，吸引了微商的注意，利用腾讯QQ进行营销推广成为营销的首选。

但是，想要利用QQ群推广做到长期营销，那么就需要掌握QQ群软文营销的技巧，撰写适当的软文了。QQ群营销到底应该如何操作才能获得成功呢？

15.2.1 确定企业的目标客户，找到他们所在的群

在传统的市场营销中存在着一个很难解决的问题，那就是需要精准定位目标受众，依此来做营销计划。针对网络营销微商和营销人员在加群以前，需要明晰企业产品的目标受众，以及目标受众的兴趣爱好、关注点等，从而有针对性加群，进行QQ群营销。

最简单的举例，做孕妇装的微商，他的目标受众很明显，就是备孕或者怀孕阶段的年轻妈妈。因此，微商所需要加入的QQ群主要就是以怀孕交流为主题的QQ群，包括孕期瑜伽、婴儿奶粉等。加入这些QQ群后，微商便可以在其中进行更加精准的软文营销，同时软文的阅读量也会比其他QQ群更高。

专家提醒

精准定位目标受众，从传统市场营销到新时代网络营销，都是营销人员所必须面对的一个难点。但只有有了精准的定位，营销才有方向。没有方向的营销就像无头苍蝇一样，只能徒费力气而没有任何成果。

15.2.2 在QQ群中通过及时与成员互动进行推广

现在的生活中，人们都很反感营销与广告，所以，营销人员与微商在加了QQ群以后，一定不要直接上广告，不然会被直接踢出去。如果条件允许，在加群以后，应该通过问好、打招呼、自我介绍等混个脸熟，等到两三天以后，再开始动手不露痕迹地进行营销。

微商在QQ群里进行营销时，手边需要准备好一个TXT文档，其中内容应该包含以下词条等。

- “大家都是××××行业的吗？”
- “我遇到了这样的问题，大家都有这样的烦恼吗？”
- “朋友给我推荐了××××产品，大家有用过吗，有效果吗？”

微商需要随时准备在群里发送词条，引起群友的讨论，并参与进去，与用户进行探讨等。

专家提醒

微商与营销人员通过整理好相关营销词条以后，可以随时准备在群里发送，但是在发送信息时需要注意节奏的把握，不能显得太过急躁，否则容易被群成员看穿广告意图，因而适得其反。

在放出一句话以后，需要留出时间，供群友们进行讨论与反馈，再根据实际情况，进行下一步。

正因为大家对广告的反感，所以在 QQ 群里进行营销时，必须要用到的就是软文了。但 QQ 群是用来聊天讨论的场所，所以长篇大论是禁忌。软文篇幅过长的缺点，如图 15-3 所示。

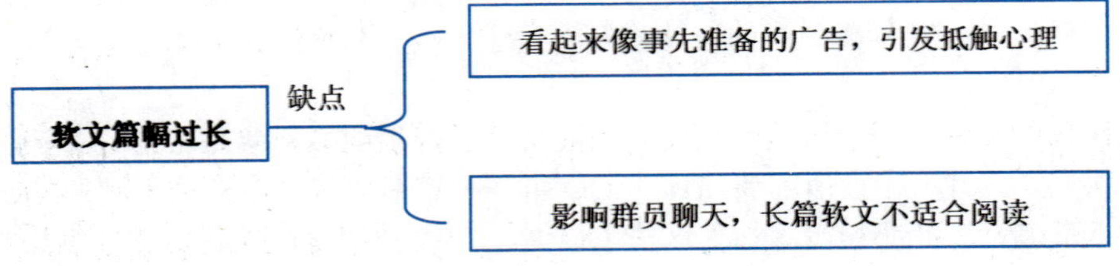

图 15-3　软文篇幅过长的缺点

所以微商的 QQ 群营销软文篇幅最好不要超过 50 字。如何才能通过精练的语言，用最简单的话，来表达出想要表达的东西，就是 QQ 群营销的难点。

QQ 群营销最大的缺点在于，需要耗费大量时间和精力，群消息流动太快，营销很容易被其他信息覆盖。并且群中活跃用户往往只有三分之一左右，其他成员大多屏蔽信息，或者不在线。等到这些成员看群时，企业的软文早已经被完全覆盖了。

因此，QQ 群营销的效果是非常有限的，微商与企业想要获得更好的营销成果，就需要采用其他的方式。

15.2.3　掌握主动性，进行精准 QQ 群营销

在有创意的策划，撰写了精彩的软文以后，微商往往会发现，QQ 营销最大的难点在于，群消息流动太快，软文容易被覆盖。想要达到好的营销效果，需要让营销软文被更多人看见，而如果在群里频繁发送软文广告，则很容易被踢出群。

因此，在加群之后，进行软文营销之前，微商需要做另一件事情：收集群内成员的 QQ 号，因为这些人可能都是你的潜在用户。这一过程并不需要进行太多手动操作，可以直接从 QQ 群进入群空间找到通信录，从而直接复制下成员列表。

复制群成员通信录的具体操作如图 15-4 所示：首先，点击 QQ 群头像旁边的黄色图标即可进入群空间；然后，点击群空间右上角的人形图标即可进入通信录界面。

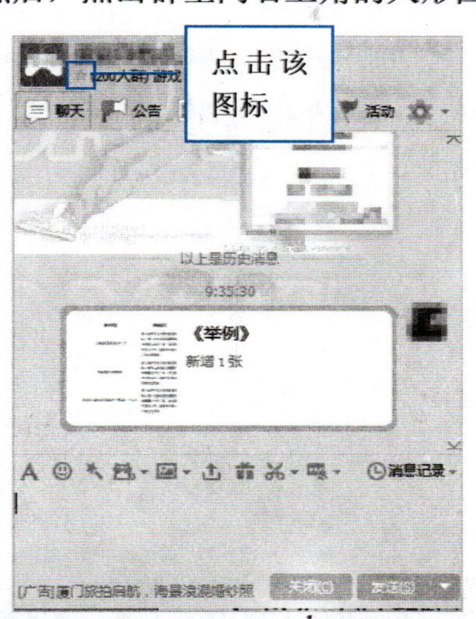

图 15-4　QQ 群成员通信录操作

15.3　QQ 邮件软文营销

随着电商的发展，规模逐渐扩大，想要进入电商行业分一杯羹的人越来越多，以至于互联网中竞价广告的竞争增大，花费增高。这就导致了企业乍一看出单不少，但扣除成本、广告等费用，企业的净利润却所剩无几。

微商为了求得生存，为了避开广告营销的停止投入就停止广告收益的弊端，开始寻找更好的营销方式，寻求能够做到一劳永逸的营销手段。下面就为大家推荐有效且实惠的 QQ 邮件软文营销手段。

15.3.1 QQ 邮件要打造先进数据库

邮件营销以其免费注册、成本低的特质，能够引起部分人的重视，但很少有营销人员运用 QQ 邮件。事实上对于 80 后、90 后而言，腾讯 QQ 有着极大的影响。如果能够利用这一庞大的资源，对于企业营销也是极有帮助的。

相对于新浪、网易、搜狐、雅虎等邮箱，QQ 邮箱的一大特质在于，当用户登录 QQ 时，收到新邮件会在电脑右下角弹出弹窗，如图 15-5 所示，以便于提醒用户及时查收邮件。

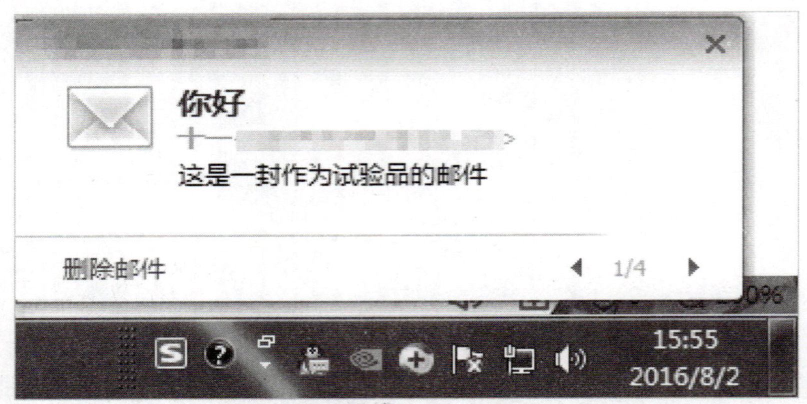

图 15-5 QQ 邮箱收到新邮件会有弹窗提示

而对于营销人员而言，这一点，能够有效地提高营销信息的接收率。用户第一天不看，第二天不看，但如果连续一个月、一年，只要营销软文有吸引力，用户总有一天会点开邮件的。

15.3.2 QQ 邮件营销要做得精准

QQ 营销中的广告投放一定要精准，营销目标的定位不精准，那么一切都只是白费力气。比如，对于做减肥产品的电商、微商来说，针对的受众就是年轻女性或者家庭主妇，如果在中老年人交流群里投放软文，即使软文写得再天花乱坠，图片做得再精美，也收不到什么效果。

QQ 邮件营销也是如此，根据上一节提到过的，精准地找到 QQ 群，复制群成员通信录，在 QQ 号码后面加上@qq.com，就是群成员的邮箱地址。现在较为活跃的群，基本在 200～1000 人不等，通过编写一个邮件软文模板进行邮件群发，成本几乎可以忽略不计，而收益却是极为可观的。

15.3.3 QQ 邮件不能直接营销

无论采用什么手段，微商营销的目的都是推广产品，促成销售。但是在 QQ 邮件营销中，如果做得太明显，必然不合适。

如果营销邮件写得太过直白，势必会被当作垃圾邮件，起不到任何营销效果。那么，QQ 邮件软文应该怎么撰写呢？首先在营销时需要目光长远，寻找合适的切入方式。例如，以知识性内容作为主题进行邮件群发，在邮件中引导顾客添加企业客服的 QQ 号码。

只要吸引到顾客加了企业 QQ，营销人员的后续营销操作就方便了。即便加了 QQ 也不一定会进行消费，但起码，可以更加方便地通过好友邮件、客服的 QQ 空间、个性签名等对客户进行潜移默化宣传。时间长了，客户在出现相关需求时，就会主动联系你了。

15.3.4 QQ 邮件营销中的 6 不要

在 QQ 邮件营销中，也有一些注意事项，只有了解并遵循这些注意事项，才能够更好地做到 QQ 邮件营销。

1. 不要狂轰滥炸发送邮件

微商与营销人员需要注意的是，QQ 邮件软文营销，需要有分寸，狂轰滥炸地发送邮件，只能引起用户的反感。

在正式营销之前，可以通过测试不同时间段给用户发送邮件，哪个时间段收到的用户点击率最高。当然，在每次邮件发送最少要有一周到半个月的间隔。

通过总结，在正式进行邮件营销时，就有了经验，根据时间来进行营销，效果会比随便发布的邮件软文好很多。

2. 不要眉毛胡子一把抓

微商在进行测试邮件发放时，可以在邮件正文里适当地加入不同价位的产品，由此测试用户的兴趣与喜好。

比如，在面对喜欢物美价廉商品的消费者时，一味推送奢侈品的促销宣传，是毫无作用的。同时，对于阅读邮件的用户群也可以分类为狂热支持者和一般喜欢者以及不感兴趣者，如图 15-6 所示。

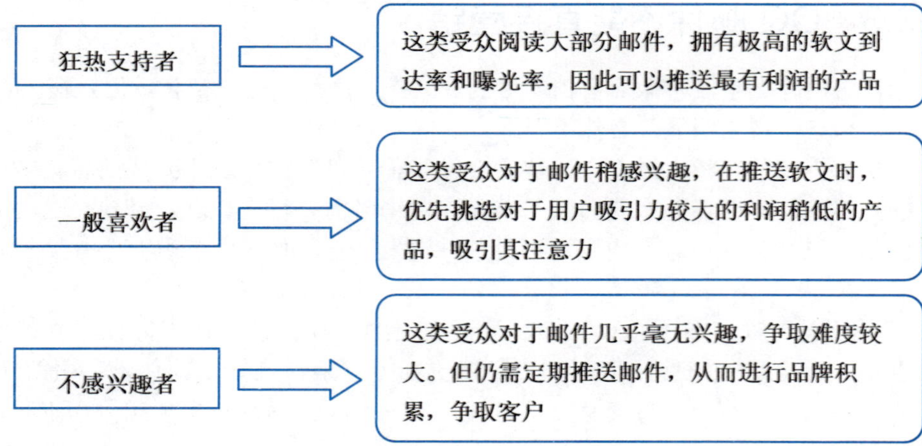

图 15-6　阅读邮件的用户群分类

专家提醒

在 QQ 邮件营销中，只有分类整理受众，才能最大化邮件的作用，且将资源浪费降到最低。除此以外，在营销过程发送测试邮件时，可以附带不同档次产品并放上链接，以追踪点击用户。

3. 不要过于复杂

理论上来说，营销要做到越精细越好，用户群的分类越细，营销效果也就越好。但在实际操作中，分类越详细，所需要付出的操作与精力就越大。当分类太过于精细时，就会给微商增添许多原本不必要的操作负担，而并不能获得与之匹配的收益，并不划算。

经过长时间的分析和试验，我们可以发现，邮件营销也有“二八定律”。大部分的收件人对于不同的广告反应并没有什么差别，只有少数用户才会对于良性定制的邮件较为敏感。因此，事实上，微商并没有必要花费太多的精力在邮件的设计上面，因为邮件营销所能带来的收益的最高值是固定的。

4. 邮件没经过严格测试就轻易发送

邮件的设计最好是简洁明了，开门见山，邮件的内容也需要编辑进行仔细的检查，以免出现疏漏。如果有图片，需要保证图片可以正常的显示；如果有链接，也要确保增加了超链接的格式。

5. 不要浪费消费者的时间

微商发送的邮件，一定要有价值，让用户阅读之后不会后悔，所以标题，段首和

正文中的内容都要再三斟酌，这样做的效果还是很明显的。有价值的邮件，用户也喜欢看，而且还有二次传播的可能性。

6. 不要丢弃实践中获得的经验

在撰写邮件软文、进行邮件营销时，营销人员与微商会慢慢地累积丰富的经验，每一封发出去的邮件都值得进行总结。只有在营销中总结经验，不断完善和修改调整邮件营销的策略，才能够将邮件营销越做越好。

15.4 QQ空间软文营销

现在很多微商，在营销时出现了误解，认为营销就是不停地发广告。无论是微信营销还是 QQ 营销，总是漫无目的地疯狂加好友。加了好友以后，私聊窗口发广告、空间朋友圈还是刷屏的广告。

其实，这种赤裸裸的广告已经很难产生什么有效的营销效果了，换来的往往只是被拉黑的后果。在做 QQ 空间营销之前，微商首先要考虑，通过营销能够给好友带来什么，能够让他们学到什么，或者有什么收获，然后才应该考虑如何撰写软文。

15.4.1 关于QQ日志软文

企业做空间营销，其实就是在打造一个自媒体，每天都是分享自己的原创文章，并且内容还要有可取之处。下面来看看 QQ 日志营销时一些小技巧。

1. 内容要有价值

做 QQ 日志营销时，每天上午 10 点到下午 2 点左右是最好的时间，然后发布到 QQ 空间日志里面，而且要经过多次的检查和修改。

日志的内容最好是有价值的，无论是娱乐价值还是行业价值，只要有价值就行。另外，每篇日志的底部都加上 SEO 诊断业务的链接，不过这不是重点，如果用户点击了链接那自然最好。

但是，用户阅读之后不点链接也不要失望，只要是阅读了，那就会有一些效果，而且很多用户一般都会在日志后面给予一些评论的。

2. 多次发布

有些企业每次都是写完日志软文发布出去就完事了，没有什么后续的工作，这是非常不好的习惯。大多数用户的 QQ 都使用了许多年，好友列表包含了同学、同事以及其他志同道合的朋友。因此 QQ 空间的信息量也是非常巨大的，企业的软文可能很快就会沉没在空间海量动态当中。

所以，为了软文营销的效果，企业需要每天多次发送软文，增加文章的曝光率，才能获得更多关注，软文底下的链接才能够获得更多的点击率。

3. 自己评论

进行 QQ 空间营销，与在论坛发帖类似，论坛软文营销时需要营销人员注册多个账号，进行顶帖暖帖操作，QQ 空间亦是如此。

营销人员应该注册多个 QQ 账号，一来规避 QQ 好友的人数上限设置。二来，在发布了 QQ 空间软文之后，就可以用自己的 QQ 来进行分享和评论，从而提高软文的曝光率。

在评论时，应该做到保证数量的同时，言之有物。甚至可以编辑一些与软文方向相反的评论，由此来引发用户的兴趣，吸引其他好友加入讨论，由此使得软文能够不断地出现在好友的空间里。

15.4.2 关于评论和点赞

任何事情都是相互的，特别是在利用 QQ 空间进行营销时，这个道理就更加明显了。QQ 空间中，最多的就算好友们发布的说说或者动态，这时候就需要多去参与评论或者点赞。

只有多和 QQ 好友互动，在自己进行动态更新时，才会有更多的好友评论自己，这样也就让自己的广告能够被更多人看到。

15.4.3 关于相册和说说

在 QQ 空间营销中，其目的是营销，所以工作 QQ 不能设置密码，相册也应该完全公开。

通过 QQ 空间的相册，分享企业员工工作时的照片、与客户的合影或者是成功案例，可以加深好友对企业的信任度，从而有利于企业业务的扩展。

空间里的说说最好不要发太多涉及生活感慨或者负能量的内容，因为工作 QQ 中的好友通常熟悉度较低，相当于陌生人，很少有人会关心一个陌生人的喜怒哀乐。

营销人员在空间发说说时，最好是浓缩企业对于营销的感悟或者技巧，又或者是一些工作方面的心得。这些更容易引来回复，从而产生互动。互动是产生感情的第一步，由此为以后的针对性营销做铺垫。

15.4.4 关于推广

企业对于空间营销的误解之一就在于，很多企业认为空间营销需要批量添加好友，然后发放海量信息占领好友空间。很显然这是错误的，事实上，批量添加的好友往往不够精准，营销效果会很差。

正确而且有效地添加好友的做法，是每天撰写行业相关软文，投稿到门户网站或者去论坛发布，在文章结尾留下自己的 QQ，让被软文吸引或者对行业感兴趣的读者主动加好友。

就好比在进行外链营销时，最好的链接往往是单项链接，主动添加企业为好友的人，才是真正对产品感兴趣的人。除此以外，为了更好地推广，营销人员在 QQ 空间发布软文以后，最好将链接分享给好友列表里百分之八十的活跃好友，从而引起好友的注意。

而当这一批好友注意到软文并进行阅读以后，如果软文的质量较高，好友们会进行转载与评论，从而提高软文的传播范围，软文中所带的链接获得的点击率也会大大提高。比之刷屏的广告，收效会更好。

15.4.5 关于病毒营销

病毒营销最好的阵地，就是传播信息速度极快的 QQ 空间。在 QQ 空间中，一条有创意的精彩说说，往往能获得极高的转发率。而且通过转发到好友空间影响好友的好友，一传十，十传百，扩散程度就会呈几何倍数的放大。QQ 空间的价值还是在于分享，QQ 空间的主题就是“分享生活，留住感动”。

即使企业不能每天写出有价值的软文，也可以去网站找一些有价值的软文复制在企业 QQ 的日志里。在日志的最后加上软文的链接，然后去发帖，留下自己的 QQ，每天都会有人来加的。

第16章 个人微商：朋友圈的致富秘籍

不管是为了赚取零用钱，还是为了打发闲暇时间，又或者真心想要与更多人分享好产品，越来越多的人选择了微商这个热门行业。

微商越来越多，那么，怎样才能做好微商？本章从软文与朋友圈入手，来谈一谈微商的营销技巧。

个人微商：朋友圈的致富秘籍

- 个人微商软文的写作技巧
- 微商朋友圈的软文营销技巧

16.1 个人微商软文的写作技巧

随着移动互联网技术的快速进步，移动互联网的应用变得普及，个人微商群体已经越来越多。同行与竞争者的增多使得个人微商刷屏的广告已经起不到作用，微商们当然要与时俱进，利用新的营销方式来打开市场了。

如今，很多微商已经有了要做软文营销的认知，但是微商软文，可不是那么好写的。那么，微商软文应该如何撰写呢？

16.1.1 撰写微商软文的目的

撰写微商软文，我们首先需要了解微商使用软文的目的。软文营销是当前受欢迎的主流营销方式之一，而微商软文的主要功能包括：帮助微商进行好友引流、推广品牌、赢得好友的信任、销售产品等功能，如图 16-1 所示。

图 16-1 微商软文主要功能

1. 好友引流

微商是通过微信朋友圈，来进行产品宣传，并且通过微信这个社交 APP 来完成产品销售的绝大部分步骤。

微商的基础在于微信，微商通过发布朋友圈进行产品行销，对潜在客户进行耳濡目染，促成销售。微商的潜在客户，是微商的微信好友。微商在做软文营销时，第一步就是进行引流。通过撰写有趣的软文，吸引好友转发，进而获得更多好友。

2. 推广品牌

有人认为，微商不同于传统销售，微商所销售的产品，通常并不知名，因此对于品牌营销就不太重视。但实际上，微商更加需要进行品牌推广。只有在朋友圈中通过软文营销打出品牌影响力，才能打下销售的基础，甚至获得更多代理。

3. 赢得信任

信任是销售的基础，尤其是在朋友圈中，相较于毫无关系的陌生人，消费者往往更愿意选择有信任感的朋友。

而打造信任感是一个长期的过程，需要耐心地操作，以及通过专业的软文营销与长期的答疑解惑塑造微商在消费者心目中的形象，才能获取信任。

4. 销售产品

无论如何，营销的最终目的在于销售，微商通过软文进行营销，也是以销售产品为目的。因此，微商在撰写软文时，要时刻把销售产品这一最终目的记在心里，才能够撰写出合适的软文。

16.1.2 微商软文的切入点

在确定了撰写微商软文的目的之后，我们需要了解微商软文的分类。微商软文主要可以分为6种，如图16-2所示。

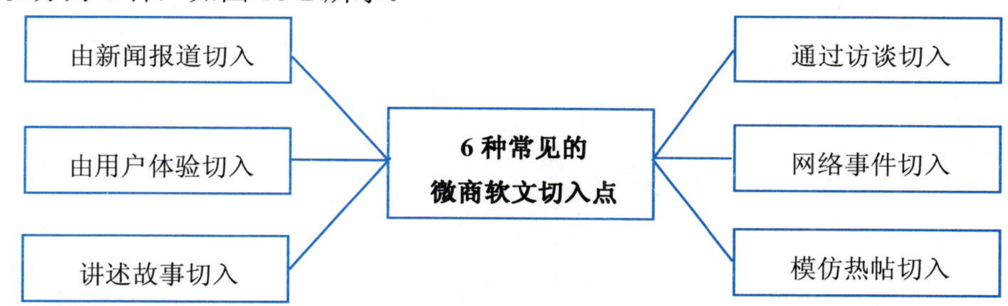

图16-2 6种常见的微商软文切入点

1. 由新闻报道切入

在撰写微商软文时，不妨换个身份，通过媒体记者的视角来撰写新闻报道，直接介绍企业实力、品牌形象等。微商通过将这些新闻报道发布到门户网站，再进行截图或分享链接到朋友圈，从而赋予软文一定的权威性。

这样的软文具有真实、权威、不可辩驳的特点，能够有力提升企业品牌形象，赋予企业正面意义。

这类软文优势很明显，但劣势也很显著，在推广过程中，传播速度远远比不上其他方式。并且新闻类软文发布渠道比较狭窄，必须要发布到门户网站上才有效益，成本较高。

2. 由用户体验切入

微商对产品夸得再天花乱坠，往往比不上用户反馈所能带来的效应。因此，微商在进行软文营销时，不妨尝试由用户体验来切入。由用户体验切入的软文写法简单，微商在撰写这类软文时，可以完全把自己当成产品使用者。

软文内容包括对产品的第一印象、产品的包装外形、使用时的感觉、使用后的效果等，以消费者试用产品的口吻来撰写。这类软文容易获取读者的信任，适合发布在女孩子常去的论坛，以及目前较为流行的蘑菇街、美丽说、西柚等女孩子较为喜欢的APP。

专家提醒

这种形式的软文，在软文中以第三方或者普通用户的切身真实体验作为切入点，客观全面地介绍品牌或产品的优点与服务质量。在悄无声息中对消费者和潜在客户产生积极的心理暗示，宣传企业实例，打造企业正面形象。

如图 16-3 所示，就是一篇典型的从用户体验切入的软文。

【面膜记】每个女孩心中都有一朵玫瑰花

上个月刚刚在金字塔全球购上入了一瓶 花蕾面膜

听过不想长大后印象最深的就是曲中的玫瑰花，女孩纸心中没有一只盛开的玫瑰花呢

所以玫瑰花的化妆品总是那么受人喜爱，而又分为天然和人工两种

柚子偏爱天然的，从看了微笑的帖子就一直对 长草不已，可以看到玫瑰花瓣的面膜

也许没有其他家那么的美丽，但是更让我们看到一份天然，有时种草就要拔草，女孩就要对自己狠一点！

哇塞，打开瓶盖，扑面而来的玫瑰香味，好棒啊

昨晚敷了一下，这个跟其他几款面膜比起来，没有那么浓稠，很好推开，镇定舒缓的作用特别赞，涂在冒了干皮的地方也不刺激，洗掉面膜，真的变的滋润特别多，赞赞赞！

下面这个黄糖真的让我受不了了，好想舔一舔试试是什么味道，好想舔，真的像是融化的柠檬味糖果，超级香甜，不敢相信是护肤品啊，太想吃一下了，这个面膜的，比较浓稠，就是有点像面霜 洗完澡身体温度比较高，手指一碰感觉真的要化掉了。涂在脸上倒是没觉得怎么融化，洗的时候，脸上摸着还是很清晰的颗粒感。

图 16-3　从用户体验切入的软文

3. 讲述故事切入

相较于广告，软文营销让读者在不知不觉间，接受微商传递的产品信息。这时候就需要用到讲故事的方法了，通过讲故事的方式，娓娓道来，把要介绍的品牌、产品都藏在故事里，往往能够获得意想不到的效果。

以讲故事的形式来切入软文，写写品牌故事，将产品品牌的起源，创始过程等娓娓道来，就是一篇绝佳的故事软文。

4. 通过访谈切入

微商在撰写软文时，还可以通过访谈的形式，通过采访行业大拿，或者相关的专家等形式，来进行软文撰写的切入，这种一对一访谈的形式，可以深入、全面地进行品牌信息的宣传。

专家提醒

值得注意的是，如果要采用访谈形式来进行软文撰写，切记访谈对象需要有一定的知名度或者在行业内站在一定的高度上，有一定的感染力与宣传力。否则，贸然使用这种形式，采访的却是名不见经传、无人问津的对象，这样的软文不但没有说服力，还很容易引发读者的反感。

5. 网络事件切入

微商需要具有敏锐的洞察力，从而将网络热点事件作为切入点撰写软文，能够获得较好的收效。当然，在借用网络热点事件时，务必要注意，自身业务需要与该网络热点事件具有关联性，至少要能够自圆其说。

专家提醒

这种写法其实就是结合当前热门事件，比如，化妆品、护肤品等行业可以贴合当前大热的韩剧；而运动类品牌可以贴合当前火热的奥运会等；甚至护肤品与手工私房菜都可以贴合奥运会。使用这种写法撰写软文，需要微商具有发散性思维，能够从热门事件中找到与自家产品贴合的地方。

6. 模仿热帖切入

微商每天都极为忙碌，尤其是个体微商，需要注意打理朋友圈、接受顾客咨询、为下单顾客发货等。因此，花在写软文上的时间就显得不够充足，这时候，我们就可以从模仿热帖来作为切入。

在软文创作时，通过搜集网络上传播范围极大的热帖，进行加工以后二次上传，这样的软文，传播速度通常会极快。

专家提醒

值得注意的是，模仿热帖的软文，在"加工"时，需要做到巧妙，不露痕迹，在修改时必须自然而然，不能太过牵强。

撰写软文的方法和切入点自然不局限于这六种方式，通过多看别人，多学习多总结，软文的质量自然而然就提高了。总而言之，世界上没有不劳而获的晚餐，软文撰写需要勤学多练，用心来撰写。

16.1.3　撰写微商软文的步骤

无论是微商软文，还是其他行业的软文，在进行软文撰写时，都需要按部就班，遵循撰写步骤来进行。

如图 16-4 所示，就是微商软文的撰写步骤。

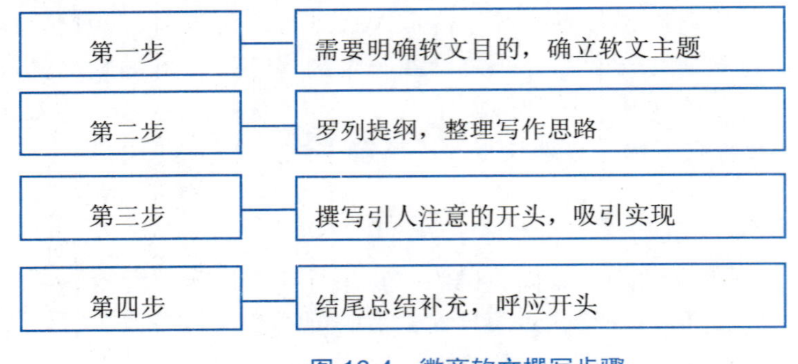

图 16-4　微商软文撰写步骤

16.2　微商朋友圈的软文营销技巧

2012 年 4 月 19 日，微信更新 4.0 版本，上线了一个全新的社交功能微信朋友圈。借助朋友圈，用户可以与微信好友分享文字和图片，甚至是通过授权登录，在使用其他 APP 时分享文章、音乐、视频等。

微信朋友圈以其特有的隐秘与分组功能，一上线就获得了不少好评，成为微博、QQ 空间以外受欢迎的应用之一。

一提起微信朋友圈，很多人第一个反应就是"评论"或者"赞"，当然，用户只能看到相同好友的"评论"或者"赞"，而这一点也是微信吸引用户的关键所在。对于微商而言，微信朋友圈的发布也有着一些技巧，运用得好，朋友圈也会为个人微商带来巨大的商机。

16.2.1　标题关键字的打造和组成

微信营销高手在拟写朋友圈软文标题时，往往会结合百度风云榜、微博热门榜等排名来作为标题关键字吸引流量。

对于微信营销的新手而言，在撰写微信朋友圈软文时，最简单有效的方法就是在标题中加入关键字，在选择关键字的时候，就要去淘宝、百度搜索和百度知道等平台来收集关键词，字数控制在 8～15 字内最佳。

例如，卖裙子的微商可以使用手机淘宝搜索关键词“裙子”，在下面会显示很多热门的与裙子相关的关键词，点击相应的标签后即可找到很多商品，如图 16-5 所示，微商可以选择一些销量高的商品关键词来利用，作为自己的朋友圈软文标题。

宝贝 裙子 搜索
裙子夏 连衣裙　中长款　中裙　学生
裙子夏　学生　半身裙　连衣裙
裙子夏 连衣裙 中长款　学生　学院风　修身
裙子夏 连衣裙 韩版　短袖　学生　气质
裙子夏 半身裙　中长款　学生　长裙
裙子夏 连衣裙 学生　韩国　中长款　显瘦
裙子套装　两件套　中长款　短袖
裙子套装 两件套　半身裙　短裙　连衣裙
裙子夏 连衣裙 中裙　韩国　学生　显瘦
裙子女　学生　连衣裙　半身裙
按住 说出你要的宝贝

图 16-5　微商软文的标题关键字打造

16.2.2　内容结合流行话题

对于一篇成功的软文而言，拟写一个好的标题占据了一半的比重，而成功软文的另一半，就是通过结合流行话题，让读者在阅读软文时能够更好地吸纳软文所传递的信息。

微商在撰写朋友圈软文时，为了增强软文的可读性，可以通过结合流行话题，从当前最热点的话题着手，通过发散性思维联想到自己所需要推广的品牌与产品，从而使得软文能获得更多关注。并且通过热点话题，引起客户的阅读欲望。

例如，在七夕情人节期间，微商可以将内容与七夕进行结合，如图 16-6 所示。

图 16-6　朋友圈软文内容结合流行话题

16.2.3　巧妙融合广告

撰写朋友圈软文时，在广告的处理上需要做到巧妙圆融，在软文中完美地嵌入个人微商要推广宣传的产品、品牌或者服务等信息。朋友圈软文讲究不露痕迹，但着痕迹也不能藏得太深，如果让人完全看不出所需要宣传的产品，那么就失去了身为软文的营销价值。

实际上，随着微商的迅速崛起，大多数用户在刷朋友圈时，对软文都有着一颗宽容的心，只要朋友圈软文的植入广告并不影响阅读，也不是夸大其词的虚假广告，通常受众还是会比较捧场的。

16.2.4　软文具备分享功能

当今社会的一大特质就在于信息共享，随着互联网的发展与搜索引擎的出现和优化，信息共享得到了更加飞速的发展。

为了适应信息共享的社会，微商在撰写朋友圈软文时，需要赋予软文可分享性。软文不仅是帮助微商向读者分享广告，而应该通过引起共鸣的形式，让读者主动记住产品信息，并且将软文进行分享。微商需要记住，分享才是朋友圈软文最重要的营销价值。

朋友圈软文的分享性，可以从以下几个方面着手。

1. 分享专业知识，解决客户困惑

微商的销售，实际上就建立在用户对于微商的信任之上，而分享专业知识，为朋友圈的用户进行答疑解惑，是塑造微商专营形象培养信任感的最佳渠道。

所以，当朋友圈中的朋友们碰到一些不能解决的问题时，我们可以及时给予他们帮助，同时分享一些自身对于产品方面的专业知识，甚至自己无法解决的问题也可以寻求朋友圈好友们的帮助。

当然，对于那些能帮助自己解决问题的朋友，一定要给一些回馈，或者是红包，或者是有价值的资料等，如图16-7所示。

图16-7　红包回馈

2. 分享产品的新闻和客户见证

做微商的最终目的是销售产品，因此，微商往往需要在朋友圈对于产品进行详细的说明。但是朋友圈软文不能自卖自夸，而是可以从侧面进行烘托。

比如，在朋友圈中晒出发货情况与订单量，一方面展示自己的忙碌生活，显得真实可信任，同时也能够凸显产品的良好销量，吸引用户下单。除此以外，朋友购买了产品，在使用以后可以请好友分享使用感受，提供反馈图等。这样的分享，既展示了产品的优势，又能够刺激你的潜在客户进行购买。

如图16-8所示，就是在朋友圈中晒客户反馈的例子。

配合朋友圈的情感营销，通过分享专业小知识打造专业形象，就会遇到客户的咨询，通过征询对方的同意后，可以适当分享在朋友圈，从而增加可信度，如图16-9所示。

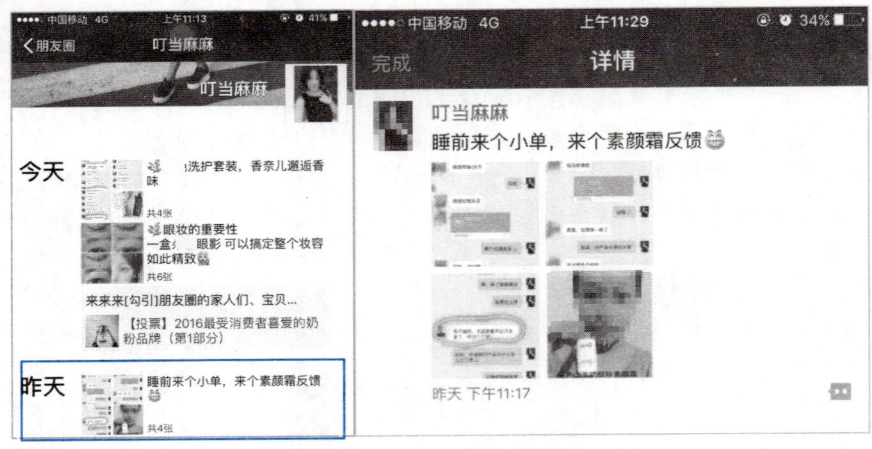

图 16-8　朋友圈晒反馈

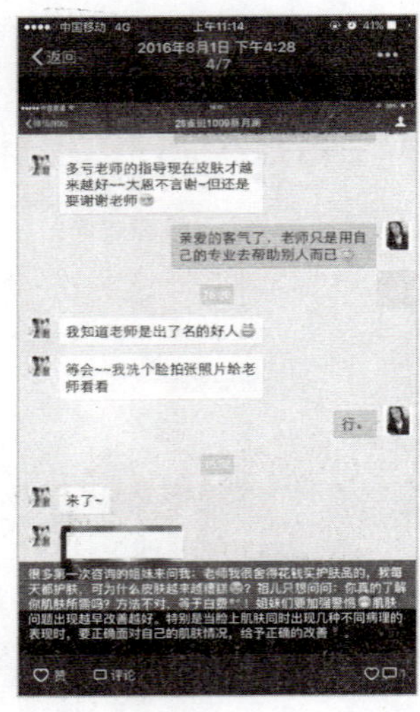

图 16-9　朋友圈晒咨询

除了能够展示自身的专业素质，微商的这类型分享还能给客户塑造一种“这个人确实很专业，如果有问题找他咨询，就算不购买产品，也能获得详细解说”的心理暗示，从而取得用户的信任，进而促成销售。

3. 分享产品的实用价值

微信营销讲究的是精确客户，针对企业的目标客户群，抓住他们的共同需求，准确地把企业产品的实用价值分享给读者。这些产品实际价值，能够吸引顾客的关注，也能够为以后的销售活动与转化潜在客户奠定基础。

4. 分享自己的博客日志

微商在相对来说较为私密的微信朋友圈里分享一些自己的博文，或者用心撰写的心得日记，对于喜欢经常刷朋友圈的用户来说，会不自觉地提升对于微商的好感与信任度。

而当微商所分享的文章有价值时，就很容易引起传播，提高知名度，获得更多粉丝。这一类分享的朋友圈日志，也可以是微商的亲身经历、人生感悟等，往往因为真实，而更容易引起用户的共鸣。

5. 分享社会热点和乐趣

新奇的事物，往往更容易吸引人们的眼球。因此微商可以在朋友圈里分享在生活中、网络上所捕捉与发现的有趣的小细节，无论是有趣的小事，还是网络流行的热门话题，只要其中具有幽默、可读性，就能够引起朋友圈用户的注意与传播。

因此，当微商的朋友圈凭借有趣、有用等特质吸引了朋友圈用户的眼球，那么，就能够获得一批固定的朋友圈参与者，这些参与者就是微商忠实的潜在客户。

6. 创造话题与朋友互动讨论

除了分享有趣的细节，微商在经营朋友圈的时候还可以通过自己创造有趣话题的方式来增强与用户的互动。通过不时打造的互动性强的话题，让朋友圈的朋友都参与讨论，调动大家的积极性。

微商所选择的话题，需要能够抓住时下热门事件，并且最好是朋友圈大多数用户共同关注的，在互动结束以后，微商需要对这次互动进行总结，这些参与讨论的好友都是对于微商的朋友圈较为关注的用户，是潜在客户的客源，因此微商不妨把这些好友设置为星标好友。

第17章 企业微商：大企业的转型之路

随着互联网技术的飞速发展，微商经营模式的日趋成熟，传统企业也渐渐着眼于微商这块大蛋糕。

那么传统企业转型微营销，有哪些难点，又要从何做起呢？

企业微商：大企业的转型之路

- 传统企业面临营销难点
- 传统企业的微营销工具
- 企业微商软文营销技巧

17.1 传统企业面临营销难点

随着时代发展，企业越来越多，如何才能在众多同行业的竞争对手中脱颖而出，成为企业在营销时的一大难点。

17.1.1 传统媒体营销劣势

相较于软文营销，传统企业在营销时，大多数会倾向于选择报纸宣传与电视广告等较为传统的营销方式，一来企业更信赖于传统媒体，二来是出于对新兴媒体的不了解。然而，在企业众多的当下，传统媒体营销劣势越来越明显。

1. 成本高

如同雨后春笋一般的企业，都试图通过报纸或者电视广告来进行营销，这也就导致了传统营销方式的价格越来越高。尤其是上星卫视的黄金档时间的广告，不到十秒的广告动辄要价数百万，报纸上的宣传板块同样价格不菲。

传统媒体的营销成本，已经不是普通企业所能承担得起的了，如图 17-1 所示，湖南卫视的招牌节目冠名费高达 7 亿。

芒果台北京招商37亿"快乐大本营"冠名卖回7亿

新节目《旋风孝子》冠名以及相关资源签约金额4亿元；《金鹰独播剧场》、《天天向上》两档节目的冠名被某品牌以10亿元纳入囊中。 作为湖南卫视多年来的王... >>3条相同新闻

图 17-1 《快乐大本营》高额的冠名费

2. 收益低

随着时代的发展，用户对于传统的报纸杂志与电视广告产生了抵触心理。电视台插播广告时，用户会选择换台跳过，甚至放弃电视节目直接去网络观看无广告版。

另外，购买节目冠名权的花费太高；报纸杂志上的广告，通常会被用户直接跳过。因此，采用传统媒体进行营销的企业，往往花费了极高的成本，却得不到相应的收益。

17.1.2 企业转型网络媒体营销难点

传统营销成本高，收益低，企业开始着眼网络营销，学习微商电商等模式，转型

互联网营销。但是传统企业不分大小、行业，在进行网络营销转型时，都有以下三个共同的难点亟待解决。

1. 思维

互联网思维这个词时常被提及，也正是因为对于传统企业的转型，思维转换是首要的大难点。思维转换的难点有两个，一个是无法正确拥有用户思维；另一个是缺乏自信，觉得企业无法获得粉丝。

传统企业往往只有“客户”思维，而没有“用户”思维。对于传统企业而言，营销的目的是销售产品，营销对象宽泛，消费者购买了产品，就是企业的客户，销售完成以后，就没有后续了。但是要进军互联网，那么企业就要颠覆这个思维了。

传统企业转型进行互联网营销，必须抛开“客户”思维，尽管营销的本质都在于促成产品的销售，但是互联网营销更加倾向于打造品牌效应，从而让用户记住品牌与产品，由品牌效应与用户好感度来促成销售。

而另一点，是大多数传统企业负责人都会有的误区。很多企业都会认为，传统企业没有接触过网络，突然申请官方微博、企业微信公众号等，可能无法获得粉丝。但事实上，使用网络的人也有现实生活，也进行过传统企业的消费，这些曾经在企业消费过的客户，往往会成为企业转型网络营销后的第一批粉丝。在转型网络营销时，企业应该相信，每个行业都有每个行业的优点，企业通过摸索，自然就能走出一条属于自己的互联网转型之路。

2. 体制

束缚传统企业转型的另外一个难点就在于公司的体制，如图 17-2 所示。

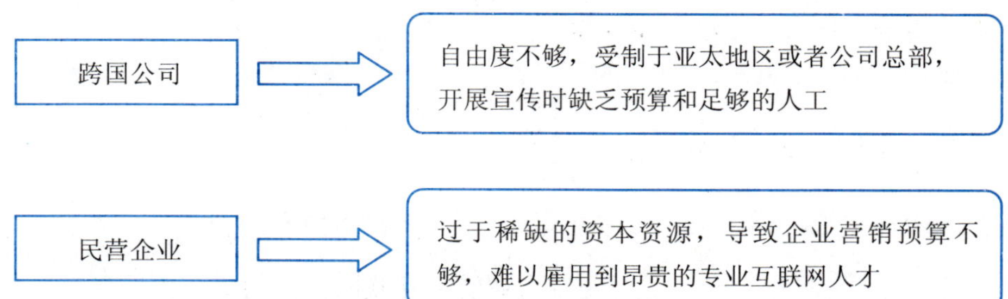

图 17-2　传统企业体制导致的转型困难

实际上，与其说困难重重以至于网络营销无法进行，不如说是企业不想做网络营销，不敢做网络营销。

在如今这个瞬息万变的年代，互联网营销其实并不是一件那么难的事，无论是 In-House 自建还是外包，只要根据自己的体制，建立起合适的营销计划，就足以成功地进行互联网营销。

3. 操作

传统企业在互联网营销转型时，在操作上往往会出现两个难点，一个是缺少合适的人才，另一个是找不到适合投放的媒体。

无论是大公司还是小公司，都有缺乏互联网专业人才的问题，甚至很多互联网公司都面对着招人难的窘境。科技发达，互联网如此迅猛的发展势头，互联网专业人才的缺乏已经是显而易见的事情了。

因此，互联网专业人才的招募，需要摒弃传统的招聘方式，而是要树立企业的野心、抱负与大志向并将之传播出去。只有树立了企业文化的公司，才能成功地在招聘人才或者内部培养方面，获得专业的互联网人才。

在投放媒体方面，目前大多数企业都还是倾向于投放广告，并且认为电视广告比报纸广告要有效。其实这也是没有专业人才的原因，有的公司进行过互联网营销试水。通过开通微博进行推广，但是因为操作不得当，收效寥寥。

甚至有的推广人员，为了应付老板，通过刷数据的方式，转发、评论、粉丝都是刷出来的虚假繁荣，粉饰太平。企业的营销人员和负责人都应该了解的是，新媒体投放的衡量效果，不应该看粉丝数或者转发评论，而应该看百度指数。

成功地投放的标志在于百度指数产生了正向增长变化，如果没有变化，就意味着投放失败。所以说网络营销并非没有资源，也没有太多难度，而关键在于心态的转换，以及能否细心发现并遵循行业规律。

17.2　传统企业的微营销工具

随着传统营销失去了能起的效用，传统企业开始着眼于互联网营销，目前而言，传统企业转型互联网营销，首选的就是微信公众号、微博以及百度。

17.2.1　微信公众平台+软文

根据媒体报道，微信用户已经突破了 7 亿，成为互联网营销的重要营销渠道之一。也正是因此，微信公众号，是传统企业转型互联网营销的第一个选择。

企业申请企业认证微信公众号的首先需要进入微信公众平台网站，链接：[https://mp.weixin.qq.com]，然后单击右上角的“立即注册”，填好资料以后会跳转到验证邮箱界面，如图 17-3 所示。

根据指示单击链接即可激活微信公众号，进入第三步，选择类型，通常来说，推荐选择订阅号，因为订阅号可以升级为服务号，如果选择服务号，就不可更改了。不过一个企业营业执照可以绑定 5 个微信公众号，因此企业可以根据需要，自行选择。跳转第四步的“信息登记”，营销人员根据企业资料进行登记，跳转最后一步就是公

众号信息登记了。

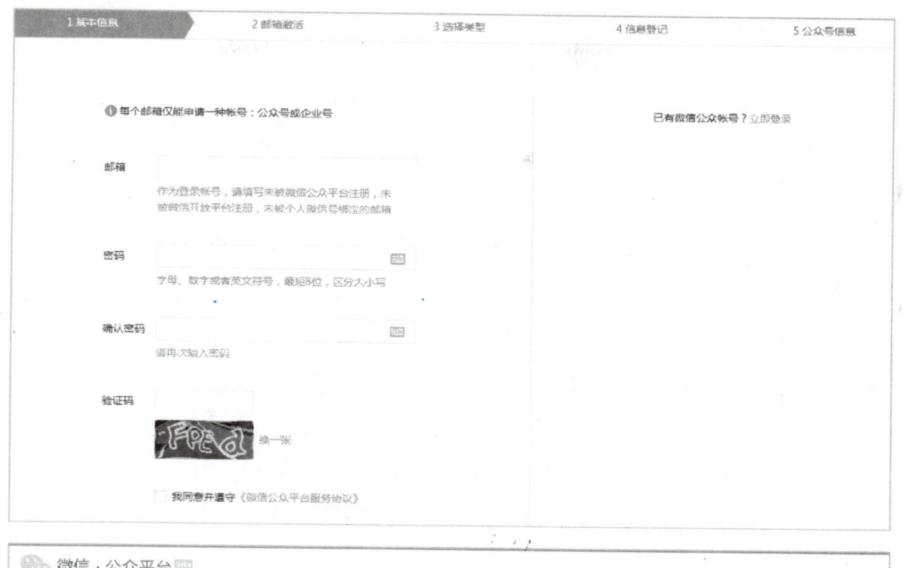

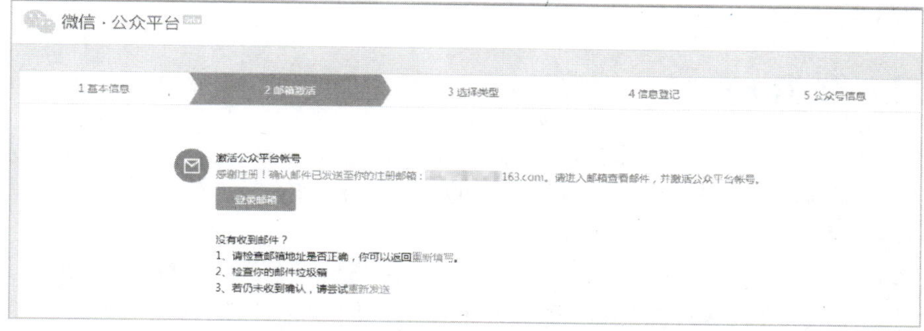

图 17-3　企业微信公众号申请流程

目前大多数企业都注册了微信公众号，但真正运营起来，借助微信公众号进行营销的企业却不多。微信的火热带动了微信公众号的品牌营销，微信公众号已经成为企业品牌宣传的一个窗口，企业的软文营销离不开微信平台提供的营销机会。

说到个性化内容，也许是企业最难把握的一个要点，因为企业在发布微信软文内容时，无论是在报道方式上，还是在内容形式上都倾向于长期保持一致性，这样才能给用户一种系统而直观的感受。

长期的个性化往往很难做到，做得不好还容易让企业的自成体系失去平衡。但是，如果企业想要让自己的微信公众号与他人的微信公众号“划清界限”，变得更加容易被用户识别，那么个性化的微信内容是必不可少的，个性化的内容不仅可以增强用户的黏性，获得长久关注的忠实粉丝，提高粉丝的互动率，还能让企业微信公众号在众多公众账号中脱颖而出。

在利用微信公众号进行软文营销的过程中，企业一定要注意内容的价值性和实用性，这里的实用是指符合用户需求，对用户有利、有用、有价值的内容，如图 17-4 所示。

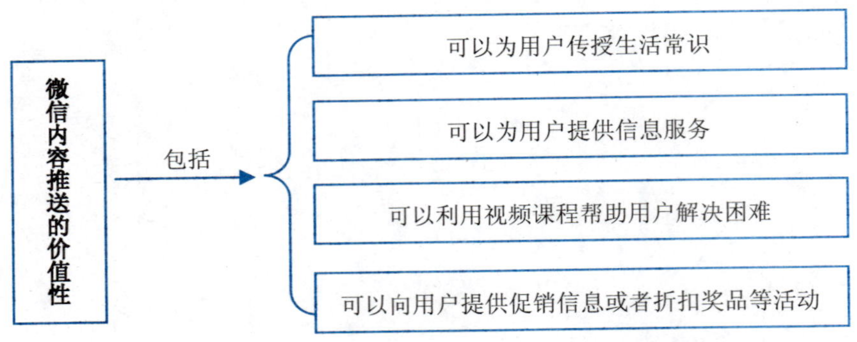

图 17-4　微信内容推送的价值性

不论是哪方面的软文，只要能够帮助用户解决困难，就是好的软文，而且只有有价值和实用的内容，才能留住用户。

17.2.2　微博+软文

企业的互联网营销，除了微信以外，新浪微博也是一种常见的营销手段。微博是微型博客的简称，与博客一样可以供人分享心得进行讨论，但相较于博客更为简单，字数限制在 140 字以内，因而名为微博。

微博是一个通过关注机制来进行实时广播式分享信息的平台，用户可以通过电脑、手机、平板电脑等各种联网工具来登录微博，因此相较于博客，微博具有更强的自由性，更受网民的欢迎。

据统计，企业微博的粉丝数，从数百万到数万不等，但也有经营不善的微博粉丝数仅仅过百，其中离不开企业官方微博管理者对于微博的打理。而想要利用微博进行营销，第一步就是需要申请企业官方微博，这里以较为主流的新浪微博为例。

通过搜索引擎搜索企业微博，从而找到企业微博注册地址的链接：[http://e.weibo.com]，如图 17-5 所示。单击“立即开通企业微博”跳转到注册界面，根据提示填写相关信息完成注册。

企业在微博上进行软文营销，最好的方法是写 140 字的软文内容，虽然企业可以发长微博，但人们不会花费太多的时间去仔细查看长篇大论的微博，因为人们对精简的微博软文会更感兴趣一些。发 140 字微博软文需要注意以下几点技巧。

1. 40 字以内吸引住眼球

企业在进行软文营销的时候，要在前 40 个字以内就吸引住网民的眼球，那样才会有效果。比如，企业或组织者在发布加盟开店的微博软文时，用短短两行字，就直接说明主题，将能够提供给加盟者的好处直接说出来，让有意向的人一眼就被吸引住，而且很多人看到这样的文字就很容易被吸引，所以即使开始没有意向，也会忍不住产生意向，然后去咨询具体事项。如图 17-6 所示为某微博发布的网络开店的软文。

图 17-5　企业微博注册主页

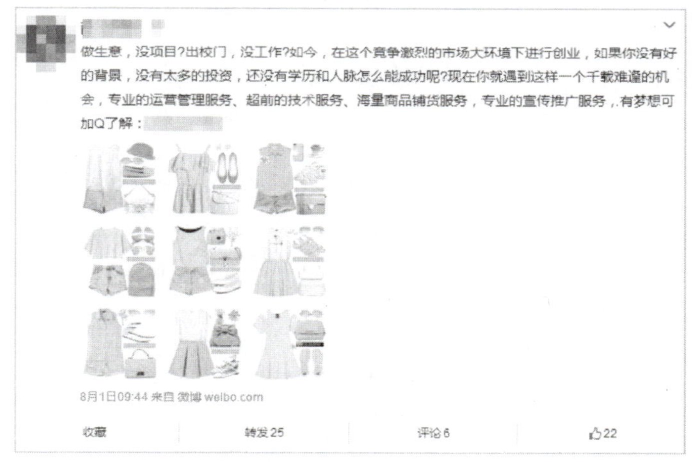

图 17-6　微博发布的网络开店软文

专家提醒

对于企业来说，在前 40 字就吸引住消费者眼球是一种非常不错的软文营销技巧，但是对于消费者来说，见到这种软文信息，还是要有一定的判断能力，注意不要上当受骗。

2. 用疑问来结尾

在微博软文的最后，可以用一个疑问来结尾，这样就相当于抛出一个话题来供消费者讨论，引起更多人的共鸣，如图 17-7 所示就是采用疑问句来结尾的微博软文。

图 17-7　采用疑问句结尾的微博软文

3. 罗列信息

微博软文营销可以使用 1、2、3 等编号形式将软文的信息罗列出来，更能够清晰地阐释软文内容，如图 17-8 所示。

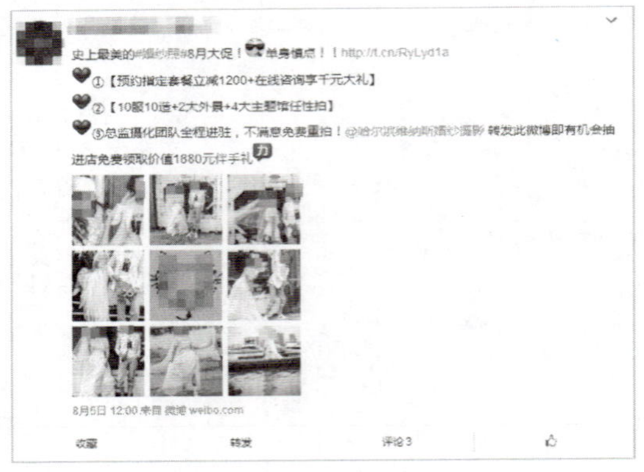

图 17-8　用编号形式来罗列信息

17.2.3　百度+软文

百度推广是国内运用最广泛的搜索引擎网络营销推广方式，随着百度慢慢地嵌入人们的生活中，百度与人们的关系日益密切，作为中国使用量最大的中文搜索引擎，"有问题，找度娘"已经成为人们在日常生活中遇到难题时的口头禅，它庞大的信息

量让人们无法忽视它的存在，百度每天需要处理的来自全世界用户的搜索请求超过数十亿次，占据了中国搜索引擎市场90%的份额。

在网络营销中越来越多的企业把目光转向了百度，这是因为百度不仅为普通网民服务，它还能够为企业提供互联网推广平台，本节将为大家介绍两种百度软文推广方式。

1. 百度贴吧+软文营销的技巧

企业在利用百度贴吧进行品牌营销时，不要过于急躁，在这里运作软文营销，可以以软文的方式与网民进行互动，然后在这个过程中达到一种广告宣传的效果，不仅能够赚取人气，还可以提升品牌的口碑、美誉度及粉丝数量。

2. 百度知道+软文营销的技巧

百度知道对于企业来说有以下三点作用。

- 百度知道里面的数据可以反映到搜索结果中，用户只要在百度里面搜索问题，就会提供百度知道里与之相应的问题词条。
- 百度知道能够拉近企业与用户之间的距离和信任感，因为百度知道是一种用户互答互助的互动式分享平台。
- 因为百度知道的问题带有标签，而用户搜索问题的答案就是依靠这些标签，因此企业通过百度知道能够精准地定位目标客户。

前面已经对百度知道做了简单的介绍，接下来就百度知道软文营销的技巧进行详细的介绍，如图17-9所示。

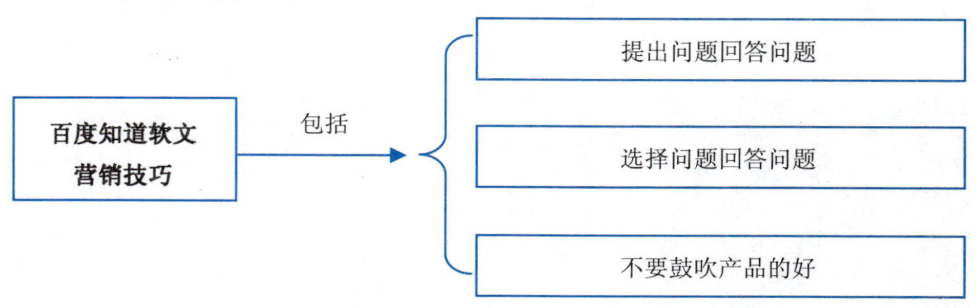

图17-9 百度知道软文营销技巧

17.3 企业微商软文营销技巧

传统企业转型微商模式时，最常用的微营销方法就是软文营销。那么，企业微商的软文营销又有哪些技巧呢？下面以不同行业进行举例说明。

17.3.1　旅游微商软文营销技巧

旅游是如今比较火爆的行业，特别在节假日的时候，旅游备受人们的关注，也因为这样关于旅游的软文就比较多，那么怎样才能让自己的旅游行业软文在众多软文中脱颖而出呢？

旅游企业微商的软文一般来说是非常容易撰写的，也正因为好写，很多软文撰写者都不会注意一些小细节，就会导致自己的软文并不受读者的欢迎。下面就来讲述旅游行业软文成功的条件，如图 17-10 所示。

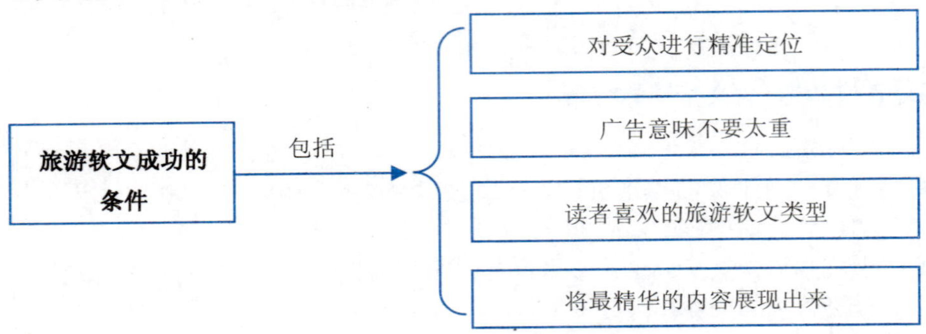

图 17-10　旅游软文成功的条件

在软文撰写中，使用叙述的手法，对景物进行描写，或者抒发议论，通常可以收获到不错的效果，下面就来欣赏一篇优秀的有关长白山的旅游软文——《大美长白山三日游(西坡 北坡 温泉 漂流)》，如图 17-11 所示。

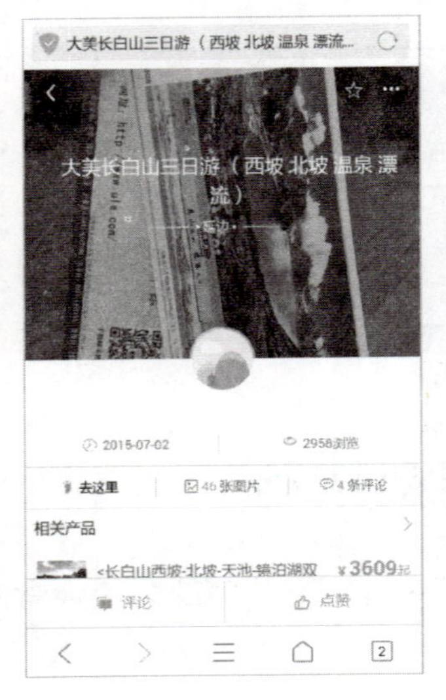

精彩游记

闲话少叙，出行之前做一个全面的攻略真的十分重要。 因为我们这次出行之前由于大家杂事太多，没有一个人做一个全面有效的攻略，导致有的人白白浪费一天时间，有的钱也可以省一些。所以在此将此次长白山之行的心得与大家分享一下，希望对大家的长白山之行有所帮助。

在出行之前，建议大家看一看纪录片《森林之歌》（第五集雪国--北国之松），在对长白山有一个初步了解之后， 相信你的长白山之旅会有更多收获。

出行时间：六月末。

游览地点\项目：西坡北坡漂流温泉（长白山博物馆还有什么自然博物馆的没必要去，同行小伙伴有去的比较失望）

出行准备：

1.如果时间比较自由的话，尽量查好长白山地区天气，选择晴天出行（即松江河和二道白河当地天气，虽然山顶天气比较多变，但是天池以外的其他景区的天气状况还是可以参考山下天气预

评论　点赞

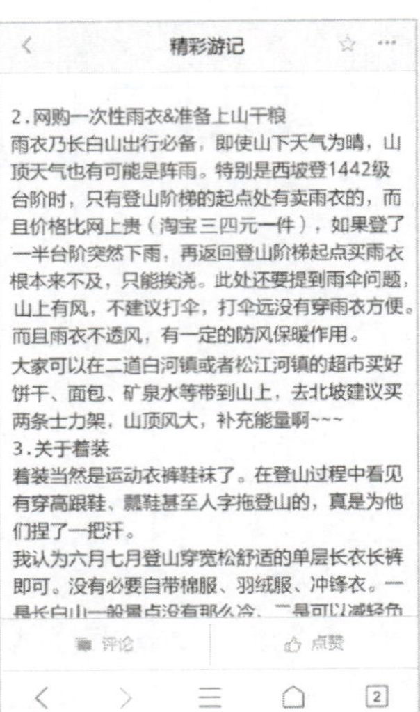

精彩游记

2.网购一次性雨衣&准备上山干粮

雨衣乃长白山出行必备，即使山下天气为晴，山顶天气也有可能是阵雨。特别是西坡登1442级台阶时，只有登山阶梯的起点处有卖雨衣的，而且价格比网上贵（淘宝三四元一件），如果登了一半台阶突然下雨，再返回登山阶梯起点买雨衣根本来不及，只能挨浇。此处还要提到雨伞问题，山上有风，不建议打伞，打伞远没有穿雨衣方便。而且雨衣不透风，有一定的防风保暖作用。

大家可以在二道白河镇或者松江河镇的超市买好饼干、面包、矿泉水等带到山上，去北坡建议买两条士力架，山顶风大，补充能量啊~~~

3.关于着装

着装当然是运动衣裤鞋袜了。在登山过程中看见有穿高跟鞋、靓鞋甚至人字拖登山的，真是为他们捏了一把汗。

我认为六月七月登山穿宽松舒适的单层长衣长裤即可。没有必要自带棉服、羽绒服、冲锋衣。一

评论　点赞

图 17-11　旅游企业微商软文举例

分析：

本篇软文的标题，特点很明显，“三日游”凸显了这篇游记软文适用的范围，如果读者是想去玩个十天八天，那本篇软文就不太适用了。标题括号中的内容，很重要，“西坡、北坡、温泉、漂流”这四点正是长白山最著名的4大特点。

本篇软文并不是根据时间来布局，不是第一天如何、第二天如何，而是根据长白山旅游中的“准备”和“景点”为线索进行整体布局。首先通过6点，将长白山旅游需要做的准备进行了详细阐述，其中包括天气、装备、着装和门票等。然后按照标题中，西坡、北坡、温泉和漂流4部分，通过自己的亲身旅游感悟，对长白山景点进行详细描述。

17.3.2 数码微商软文营销技巧

随着互联网时代的来临，科技的进步，数码行业也在日新月异地发展着，对于数码行业的软文撰写者来说，撰写数码微商软文应该做到及时、正确地将软文发布出来，这样读者才不会失去阅读的新鲜感，才会有效果。

对于数码企业微商来说，软文的关键点是非常重要的，而所谓的关键点就是能让读者感受到软文的说服力、被软文所感染以及主动传播软文，下面将介绍数码软文营销的几大关键点，如图17-12所示。

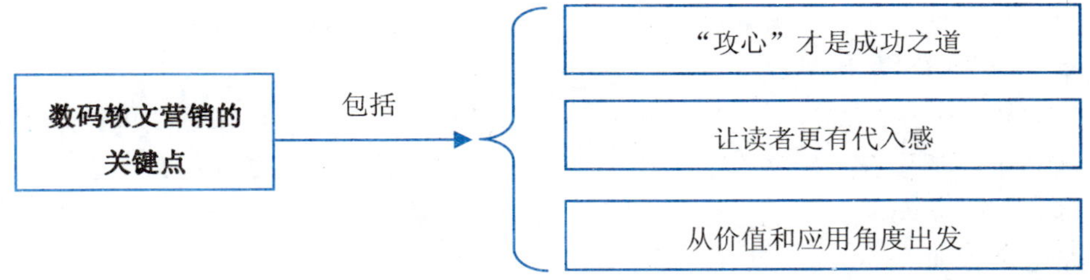

图17-12 数码软文营销的关键点

资讯类的数码软文通常都具有实效性，用户喜欢看资讯类的软文，是因为通过它能够在第一时间内获得自己想要的信息，所以数码产品资讯类的软文，必须要及时而且新鲜，老生常谈的内容不叫资讯。下面就来欣赏一篇软文——《指纹识别16款三星A7获入网许可》，该软文由IT专业网络媒体“IT168”撰写，如图17-13所示。

分析：

这篇软文的标题，最大的亮点就是关键词的运用，通过“指纹识别”“入网许可”等关键词点明软文的主要内容。这是一篇典型的资讯软文，因为软文中的三星A7获得入网许可证，就属于新鲜的信息，作为资讯类软文的主题非常合适。

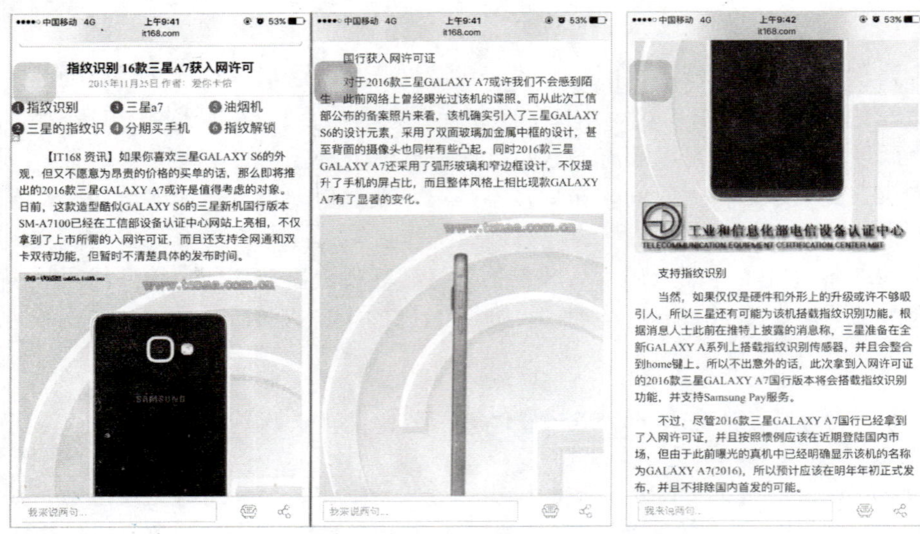

指纹识别 16款三星A7获入网许可

2015年11月25日 作者：爱你卡依

❶指纹识别 ❸三星a7 ❺油烟机

❷三星的指纹识 ❹分期买手机 ❻指纹解锁

【IT168 资讯】如果你喜欢三星GALAXY S6的外观，但又不愿意为昂贵的价格的买单的话，那么即将推出的2016款三星GALAXY A7或许是值得考虑的对象。日前，这款造型酷似GALAXY S6的三星新机国行版本SM-A7100已经在工信部设备认证中心网站上亮相，不仅拿到了上市所需的入网许可证，而且还支持全网通和双卡双待功能，但暂时不清楚具体的发布时间。

国行获入网许可证

对于2016款三星GALAXY A7或许我们不会感到陌生，此前网络上曾经曝光过该机的谍照。而从此次工信部公布的备案照片来看，该机确实引入了三星GALAXY S6的设计元素，采用了双面玻璃加金属中框的设计，甚至背面的摄像头也同样有些凸起。同时2016款三星GALAXY A7还采用了弧形玻璃和窄边框设计，不仅提升了手机的屏占比，而且整体风格上相比现款GALAXY A7有了显著的变化。

支持指纹识别

当然，如果仅仅是硬件和外形上的升级或许不够吸引人，所以三星还有可能为该机搭载指纹识别功能。根据消息人士此前在推特上披露的消息称，三星准备在全新GALAXY A系列上搭载指纹识别传感器，并且会整合到home键上。所以不出意外的话，此次拿到入网许可证的2016款三星GALAXY A7国行版本将会搭载指纹识别功能，并支持Samsung Pay服务。

不过，尽管2016款三星GALAXY A7国行已经拿到了入网许可证，并且按照惯例应该在近期登陆国内市场，但由于此前曝光的真机中已经明确显示该机的名称为GALAXY A7(2016)，所以预计应该在明年年初正式发布，并且不排除国内首发的可能。

图 17-13　数码企业微商软文举例

17.3.3　房地产微商软文营销技巧

房地产行业对软文的投入是非常大的，几乎每家房地产企业都利用过软文进行拉拢客户、找到精准客户、发布活动等，但不见得每一篇房地产软文都具备企业所期待的效果，要想写好房地产软文，还需要了解一些技巧。

随着软文市场的开发，房地产企业用它那灵敏的鼻子，看中了软文的市场，不少的房地产企业都投身于软文中，也正因如此，房地产软文不管是在报纸上、杂志上，还是网站上、新闻上，都已经形成了铺天盖地的态势。因此，房地产商们又开始瞄准了微商这个行业。

可以这么说，写房地产软文非常容易，但写一篇好的、效果佳的房地产软文却不见得容易了。很多房地产软文的标题都是以看似与推广产品没有关系，但是与推广产品联系在一起的形式获得消费者的关注，这样的标题往往比较新颖，让读者看不出是一篇软文，容易吸引读者阅读。

下面一起来欣赏一篇优秀的房地产软文——《社区“食堂”业主舌尖上的开发商》，该软文来源于橙网——《重庆时报》，如图 17-14 所示。

分析：

这是一篇十分优秀的房地产软文，从标题中，看不出广告的痕迹，在文中也只提及几次“协信天骄城”的关键字，但是由于社区建业主食堂的内容十分新颖，因此读者会不知不觉地将这个地方记住，这在无形中就给开发商进行了推广和宣传。

社区"食堂"业主舌尖上的开发商

2012-06-07 08:33 搜房-重庆时报

红烧肉10元，炒小白菜4元，米饭1元，例汤免费，一荤一素搭配米饭共15元的价格；吃完饭还可以免费上wifi网，不用担心手机流量，三星级的酒店配置标准，比乡村基更便宜；经营者说亏了，有业主觉得比社区旁的私人餐馆干净卫生更放心，更有业主关心到底味道过关不过关，这是重庆首个社区食堂诞生1个多月，引起了市民极大关注。

"社区食堂"的开发商深得精髓，走的是"要抓住业主的心，首先要抓住业主的胃"的路线，但其未来的发展就像兼容并蓄的中国菜一般，充满多种可口的变化可能。

开发商办食堂，不赚业主的钱

重庆首个社区食堂位于二郎的协信天骄城，取名字为"天骄小厨"。食堂面积约200平方米，可满足近150位业主同时就餐。目前主要有4个厨师，都有在宾馆酒店掌勺的经历。厨房的仪器设备全部按三星级酒店配置，除去经营场所由集团公司免费提供外，前期的投入超过200万元。

主管熊伟对我们说，开业后经营情况逐渐向好，早中餐一般都有百人左右就餐，晚餐情况稍差一些。这个食堂现在都是亏本经营，目标只要保持

社区"伙食团"万科在沪尝试过

在重庆，开办社区食堂尚只有协信一家，我们打听到，目前市内的其，还没有跟进的意思，无论在重庆还是全国范围内，都还是个稀罕事物。

"社区食堂"最早出现是在一年前的上海，由万科出资在其已建成的四季花城小区设立并经营。其初衷是为解决小区内常住的近万业主的吃饭之忧，改善他们的生活品质。

为了更好的服务业主，所以价格相对低廉，菜品单价在2~12元，同时食堂还提供免费例汤及wifi上网服务。

去年年底，杭州的部分写字楼开发商也在其写字楼物业内推出食堂，作为吸引客户的重要砝码。而一些之前主动补贴食堂费用的开发商，因为食堂做好了，后期续租和提高租金都获得一定助益，涨租后收益扣去食堂补贴，还多赚不少。

小炒荤菜15元 素菜8元

熊伟表示，天骄城的这个社区食堂早在去年底的时候就开始做筹备工作，向入住的业主发放调查问卷，了解市场需求情况，获得的信息都表示支持。对于这个新鲜事物，小区的业主们评价怎么样？6月5日，本报记者现场打探，总结了"社区食堂"的卖点。

卖点一：卫生方面很有保证

社区食堂大锅菜供应基本配置是荤素搭配基本配菜4~6个，例汤1份，米饭、中西式糕点、泡菜、水果若干，还提供小炒、凉菜、酒水服务，相对大锅菜而言，价格稍高。最贵的干锅35元，小炒荤菜一般15元，素菜8元，与小区周边的饭馆炒菜价持平，不过在用油、卫生等方面有保证。

住在小区的李女士在家完成工作的时间较多，但吃饭时常不定点。社区食堂营业后，她专门来考察了一番，发觉厨房在用油、卫生方面比较规范，并且小区的物管人员也在此就餐，放下心来的她也成了这里的常客。

卖点二：解决一家人用餐大问题

在二郎做生意的肖先生和老婆，去年入住协信天骄城后，一直为三餐发愁。平时生意忙，不怎么在家开伙，外面吃又提心吊胆餐馆的用油用米。

5月初，小区内新开的社区食堂——天骄小厨，帮肖先生一家解决了用餐的大问题，荤素搭配平均每人花费在15元左右就能吃饱，早中晚平均2小时的营业时间既保证了三餐的正常供应，也兼顾了作就餐时间的灵活性。因而社区食堂开业后，肖先生一家就成了这里的常客，而经常和他们一家搭伙的还有同住一个小区的好友刘先生。

卖点三：图个方便

张师傅和老伴住在小区内带孙子，精打细算的他们最常在早餐时间到社区食堂买早点，馒头包子豆浆稀饭品种还比较丰富，但每个0.6元的馒头和1.3元的包子个头也未见大，让老两口都觉得不便宜，也就图个方便而已。

●声音

业主们说：桌子小了点 菜品少了点

业主们都感觉味道不错，菜品看起干干净净的，唯一的缺点就是餐桌太小，两家人凑一桌，点的菜稍多点，饭碗都摆不下了。

肖先生建议，社区食堂在满足散户业主就餐的同时，还应该设法安排一些较大的餐桌供业主招待朋友聚餐时使用。

李女士就餐时比较务实，常常选择的是大锅菜，她觉得价格方面还能接受，不过一般2荤2素的菜品供应，选择余地较小。不愿太破费点小炒的她觉得，食堂应该在面向大众消费的大锅菜方面多提供点菜品。

开发商说：社区食堂在持续改进

天骄小厨的主管熊伟对自己管理的社区食堂颇为自信，他表示到这里来就餐后，绝大部分的业主

实际上，在天骄小厨就餐时，业主和员工的刷卡消费金额就相差较多，其物管员表示公司给予了他们一定的优惠。

说起来容易做起来难，唐宏伟指出，员工食堂针对员工，菜品、质量、服务、环境可能都很一般，而一旦扩大为社区食堂，开发商势必在设备、管理运营、场地方面都要追加不小的投入。如果开发商评估，社区食堂对其品牌拓展、销售促进有积极作用，可能会追加投入，否则是没有法定义务来做这个事的。

但唐宏伟也表示，现在新建小区离商圈越来越远，项目前期配套稀缺的问题突出，开发商有必要在设立员工食堂时考虑长远点，将业主的就餐需求考虑进来。

物管协会这么看：除了食堂，社区KTV、理发店也可以有

对于社区食堂这个新鲜事物，市物业管理协会新闻发言人聂孝仑认为，"这是服务小区业主非常好的一个举措，特别方便上班族。"社区食堂的开办，对长期微利经营的物业公司而言，也多了一条增收的方式。另外开发商完全可以结合自身实际，因地制宜的拓展一些类似社区酒吧茶楼、KTV、理发店这样经营性的物业服务。聂孝仑表示，物业服务的外延空间还有待进一步发掘。而作为社区服务配套

在越来越注重品牌效应、口碑营销的楼市，开发商除了吸纳更多购房者关注外，还在老业主身上不断做着文章。老带新抵物管费、业主再购房享额外优惠、针对业主之间交易的购房节等等，无外乎就是充分挖掘业主的人脉与钱脉，将口碑营销做到极致。

而想取得良好的口碑，除了房屋质量过硬外，更多的还来自于服务品质、社区文化等软实力的打造。

业内人士曾调侃，调控来了，房子不好卖了，开发商练内功了，打通成本控制和服务品质这"任督二脉"，基本上就算神功初成了。换句话说，服务品质的高低决定了开发商在地产江湖中的排名。

有开发商深谙此道，赢得众多回头客，在销售方面凭借其强大的粉丝团支持"独步屋林"，也有因为物业服务等问题丧失业主对其的信任，选择用脚投票的失败者。

当然，这种强烈的对比在服务品质等软实力越来越受重视的今天，已不多见，现在开发商纠结的是，在山头林立的地产江湖，各类提升服务品质的旗号乱花迷眼，如何能异军突起，一呼百应呢？

这里不妨用张爱玲的"女人要抓住男人就要先抓住他的胃"做个变通，"开发商要抓住业主首先要抓住胃！"

图 17-14 房地产企业微商软文举例

文中分了很多个小标题，其中最引人注目的就属作者总结的 3 个卖点部分，这部分属于文章的精华部分，而且通过业主的一些实际情况介绍食堂的卖点，真实可靠，提高了整篇文章的含金量。这篇文章写得非常接地气，不仅不会让读者感到突兀厌烦，反而让读者将重心放到食堂的特色和卖点中，让人对食堂十分向往。

17.3.4 汽车微商软文营销技巧

随着互联网时代的来临，软文已经成为各行各业营销的重要手段，对于汽车销售以及汽车租赁来说，也不例外，一篇优秀的软文能够为汽车品牌的宣传推广和汽车的销量带来不可预估的效果。

如今，传统汽车行业已经开始利用微信、微博、APP 等微营销工具，并使用软文作为主要的微营销手法，进入移动互联网微商行列。汽车软文面对的受众可能不像其他行业那么广泛，毕竟汽车是一种高消费产品，因此，其写作的方式应该切合消费者的心理，这样的汽车软文才能获得精准人群的关注，软文效果才能体现出来。

汽车行业软文写作技巧的本质就在于吸引消费者，如图 17-15 所示。

汽车行业软文 —— 写作技巧 ——
- 用活动吸引消费者
- 用高性价比吸引消费者

图 17-15 汽车行业软文写作技巧

图文并茂也是一种撰写汽车软文的方式，下面就来欣赏一篇图文并茂的汽车软文——《“T”动精彩 2014 款 S6 提车作业》，如图 17-16 所示。

中国移动 4G 上午10:13 46%

dealer.m.autohome.com.cn

经销商 > 促销详情 登录

"T"动精彩2014款S6 提车作业

对SUV的关注从未间断过，相信不少哥们也和我一样有个越野梦：开着一辆霸气十足的SUV，纵情山水间，心游尘世外。

机会终于来了，说服了老婆批准换车后，我根据10万左右的预算圈定了一些车型进行比较：比亚迪S6、长城H6、奇瑞瑞虎、吉利GX7、中华V5。但瑞虎、GX7的外观确实是硬伤，直接PASS掉。中华V5，各方面都OK，但就是空间太小，3年的小轿经验让我无比渴望体验一下大空间。既要外观好看、配置不寒碜，又要满足大空间，剩下的就只有S6和H6了。2014款S6刚上市不久，新推了TI动力车型，配置也有提升，颜色还多了今年非常流行的香槟金色，其实我内心已经偏向S6，加上差不多配置的H6价格上贵了一万多，最终我还是选择了S6 1.5TI旗舰型。本来对TI动力倾慕已久，10万元就能享受到涡轮增压加缸内直喷带来的激情，怎能不心动？提车过程还算顺利，下面直接晒晒咱家的大六吧。

中国移动 4G 上午10:14 45%

dealer.m.autohome.com.cn

外观，不用多讲，一个字"帅"！这前脸、这侧面、这尾部，俊朗而不失霸气，越野的气息扑面而来，等我把厂家出厂配送的侧身拉花贴上，就更炫酷了。还有米其林轮胎的配备也得赞一个。

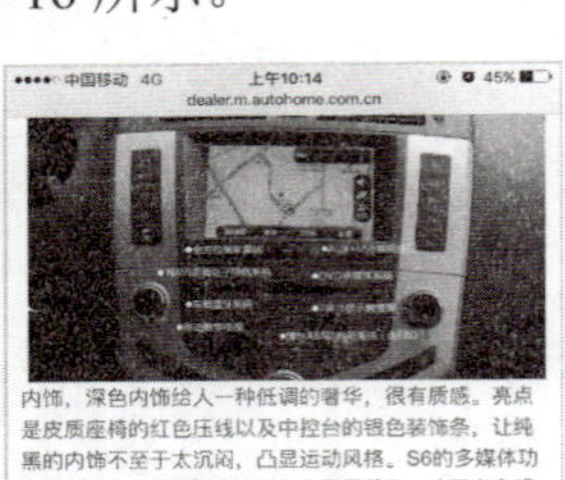

中国移动 4G 上午10:14 45%

dealer.m.autohome.com.cn

内饰，深色内饰给人一种低调的奢华，很有质感。亮点是皮质座椅的红色压线以及中控台的银色装饰条，让纯黑的内饰不至于太沉闷，凸显运动风格。S6的多媒体功能非常强大，比亚迪一直以丰富配置著称，这下亲身感受到了。

空间，长宽高分别为4810mm、1855mm以及1680mm，轴距为2720mm，看数据可能没啥感觉，要亲身坐进去体验一把，才知道什么是SUV该有的驾乘空间。另外，各种储物格也非常便利。

行李箱容积是衡量一辆SUV的重要标准，大伙感受一下！1084L的容量，第二排座椅放倒后增至2398L，完全可以满足自驾游所需的大行李运载量。

动力，相信很多朋友都会在1.5TI与2.0L之间纠结一下，其实买车之前我也开过2.0L的S6，普通家用也足够了。但这次我是奔着TI来的，S6搭载的这款型号为BYD476ZQA的1.5TI发动机采用了涡轮增压、缸内直喷和可变气门正时等技术，最大功率达到了113kW，峰值扭矩到了240N.m。它的优势是以更低的油耗带来更强的动力表现，搭配6MT手动变速器，操控更灵活，完全满足我爬山涉水的越野愿望。

图 17-16 汽车软文举例

分析：

此篇汽车行业软文，运用了图文并茂的模式，将汽车形象地展现在了读者的面前，下面就来详细分析此篇汽车行业软文的写作特点。

(1) 首先来看此篇汽车行业软文的标题，以“‘T’动”来吸引那些资深爱车人士的注意力，而后面的“2014 款 S6 提车作业”就能让那些不懂汽车的读者明白标题的大概意思。

专家提醒

标题中所指的“‘T’动”代表着汽车的发动机采用了涡轮增压技术，而涡轮增压技术是如今比较受欢迎的一种技术，这种技术能够提高发动机的功率和扭矩。

(2) 文章第二段把几个车型进行了对比，隐晦地突出了 S6 的特点，第三段直接引出 S6，过渡十分自然。

(3) 此篇软文从汽车的价格、外观、内饰、空间等人们买车必会考虑的方面入手，催动了读者关注 S6 的欲望。

(4) 以图文并茂的方式，将 S6 的大致情况呈现出来，让读者更加形象地去感受 S6 的魅力。

(5) 文章的结尾，是作者的一个小总结，并从道出自己即将进行自驾游，以“敬请大伙期待我的自驾游作业吧”来点出标题中的“作业”二字，虽然标准中的“作业”并没有在文章内特别地体现出来，可是在文章的最后的点睛之笔，可以让读者知道此“作业”其实是一种“攻略”。

此篇汽车行业软文，可以说是比较常见的一种，也是效果比较好的一种类型，软文撰写者在进行图文并茂的汽车行业软文的撰写时，需要比较全面地展示出汽车的特点，这样读者才能更加全面地了解汽车的特点。

附录 微商引流吸粉常用25招

微商，尤其是刚入行的微商常常会遇到这样的难题：粉丝太少；互动不高；没有人气；产品卖不动。

于是，微商开始关注各类引流方法，线上、线下、各类工具，但是怎么合理地应用仍是微商们的痛点。

附录 1　如何在线上引流

微商软文的线上引流方式包含：百度平台引流、阿里平台引流、QQ 平台引流以及微信引流等。

1.1　百度百科引流

当你在百度搜索关键词时，就很容易看到这个关键词的百度百科内容，因此运用百度百科进行软文引流具有转化率高、权重高、可信度高、质量高以及成本低的特点，广受微商重视。微商需要明确百度百科的撰写规则，利用一定的技巧进行百度百科引流。

1. 明确百度百科的撰写规则

微商撰写百度百科词条类软文更多的是选择人物型的百科，人物型百科的内容一般包括人物的基本信息、个人经历、现状描述、特长与成绩。

人物型的百科的撰写需要满足百度百科的基础收录和编辑规则，所提供的内容与参考资料必须来源可靠，可以查证，且不得含有任何形式的广告宣传。违反这些要求，词条将无法通过系统审核。

编写百度百科的技巧如下。

- 多多浏览百科，学习别人写百科的方式，取长补短。
- 学习百度百科写作规则，避免出现常见问题，提高审核通过率。
- 扬长避短，撰写百科时从最擅长的部分开始。

2. 利用百度百科引流的操作要点

百度百科并不是宣传工具，它的性质更像是我们用的辞海，是具有权威性的代表。百度百科禁止进行直接引流，因此我们需要通过间接的方式引流。比如，在人物简介中间接植入专属关键词、参考资料来源的文章中植入个人微信号等联系方式以及百科图片中的背景植入团队名字等。

1.2　百度知道引流

“百度知道”采用互动的方式，让用户可以在此搜索和分享各种知识问答。百度知道引流是指在百度知道上，通过回答问题，把自己的软文有效地嵌入回复中。百度知道是一个很宽广的平台，但不允许做广告。

如何利用百度知道发布软文来提升引流的效果，是每一个微商要考虑的问题。很

多人不想采取百度知道法引流，就是因为操作烦琐且没有合适的技巧。

下面为大家介绍如何在百度知道里回答问题。

首先，登录“百度知道”首页，在上方的菜单栏中单击“我的知道”按钮，跳转至“我的知道”页面，单击“添加＋”按钮，如附图1-1所示。

附图 1-1　单击“添加＋”按钮

弹出相应菜单，再通过勾选浅绿色圆圈，选择兴趣标签，然后单击“完成”按钮，单击“完成”按钮后，进入相应界面，就会出现用户的一些问题，单击“我要回答”即可进入答问界面，如附图1-2所示。

附图 1-2　单击相应选项

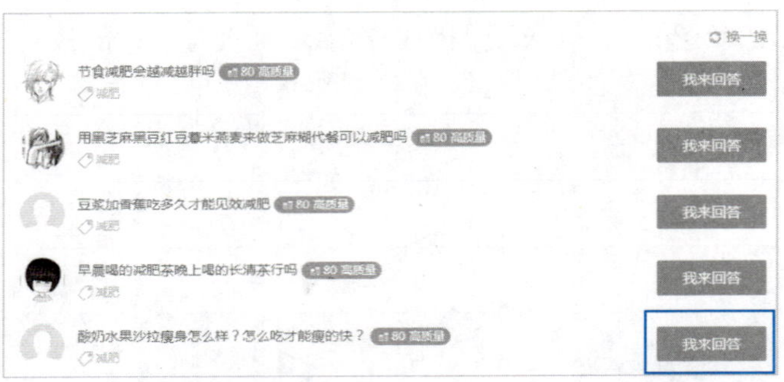

附图 1-2　单击相应选项(续)

弹出相应文本框，在文本框中输入问题答案，如附图 1-3 所示。输入答案后，单击“提交回答”按钮即可回答问题。

附图 1-3　在相应文本框输入答案

专家提醒

在百度知道上撰写软文引流，要用心做好以下几点。

(1) 全天关注相关行业问题。

(2) 争取做第一个回复者。

(3) 用心地去回复他人的问题。

(4) 不要太明显，将广告隐藏在回复中，进行巧妙地推荐引流。

1.3　百度文库引流

百度文库是一个互联网分享学习的开放平台，怎么利用百度文库为微商软文进行

引流呢？利用百度文库进行引流的关键在于撰写软文并设置带长尾关键词的标题，且选择高质量内容，并且注意细节问题。

1. 设置带长尾关键词的标题

在拟写百度文库软文标题时，将想要推广的长尾词包含在内是最佳选择。如果关键词能够获得不错的百度文库排名，更有助于吸引流量。

2. 选择的内容质量要高

在百度文库软文的内容方面，推广时应尽量撰写、整理一些原创内容，比如，把一些精华内容做成 PPT 上传到文库。

3. 注意细节问题

在使用百度文库进行引流的时候，也需要注意一些细节。

- 注意内容的排版，阅读起来舒服的内容更容易被接受。
- 注意文库的存活时间，文库很快就被删掉便达不到目的。

1.4 百度贴吧引流

百度贴吧作为一个以兴趣作为主题聚集在一起的互动平台，也是微商软文引流常用的平台之一。其中有 5 个操作技巧需要注意。

1. 根据需要选择冷/热门贴吧

冷门贴吧的优势在于发布的软文中可以带有外链与广告，因为冷门，所以管理员很难时刻在线，你所发布的信息不会立刻被删除。选择热门贴吧发布软文则有助于提高微店的流量，但竞争激烈，首页刷新快，必须时刻进行顶帖操作。

2. 内容涉及宣传一定要用软文

帖子的内容是在贴吧发帖最重要的部分，这一部分把控得好坏会直接影响贴吧引流的效果。一篇帖子通过精彩的软文，能够获得吧友们的赞美，并且广告信息被隐藏，从而可以打消管理员的戒心，使得帖子可以在贴吧长期存活。

3. 内容结合时事热点进行引流

帖子要想成为贴吧中的热门帖，内容一定要结合热点，比如，一些时事新闻或者娱乐八卦，由此获得更多点击率。

4. 标题关键词设置要有吸引力

标题关键词设置的重要性已经不需要强调了，关键词越多，被搜到的可能性就会越大。

5. 充分利用目前火爆的直播功能

目前，各大平台里的直播功能都很火爆，还出现了专门的直播 APP，所以贴吧的直播功能也是一个很好的引流方法。

1.5 百度经验引流

百度经验的权重虽说没有百度百科、百度知道和百度贴吧高，但是百度经验作为一个高质量的外链，发布软文效果还是很好的。

下面来介绍一下百度经验的引流方法，百度经验引流方法的设置主要包括以下几点。

- 标题：标题绝对不能有广告，且一定要有高匹配度的关键词。
- 工具、步骤、注意事项：工具和注意事项可写可不写，但步骤要交代清楚，最好配图。
- 内容：内容一定不能加链接和锚文本，要写得通俗易懂，最好添加图片。
- 参考资料：参考资料涉及的链接，必须是和内容有关的。
- 原创标签：如果不是原创内容，一定不要添加原创标签，容易被封号。

1.6 阿里平台引流

阿里巴巴是全球领先的 B2B 电子商务网上贸易平台，其旗下的淘宝改变了很多人的购物习惯，但是很多人都没有利用这个平台来宣传自己。

不过，利用软文在阿里的平台上做微商的引流还是要尽量隐蔽，毕竟阿里和腾讯是竞争对手，在阿里平台上推广微店很容易被封。

1.7 淘宝店铺引流

在淘宝上开一个店铺，把流量引导到你的微信上。比如说，在淘宝店铺首页放入微信号，如附图 1-4 所示。

还有一种方法就是占据某个长尾关键词，为什么要设置长尾关键词呢？很重要的一点在于微商销售的模式，因为其商品多为单品，所以只设置关键词，被搜索到就很难，如果多用一些词来限定，更容易找到。

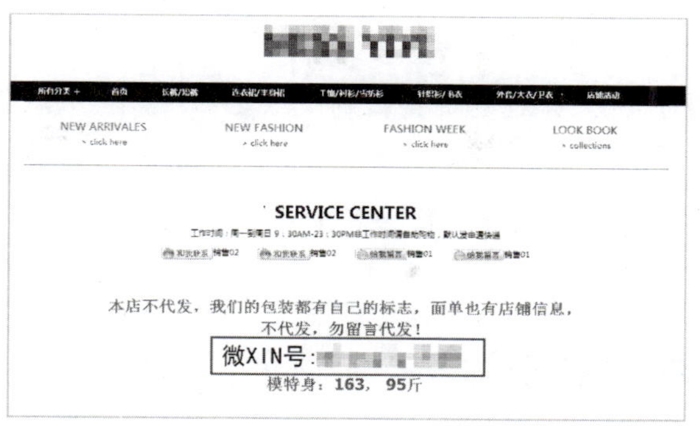

附图 1-4　在淘宝店铺首页放入微信号

1.8　淘宝商品评价引流

在淘宝上购买产品后有一个评价以及追加评价的功能，这个评价的功能是可以用来引流的。用淘宝评价功能进行引流一定要选择与自己产品同类的商品，或者与自己产品的受众群体一致的商品，有精准的受众加你，引流的效果才会达到。

在淘宝购物时，在“我的订单”页面中，单击“追加评论”，如附图 1-5 所示，在追加评价时可以留下自己的微信号，进行引流。

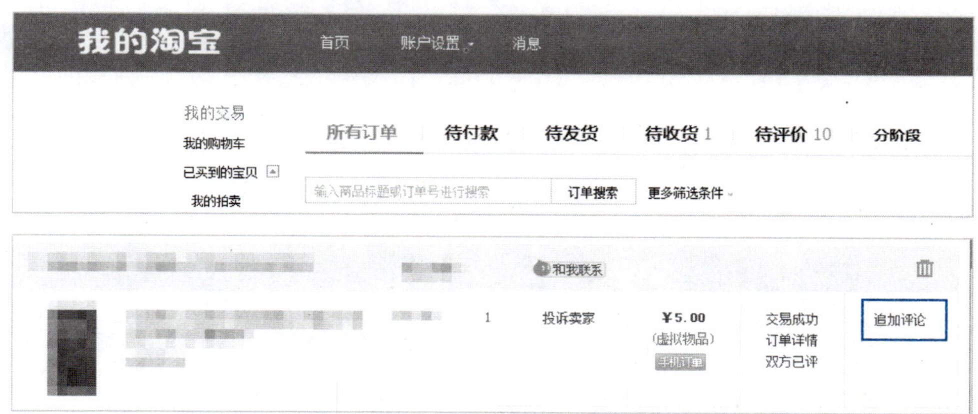

附图 1-5　追加评论引流

1.9　阿里生意经引流

生意经是阿里巴巴集团为广大用户提供的，类似于百度知道的交流平台。用户可以通过搜索，找到与自己店铺或者产品相关的问题回答。

阿里生意经同样不支持直接带外链的广告，因此，需要通过间接的方式，撰写并发布软文来进行引流。

提交回答后，要过一会儿才能看到提交的内容。

专家提醒

在生意经里，对于打广告、发链接的行为管理得比较严，要引流还是隐蔽一些，使用软文为好。因为不管是提问还是回答，一旦不符合生意经原则的要求，都不会通过审核。

1.10 QQ 个性签名引流

QQ 个性签名引流首先需要调出 QQ 的详细资料卡，单击“编辑资料”按钮，找到“个性签名”的位置，修改“个人签名”的内容，比如，宣传微店，可以把微店的店名或网址放上去，如附图 1-6 所示。

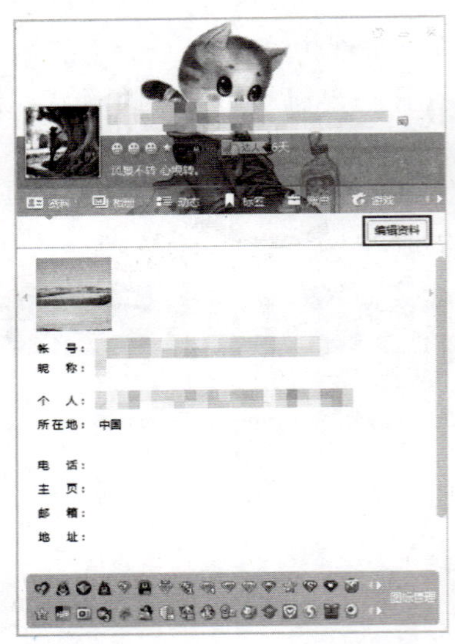

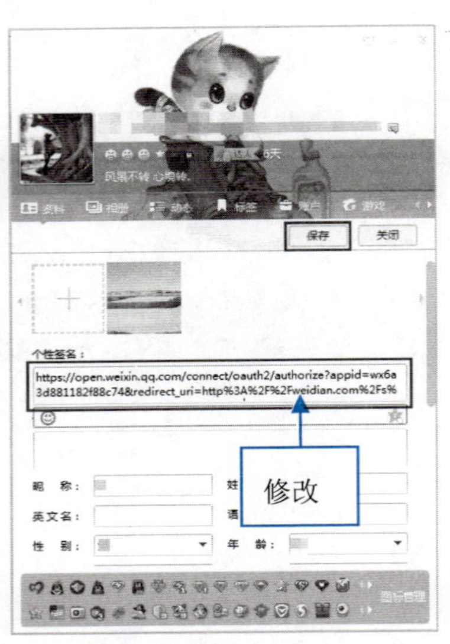

附图 1-6 修改“个人签名”的内容

单击“保存”按钮，即可完成 QQ 个性签名引流。

1.11 QQ 群引流

微商在利用 QQ 群进行引流之前，首先要清楚 QQ 群主要的功能模块有哪些。QQ 群的主要功能模板包括群公告、群相册、群动态、群社区、群共享、群活动、群聊天、群名片、群邮件、新人报到等。

其中，除了群公告是管理员和群主才能操作以外，其余功能都是群成员可以进行操作的。微商可以利用群动态、群社区、群共享、群活动等功能进行软文营销。

现在，QQ 群有许多热门分类，微商可以通过查找同类群的方式，加入进去，入群之后，不要急着引流，先在群里混脸熟，之后可以在适当时期发布软文广告引流。比如，在健身群里，可以发布一段这样的内容：姐妹们，我今天关注了一个微信号，里面有篇文章写得很好，是关于如何减脂的，有兴趣的一定不要错过。

1.12 QQ 空间引流

QQ 空间是微商可以充分利用起来进行引流的一个好地方，具体方法包括：QQ 认证空间引流、QQ 空间生日栏引流、QQ 空间日志引流、QQ 空间说说引流、QQ 空间相册引流、QQ 空间分享引流等。

1. QQ 认证空间引流

利用 QQ 认证空间引流，首先要定好位，比如说，你是做女性产品的，卖面膜、内衣之类的产品，那么就可以去找相关的人气 QQ 认证空间。

首先进入 QQ 认证空间首页，如附图 1-7 所示。

附图 1-7 进入 QQ 认证空间首页

然后在分类中选择“生活休闲”选项，在其中选择一个和自己产品有关联性的认证空间，并且关注这个空间，这样你就可以第一时间收到认证空间所发的说说和日志，在认证空间更新说说或者日志的时候，马上去评论。

一般来认证空间里看的基本都是对这个话题或者产品感兴趣的人，不管是想做代理的，还是买来自己用的，都可以借机宣传一下。

2. QQ 空间生日栏引流

当有 QQ 好友快要过生日的时候，QQ 好友的 QQ 头像和 QQ 网名会显示在 QQ 空间的生日栏内，如附图 1-8 所示。

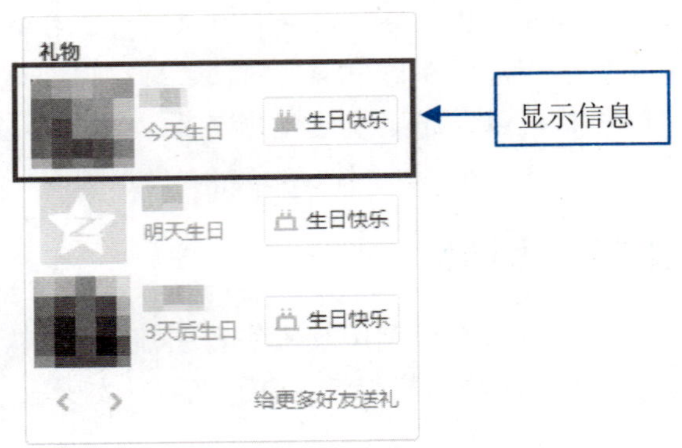

附图 1-8　QQ 空间生日栏

同样地，如果你要过生日了，你的信息也会在你 QQ 好友的 QQ 空间中显示。那么，在此期间只要 QQ 好友进入他们的 QQ 空间，即可在 QQ 空间的生日栏中看到你的生日提醒信息。

通过对 QQ 头像与网名进行设置，吸引好友的视线，促使他们进入你空间查看你设置好的动态。

微商可以利用这一点进行引流，下面介绍一下 QQ 空间生日栏引流的方法。首先需要思考三个问题，这三个问题是完成之后操作设置的基点。

- 主要经营什么产品？
- 产品的出售对象是什么人？
- 怎么去吸引这些人关注自己？

然后将自己的 QQ 头像和 QQ 网名设置成你的目标受众愿意关注的对象。

接下来，修改自己的生日，比如，今天是 2016 年 4 月 20 日，如果想让自己的 QQ 头像和网名出现在 QQ 好友空间的生日栏内，只需在资料卡中把生日改为 4 月 20 日即可，如附图 1-9 所示。

而生日可以随时进行更改，当然，不建议更改太频繁，以免引发目标受众的警觉心理。

3. QQ 空间日志引流

找一些跟微店有关的资料放到空间日志，或者撰写相关行业的软文，吸引受众的关注度。

4. QQ 空间说说引流

每次更新 QQ 签名的时候，都会自动更新到 QQ 说说上面，QQ 说说要用一句话激起受众的购买欲望。

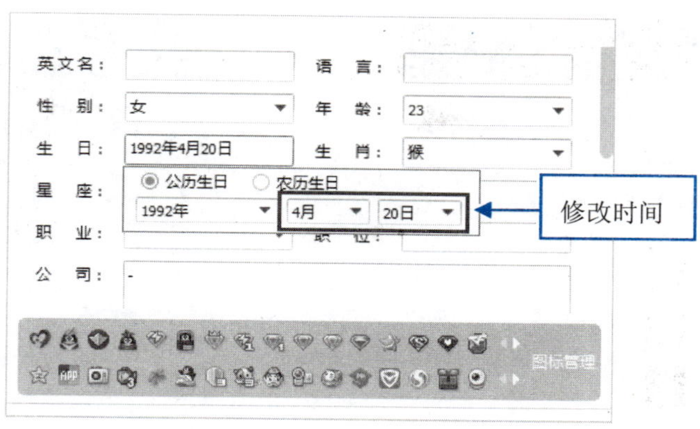

附图 1-9　修改资料卡的生日时间

5. QQ 空间相册引流

很多人加 QQ 时都会进 QQ 空间看一下空间的相册，所以相册也是一个可以利用起来的引流工具。

6. QQ 空间分享引流

通过 QQ 空间的分享功能，你可以将有趣的视频或者网站地址分享给好友，好友通过点击标题，即可观看和分享。利用分享功能分享微店或产品也是可行的。

1.13　QQ 兴趣部落引流

腾讯公司于 2014 年，参考 BBS 形式，推出了基于兴趣分区的公开主题社区：QQ 兴趣部落。

打开手机 QQ，点击动态界面里的“兴趣部落”按钮，进入“兴趣部落”界面，点击“搜索”按钮，在搜索栏中输入寻找内容的关键词，点击感兴趣的帖子查看，并在评论中留下自己的推广信息，从而进行引流。

1.14　微信平台引流

微信是引流必不可少的平台，本节就来介绍一下微信平台的引流方法。

1. 导入手机联系人

导入手机联系人是一种非常简单的引流方法，首先点击微信界面右上角的“+”按钮，再点击“添加朋友”选项，进入“添加朋友”界面后，点击“手机联系人”选项，弹出“通讯录朋友”界面，点击右边的“添加”按钮，即可导入手机联系人，如附图 1-10 所示。

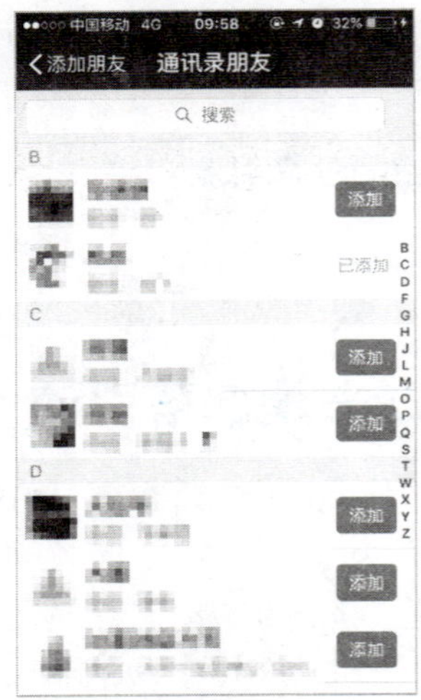

附图 1-10　微信添加朋友过程

2. 用 QQ 号/手机号作微信号

把 QQ 号或手机号设成微信号，更利于沟通和添加。把 QQ 号/手机号设置成微信号的方法是：

进入微信“我”面板，点击“个人信息”按钮，点击“微信号”按钮，进入“设置微信号”界面，在微信号后的文本框中输入 QQ 号或者手机号，点击“保存”按钮，即可完成设置，如附图 1-11 所示。

附图 1-11 点击“保存”按钮

3. 聚会时用雷达加好友

在参加饭局、沙龙等聚会活动时，往往认识许多新朋友，而要一个个扫描二维码或者搜索账号来进行添加好友操作，未免太烦琐。微信有一个更为方便快捷的在聚会时批量加好友的工具：雷达加朋友。

点击微信界面右上角的“＋”按钮，进入“添加朋友”界面，点击“雷达加朋友”选项，如附图 1-12 所示。

附图 1-12 点击“雷达加朋友”选项

雷达加朋友需要大家同时开启“雷达加朋友”，从而依次添加雷达搜索扫描到的用户。而这种方法最大的缺陷在于较为混乱，如果当前有人恰好也在使用雷达加朋友时，才会出现在你的雷达里。

并且一次性添加好友较多，容易引发混乱，因此申请好友时的验证信息需要注明备注名称，加完好友后需要立即设置备注信息。

4. 给照片加标签引流法

微商肯定经常要在朋友圈里发照片，有时候会发产品照、生活照，有时候会发客户的产品体验照等。

随着微信的盛行，每天在固定的一些时间段刷新朋友圈查看动态已经成为不少用户的习惯。而在看到图片和折叠的文字时，往往都会选择点开图片或全文。

微商在发照片的同时，不要忘记通过美图秀秀加水印的方式，在照片上加上自己

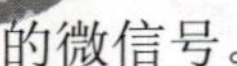

的微信号。

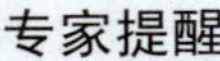

专家提醒

在朋友圈图片上添加微信号也不失为一种引流手段，尤其是一些新奇有趣的图片，当得到好友转载时，可以吸引更多好友。

5. 主动找人加为好友

主动加好友需要借助58同城，而这又有两种手段。

一种是发布租房或转让二手品信息，在文字描述中留下微信号，通常大多数年轻人习惯微信联系而非电话联系。

另一种则是，找到与你产业相关的二手闲置品转让分区，记下这些人群的手机号码，在微信中搜索手机号。用这个方法添加好友的原理是：很多人都是用手机号开通的微信，所以有了他们的手机号就相当于有了他们的微信号。

专家提醒

根据自己销售的产品和对象，选择不同分区进行操作，例如，卖面膜的营销者，那么销售对象定位为女性，可以在58同城里选择“美容保健”和“母婴玩具”这两种分类人群进行添加。

1.15 微信好友互推

在这里要提一下微信新规，对于微信新规的解读是——未禁止公众号互推。什么意思呢？

微信公众号互相推送并没有完全被禁止，所禁止的是以利益交换为前提的具有恶意营销性质的公众号互推行为。

了解了微信的新规之后，我们可以把微信好友互推分类，也就是具体应该和什么样的好友进行互推。通常来说，互推起来比较有效果的方法有：不断裂变循环的微信好友、微信圈里的牛人大咖、微信里的同类社群组织，以及与自己不同行业的微商、微信公众号等其他可利用资源。

专家提醒

建议大家进行微信好友互推的时候，多推人而不要直接推产品，不要动不动就直接做广告。

1.16 微信公众平台引流

企业想要通过微信公众平台进行引流，就要对微信公众平台有个全方位的了解，

从中掌握一定的营销技巧。

微信公众平台引流需要注意的技巧包括：高质量的内容、设置恰当的自动回复、高频率的用户互动、联合线上线下。

1. 高质量的内容

微信引流对内容的要求很高，因为只有丰富的、有趣的内容才能吸引用户，因此微商一定要非常重视微信公众平台内容的定位。并且微信公众号推送内容必须精挑细选，为了获得用户的赞赏和青睐，公众号必须推送高质量原创内容或新奇有趣的转载内容。

需要注意的是，不要一味推送一些肤浅没有意义的内容或广告，这样不仅会让用户反感，还会使得用户直接取消关注。

2. 设置自动回复

自定义回复接口有很大的可开发空间，通过自定义回复接口，企业可以宣传企业文化、感谢用户的关注，还能推荐企业活动，用户可以通过输入关键字“活动”查看最新活动。

除此之外，用户还可以通过自定义回复功能为企业提供宝贵意见，而企业则可以在微信内生成微信贺卡、提供微信导航服务、提供智能对话服务。

3. 与用户多互动

通过微信公众平台，企业可以多发起一些有趣的活动，以此来调动用户参与活动的积极性，从而拉近企业与用户的距离。

除了发布活动之外，还可以通过其他方式与用户进行互动，例如，通过问卷调查了解用户的内在需求，通过设置各类专栏与用户展开积极的互动等。

4. 联合线上线下

要做好微信公众号运营，企业就要灵活利用所有线上线下引流的渠道。利用QQ、微博、百度贴吧、天涯论坛等火爆社交平台与微信的打通，来增加用户的转化率，同时，还要结合线下的活动、会展、促销等吸引用户的关注。

1.17 微信群引流

与朋友圈、公众平台等微信社交功能相比，微信群具有更强的穿透性，用户必须通过微信群“互动”才能体现其价值。

但是，好多微商每天都在微信群里晃荡，仍然不知道微信群应该怎么玩才能快速加入，微信群作为一种交流的渠道，最痛恨的是广告，所以软文推广成为主流。

通过按照一定的频率，选择合适的微信群推送高质量的软文，微商能够获得相当

好的引流效果。

对于微商个人来说，微信群的最大价值包括帮助微商个人寻找适合自己的合作伙伴、输出价值观，建立自己的个人品牌，以及在互动学习中获得知识。

1.18 微信活动引流

下面介绍几种微信活动的引流方法。

1. 发红包引流

“红包”近年来相当火爆，微信的红包功能瞬间就能引爆微信群，于是，这便给微商提供了一招绝妙的引流方法，微商通过建立微信群并邀请好友，然后发出红包。再由邀请群里的好友去邀请他的好友进来，一起参与抢红包的活动，被邀请进来的好友，微商就可以用来作为自己的人脉资源。

2. 丢骰子送礼品引流

这个方法和发红包引流的原理一样，都是将人脉资源的扩张建立在引入朋友的基础上。

下面简单说说操作方法。

- 首先建立一个微信群。
- 拉好友进来，并设立丢骰子的游戏规则。
- 让好友拉一部分人进来一起玩游戏。
- 将好友拉进来的人变为新的人脉资源。

附录 2　如何在线下引流

微商的线下引流方式包括：电视节目引流、参加线下沙龙引流、参加付费培训引流、线下自我推荐引流、二维码线下引流、外卖线下引流、快递线下引流、印发宣传单线下引流等。

2.1 电视节目引流

所谓续集电视节目，就是那种隔段时间播放的电视节目，例如《老九门》《幻城》《旋风少女 2》等。那么，微商怎样借助续集电视节目引流呢？以《老九门》为例，目前网络上最新更新的剧集是 13～16 集，并且为付费观看，如附图 2-1 所示。

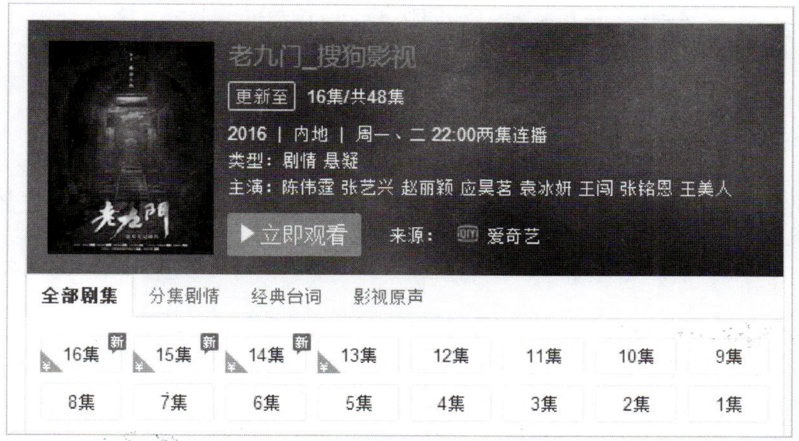

附图 2-1　《老九门》最新剧集

从图片中可以看出，这部电视剧的第 13～16 集才刚刚出来，因此，微商在发帖子时可以放入“老九门第 1 集”“老九门第 16 集”这样的关键词，特别是将这样的关键词融入软文标题中，那么就很容易被搜到。例如，“老九门第 16 集张大佛爷教你学穿衣”“老九门第 15 集传递的家装小贴士”等标题，融入关键词但不显突兀，而且能够获得极好的引流效果。

2.2　参加线下沙龙引流

沙龙是一群志趣相投的人在一起交流思想的社交活动，具有定期举行、自行参与、自由谈论的特点，举办时间以晚上居多，以激发灵感为目的。

选择不同的线下沙龙对于微商有不同的意义。

- 参加自己喜欢的沙龙，这样参加沙龙就不会变成耗时、耗成本的事，效果也会更好。
- 只有参加符合自己特长的沙龙活动，你才能成为焦点，自然也就会有人主动来找你。
- 引流不能只看数量不看质量，选择和经营产品匹配的沙龙，吸引的粉丝会更精准。

微商引流的目的是让更多潜在客户转换成目标客户，要做到这一点，以上提到的几点就一定要清楚。这是进行线下引流的前提，有目标地进行引流，才能得到最好的效果。

参加线下沙龙还有一些有技巧的做法。

- 技巧 1：在沙龙签到处放上微店的二维码，方便别人快速地扫描添加微信号，这样的方法增加粉丝速度也非常快。

- 技巧 2：如果是食品微商，可以包这一场沙龙的零食，让沙龙主持人在最后感谢的时候提到自己的店铺和食品。

2.3 参加付费培训引流

微商的培训课程分线上线下两种，线上的大多是免费的，而线下的大部分是需要付费的。

线下培训的好处有以下几点。

- 面对面教授，将复杂的网络营销课程进行分解。
- 每天安排具体的课程和作业，实现学用的结合。
- 严格的教学监督，与同学互帮互助，战胜惰性。
- 全方位的培训，可以获得写作能力和演讲能力。
- 一起参与培训的同学成为既定的人脉资源。

线下培训的内容大部分会包括微模式、微产品、微粉丝、转发系统、团队执行、自媒体品牌等。

参与付费培训自然要把握好人脉，这些人脉是你说一句“我们互粉吧”就能成功加入微信的。而且参与培训的人员大多都是微商，可以在以后进行好友互推，如果是做同类的产品，还可以进行粉丝共享。

2.4 线下自我推荐引流

之前说过，可以参加线下沙龙或者参加培训，当然也可以参加其他活动，比如，创业大赛等自我推荐类活动。

总之，参与的活动需要具备以下几个特点。

- 群体性强。
- 数据量比较集中。
- 交互性比较强。

就拿微商创业大赛来说，这是一个展示自己能力的绝佳舞台，可以让大家看到你的各大优势。将这样的比赛利用起来，凸显自己的特长和优势，并积极参与互动的每一个环节，让来看比赛的人都能记住你，自然会有人主动加你。

2.5 二维码线下引流

二维码线下引流较为常用的方法有两种。

- 到人流量多的地方发传单，扫二维码送奖品，准备的奖品可以去淘宝上买一些小礼品，不需要太多钱，也可以送饮料之类的。
- 在衣服后面印上二维码，扫二维码送优惠，可以利用美女效应吸引眼球，如

附图 2-2 所示。

附图 2-2　在衣服后面印上二维码

2.6　外卖线下引流

外卖引流法就是让外卖人员帮忙宣传引流的一种方法。例如，卖化妆品的微商，所针对的客户往往是白领女性，而这些目标客户工作日因为忙碌，中午往往会选择叫外卖。

这时，微商就可以通过寻求外卖小哥的帮忙，在收到女性订餐时，外卖小哥帮忙说一句扫描微信二维码加好友可以获赠一片面膜或者其余小样。

通常来说，扫描二维码只是一个举手之劳，大多数人都不会拒绝，甚至有可能邀请同事来进行，由此所获得的引流是数不胜数的。

2.7　快递线下引流

快递引流法需要借助到快递人员的帮助，通过印发带着自己微信二维码的宣传单，拜托快递小哥在派件的时候派发宣传单。

借助快递员进行引流，一来是因为快递小哥每天需要接触大量不同的陌生人；二来是因为需要收取快递的，往往都是购物爱好者。

抓住这两点，快递引流法就是一个非常实际有效的引流方法，与快递小哥搞好关系，拜托他们在送件时帮忙分发宣传单。

快递引流法的前提是：和当地快递人员搞好关系。

和快递小哥搞好关系后，大家就可以印一些宣传单，在单子上印上自己的微信号，然后和快递小哥商量，让他们送货和收货同时帮你发一下。